KB058763

삼성의 몰락

삼성의 몰락

이재용 JY 시대를 생각한다

심정택 지음

RHK
알에이치코리아

삼성으로부터
자유로울 수 있는 사람은 없다

　지난여름 삼성 이건희 회장이 쓰러진 뒤 삼성가의 뒷이야기를 들었다. 매년 한두 번씩 삼성과 관련된 이야기를 들어왔는데 이번에는 좀 달랐다. 내용도 그랬지만 그 후 삼성 이야기를 들려준 사람과 연락이 닿지 않았다. 그동안 들었던 이야기들을 떠올려보았다. 지인에게 몇 가지 내용을 들려줬더니 흥미롭다고 했다. 책을 써보고 싶었다. 지인도 반대하지 않았다. 이 책은 그렇게 해서 시작되었다.

　1993년 삼성으로 전직하면서 나는 회사로부터 업무용 휴대전화를 받았다. 휴대전화는 주머니에 넣을 수 없을 만큼 커서 손에 들고 다녀야 했다. 당시 휴대전화를 가진 사람은 몇 안 되었다. 대부분의 사람들은 일명 삐삐라고 불리던 호출기를 허리춤에 차고 다녔다. 호출기가 울리면 사람들은 길을 가다 공중전화 부스로 달려갔다. 아주 흔한 광경이었다. 그 뒤 휴대전화가 대중화되면서 휴대폰, 셀폰이라는 다양한 이름으로 불렸고 최근에는 더 이상 폰(phone)으로만 불릴 수 없는 스마트폰 전성시대가 되었다.

'인간의 손은 생체공학의 경이로운 산물이다'는 말이 있다. 아기는 누가 가르쳐준 것도 아닌데 엄마의 젖을 만진다. 우리는 물건을 집을 때도 손을 이용하지만 대화할 때도 좀 더 깊은 이해를 돕기 위해 손짓을 한다. 인간은 본능적으로 손을 움직이며 살아가고 있는 것이다. 스마트폰의 등장은 모든 생활 패턴을 획기적으로 바꿔놓았을 뿐만 아니라 이러한 인간의 본능을 더 디테일하게 자극하고 있다. 이제 스마트폰이 없는 생활은 상상하기 힘들 정도다. 삼성은 스마트폰 사업을 변방에서 세계시장 중심으로 끌어올리는 데 성공했다. 스마트 파워의 시대, 스마트 혁명의 시대를 선도적으로 이끌어왔다고 해도 과언이 아니다. 그러나 그 위상만큼 고민도 깊어졌다.

중국 정부는 불과 5~6년 만에 유럽 전체보다 더 많은 숫자의 이동통신 중계 기지국을 세웠다. 인터넷 역시 가공할 속도로 대중화되었다. 무서운 기세로 스마트폰 시장을 휩쓸고 있는 중국 스마트폰 업체 샤오미의 등장은 당연하고 자연스러운 현상이다. 삼성도 중국 업체의 부상을 예상하긴 했으나 그 속도가 상상을 초월하는 수준이어서 긴장하고 있다. 현재 삼성은 이들과 정면 승부를 벌이기보다는 전장을 옮기는 전략을 쓰고 있다. 그러나 스마트폰이 신수종 사업을 탐색하고 육성하는 데 걸리는 시간을 벌어주어야 하는데 그러지 못하고 있다. 신수종 사업을 육성해야 하는 삼성으로서는 1995년에 본격 참여한 자동차 사업에서 철수한 것이 두고두고 천추의 한이 될지도 모른다. 세계적인 정보통신(IT) 강자들이 전자제품의 하나로 전기자동차 사업에 속속 참여하고 있기 때문이다. 하지만 삼성은 여전히 과거의 트라우마 때문에 자동차의 '자'자도 꺼내지 못하는 분위기다.

이재용 삼성전자 부회장은 2014년 12월 삼성그룹 사장단 인사에서 스마트폰 사업 실적 부진의 책임을 물어 경질이 유력시되던 삼성전자 IT모바일(IM) 부문 신종균 사장을 유임시킴으로써 성배가 될지 독배가 될지 모를 선택을 해버렸다. 신수종 사업의 선택과 경영 실적의 악화는 향후 3년 이상 걸릴 것으로 예상되는 재산 상속과 경영권 승계, 그룹 분할보다 시급한 현안이다.

이건희 회장의 유고 이전부터 재산 상속과 경영권 승계 프로그램의 핵심인 삼성SDS와 제일모직이 2014년 11월과 12월에 각각 증시에 상장되었다. 이 과정에서 이재용 3남매와 이 회장의 전 일부 가신들의 보유 지분 가치가 천문학적인 상장 차익을 낸 것이 새삼 부각되고 있다. 이는 20여 년 전부터 지속되어온 삼성가 3세로의 경영권 승계 과정에서 드러났던 불법 및 편법 재산 증식의 누적이라는 사회적 비판을 불러왔다. 설상가상으로 2014년 12월 초 조현아 전 대한항공 부사장의 일명 '땅콩 회항' 사건과 이로 인해 야기된 '재벌 3세의 재산 상속과 경영권 승계는 별개'라는 사회 정서와도 맞닥뜨리게 되었다. 삼성이 이러한 사회적 장벽을 어떻게 뛰어넘을지 궁금해진다.

프리미엄급 스마트폰 시장에서 애플과의 여전한 격차, 삼성과 애플을 위협할 대항마로 급부상한 샤오미를 앞세운 중국 업체들의 맹추격, 애플의 하청기업에서 문어발식으로 사업 영역을 재빠르게 넓히고 있는 폭스콘, 차이나 빅머니의 공습, 원천기술을 보유한 전자강국 일본 기업들의 회생 조짐……. 글로벌 IT 기업 삼성전자, 한국 대표 기업 삼성그룹의 앞날은 한치 앞도 가늠하기 힘든 상태다.

누가 뭐라 해도 삼성의 시대적 사명은 막중하다. 이제 삼성은 다른 경제 주체의 다양한 활동을 가능하게 해주는 기반 기술이나 프레임워크인 플랫폼을 만드는 데 주력해야 한다. 또한 IT가 주체가 되어 자동차, 유통, 노동집약적인 제조업을 흔들어야 한다. 삼성의 길은 전통적인 제조업과 결합된 IT 산업을 깊이 파고들어 특유의 기업문화와 융합시키는 쪽으로 확대되는 수밖에 없다. 그러기 위해서는 삼성호를 이끌어갈 리더가 시스템과 프로세스가 아닌 관점과 마인드 혁신을 최우선 과제로 삼아야 한다.

1990년대 초반 제너럴모터스(GM)와 도요타가 전면 제휴할지도 모른다는 시나리오를 가정한 책들이 활개를 칠 때, 미국의 자동차 산업 전문 애널리스트 메리앤 켈러(Maryann Keller)는 GM에 경고장을 날리는 책을 썼다. 바로 《GM 제국의 붕괴》였다. 이 책을 쓰는 동안 삼성이 위험하다고 생각한 적은 없다. 그러나 이 책의 출간을 목전에 둔 지금은 삼성이 쓰러질 수도 있겠다는 생각이 든다. GM은 켈러의 경고가 있은 지 20년 만에 파산했다. 만약 삼성이 몰락한다면 GM의 20년보다 짧은 10년 안에 쓰러질 수도 있다. 지금은 시대가 다르고 삼성은 GM과 주력 업종도 상이하기 때문이다.

　삼성전자는 2014년 매출액 205조 4,800억 원, 영업이익 24조 9,400억 원을 달성했다. 이는 전년도인 2013년 매출액 228조 6,900억 원, 영업이익 36조 7,900억 원에 비해 매출액은 10.15퍼센트인 23조 2,100억 원, 영업이익은 32.21퍼센트인 11조 8,500억 원이 각각 감소했다(2015년 1월 8일 삼성전자 공시, 2014년 4분기 잠정 실적 결과 반영).

　사람들은 GM의 20년을 지켜볼 이유나 관심이 없었다. 그러나 한국 사람들 중 삼성으로부터 자유로울 수 있는 사람이 있는가. 문제의 심각성은 여기에 있다.

차례

1장

갤럭시는 저무는가

자동차에서 전자로

나는 1993년 9월 1일, 경력직으로 삼성중공업 중장비사업본부 경영기획실에 입사했다. 이 조직은 삼성이 창업자 시절부터 숙원 사업이었던 승용차 사업 참여를 위해 만든 태스크포스(TF)팀이었으며, 조직의 좌장은 포니를 개발했던 현대자동차 마북리 연구소장 출신 정주화 부사장이었다.

삼성의 승용차 사업 진출의 시작은 창업자인 이병철 회장이 재임하던 1970년대 후반으로 거슬러 올라간다. 1984년 삼성은 크라이슬러와 1년 가까이 합작을 모색했다. 당시 크라이슬러팀의 멤버는 윤정호 전 르노삼성자동차 부사장, 류재현 전 르노삼성자동차 전무, 박종대

우창정기 대표, 진영균 전 대동공업 대표 등으로 구성되었다. 1986년에도 스포츠유틸리티차량(SUV)과 상용차 제조업체인 동아자동차를 인수하는 방식으로 승용차 사업 참여의 기회를 노렸고, 1991년에는 닛산디젤과의 기술 제휴로 상용차 사업 부문 참여에 성공한다. 이후 상용차 사업은 승용차 사업으로 건너가기 위한 지렛대로 활용된다.

삼성은 기존 자동차 업계의 극심한 반대에도 불구하고 1994년 4월, 닛산자동차와 기술 제휴에 성공한다. 그리고 그해 김영삼 대통령의 정치적 고향인 부산에 공장을 설립하겠다는 계획은 오히려 대통령에게 부담으로 작용했지만, 야당에게 전남 광주에 삼성전자 백색가전 공장 이전과 투자 확대를 약속하고 그해 12월 7일 정부로부터 사업 인가를 받는다. 드디어 창업자의 유지가 이뤄진 것이다.

나는 입사 이후 사업 참여 반대 세력들의 동향과 국내외 경영 환경을 조사하고 분석하는 업무를 맡았다. 책상에 앉아 있는 시간보다는 외근과 국내외 출장 등으로 보내는 시간이 더 많았다. 그러다 보니 삼성 직원이었음에도 불구하고 삼성이 어떤 조직이고 어떻게 움직이는지 제대로 알지 못했다. 다만 여섯 개 소그룹 조사 부문 간사회의 때 비서실에서 제공하는 정보로 다른 사람들보다 조금 먼저 그룹 사정을 파악할 수 있었다.

그때나 지금이나 나는 삼성을 잘 안다고 말할 수 없다. 그리고 이 책에서 다룬 주요 인물인 이재용 삼성전자 부회장과 이부진 호텔신라 사장에 대해서도 잘 모른다. 만나본 적도 없다. 그러나 삼성을 잘 모르고 주요 인물들을 만나본 적이 없다는 사실이 오히려 이 책을 쓰는 데 도움이 되었다. 글을 쓸 때 전체를 보면서 핵심을 짚어내려 노력했다. 개인적인 경험과 국내외 자료들로 다른 서술도 가능하지만, 기업인이면서 공인이기 이전에 각자의 프라이버시가 있는 이재용 부회장과 이부진 사장을 직접적으로 언급하는 것은 조심스럽다.

창업자인 이병철 회장과 그의 아들 이건희 회장의 공통점은 그들의 삶이 여러 의미에서 외롭고 고독했다는 것이다. 그러나 그들은 각자 내면의 깊은 침잠을 통해 현실의 문제를 해결할 에너지를 얻었다. 각종 자료들을 통해 그것을 짐작할 수 있다. 이재용 부회장과 이부진 사장 역시 외롭고 쓸쓸한 경영자의 길로 들어섰다.

나는 수년 전 재계 10대 그룹 안에 드는 오너가의 집을 방문한 적이 있다. 그림을 판매한 뒤 설치와 보수를 위해 세 차례 정도 드나들었다. 이분 역시 재벌가의 직계로 돈이야 부족하지 않았지만 그의 삶의 여정을 보았을 때는 결코 행복해 보이지 않았다. 지금부터 써내려가는 글은 어쩌면 이분보다 더한 삶의 궤적을 그려가야 할지도 모르는 사람에 대한 이야기일 수 있다.

이 책의 집필은 삼성의 자동차 사업을 설명하려는 게 목적이 아니다. 한국 사회에서 일반명사가 된 '삼성'을 설명하기 위해서는 자료보다는 삼성자동차에서의 내 개인적 경험을 먼저 언급하는 것이 자연스럽다고 생각했다. 삼성의 자동차 사업은 무엇보다 오너의 의지가 강력하게 반영된 사업이었다. 그러다 보니 기획 단계에서부터 삼성의 강점인 관리, 즉 시스템과 프로세스가 제대로 작동하지 않았다. 순서부터 잘못된 것이다. 사업 손익을 따지는 사업계획서는 정부로부터 사업 인가가 결정되고 난 뒤 작성되었다.

당시 삼성의 자동차 사업 참여에 대해 기아자동차를 필두로 반대 여론이 거셌고 로비도 치열했다. 특히 언론 내 전언회(전주고 출신 언론인 모임)를 활용한 기아자동차의 홍보전은 그 파괴력이 대단했다. 정부는 이들의 반대를 무시할 수 없었다. 자동차 업계는 급기야 삼성에게 기존 완성차 업체로부터 인력을 빼가거나 기존 업체가 투자해 육성한 부품 업체를 협력 업체로 끌어들이지 않겠다는 각서를 요구했고, 이건희 회장은 자동차 사업 참여를 승낙받는 조건으로 이러한 요구서에 서명하고 말았다.

이로 인해 삼성은 정상적인 투자금의 세 배에 달하는 자금을 쏟아부어야 했다. 삼성의 자동차 사업은 시작 단계부터 경쟁력을 갖출 수 없었던 것이다. 삼성에게 이 각서는 창업자의 오랜 숙원 사업이었던 자동차 사업에 발을 들여놓고도 포기하도록 만든 결정적인 요인이 되었다.

삼성의 첫 번째 승용차인 SM5가 양산되기 직전인 1997년 12월, 한국 경제가 국제통화기금(IMF) 관리체제에 들어간 뒤 치러진 대통령 선거는 일명 'DJP 연합'의 김대중 정부의 탄생을 낳았다. 김대중 정부는 국가적인 외환위기 앞에서 재벌 척결의 선명성을 드높일 수 없었다. 정부는 연관 산업 효과가 큰 완성차 업체인 기아자동차를 살려야만 했다. 삼성은 기아자동차를 인수하면서 금융권으로부터 부채를 감면받을 수 있었지만 그렇게 되면 인수자금 외에도 경영 정상화 자금에 대한 투자비를 계상해야 했다. 또 출범하자마자 위기에 빠진 삼성자동차의 막대한 비용을 계속 감내해야 했다.

삼성그룹의 자동차 사업 포기는 정권의 압력 때문이 아니었다. 처음부터 잘못 기획된 사업 경쟁력 저하가 자동차 사업의 포기로 이어졌다. 당시 비서실 기획팀을 중심으로 삼성그룹 내 자동차 사업 추진파들은 소신이 없었다는 비난으로부터 자유롭지 못했다.

이건희 회장은 본격적인 자동차 사업 확대를 앞두고 선뜻 결정을 내리지 못했다. 고인이 된 비서실 지승림 기획팀장(부사장)은 삼성자동차와 삼성전자의 합병을 주장했다. 그러나 이학수 삼성그룹 비서실장은 삼성전자 해외 투자자들에게서 받은, 삼성자동차와 삼성전자 합병 시 주식을 팔겠다는 전문을 이 회장에게 보여주면서 자동차 사업 포기를 종용했다. 또한 비서실과 그룹 내 원로 경영진 그리고 삼성 패밀리들을 설득해 이건희를 압박하면서 한편으로는 이 회장의 '책임 회피론'에 힘을 실어주기 위해 "이 회장은 자동차 사업 참여를 원하지 않았으나 그룹 내 전문경영인들의 그릇된 판단 때문에 시작되었다"는 궤변을 늘어놓고 다녔다.

이학수 비서실장은 이 일로 그룹 내에서 승승장구했다. 이후 삼성은 자동차 사업을 포기하면서 그룹 역량을 전자 사업에 집중할 수 있었고 오늘날 글로벌 기업으로 성장하는 계기가 되었다. 그러나 과연 삼성의 자동차 사업 포기를 이건희 회장의 가장 위대한 치적이라 말할 수 있을까?

삼성전자는 2013년 3분기를 정점으로 2014년 2분기, 3분기 연속으로 매출액과 영업이익이 급감했다. 스마트폰 사업의 실적 악화 때문이다. 반도체 등 다른 부문이 일부 커버해주긴 하지만 스마트폰이든 반도체이든 업종의 속성상 등락폭을 정확히 예측하기 힘들다. 삼성이 경기변동이 큰 정보통신(IT) 제조업을 주력 사업으로 하고 있는 이상 이러한 현실은 피할 수 없는 운명이 되었다.

스마트폰과 반도체의 부가가치를 대체할 만한 새로운 대안, 즉 신수종 사업은 있는가? 전 세계적으로 자동차 산업은 전자 산업과 결합하는 중이다. 안드로이드 운영체제를 제공해 삼성 스마트폰 사업에 날개를 달아준 구글은 무인자동차 사업에 뛰어들었다. 자동차는 양산 제조업에 속하지만 무인자동차의 보급은 향후 교통 시스템의 일대 전환을 가져오고 문명사회를 근본적으로 변화시킬 것으로 기대되고 있다.

신생 기업 테슬라는 전자제품에 가까운 전기자동차(전기차)를 내놓았다. 1990년대 초반 독일 자동차 업체들이 높은 생산비 때문에 양산을 포기한 전기차였다. 그러나 그로부터 불과 20년 만에 핵심 부품인 전지 기술이 비약적으로 발전한 덕분에 테슬라가 탄생할 수 있었다.

아날로그 세대의 엔지니어인 정주화 부사장은 삼성의 자동차 사업 방식을 우려했다. 규모 있게, 멋있게, 폼 나게 보여야 하는 삼성 스타일 때문이었다. 그러나 이러한 삼성 방식이 스마트폰 사업까지는 대부분 성공으로 이어졌다.

뒤늦게 스마트폰 사업에 뛰어든 삼성은 시장이 제대로 형성되기 전에 '공급이 수요를 창출한다'는 전략으로 제조 부문의 혁신을 이끌었다. 여기에는 이재용 부회장이 많이 관여했다. 그러나 중국 업체들도 뛰어들면서 스마트폰 개발과 생산기술은 이제 범용화가 돼버렸다.

수요 증가율 둔화와 경쟁 심화로 인해 삼성의 대규모 투자로 대량 생산된 제품들이 재고로 쌓이고 있다. 이 재고 물량들을 소진하기 위해서는 마케팅 비용이 증가할 수밖에 없다는 등식이 고착화되고 있다. 앞으로 삼성전자에 내재화된 제조 부문의 구조조정이 불가피할 것으로 전망된다.

만약 삼성이 사전에 사업별 등락 추이를 감지하고 사업 간 균등 분배를 통해 점진적인 방식으로 자동차 사업을 유지해왔다면 어떻게 되었을까? 물론 이 가정은 다소 무리가 있긴 하다. 15년 전에는 스마트폰이 등장하지 않았을 때이고, 애플은 아이팟과 아이폰, 아이패드라는 신제품을 출시해 인터넷 시대에 대응하는 '하드웨어-소프트웨어-콘텐츠'의 결합체라는 새로운 대안을 만들어가던 시기였다. 당연히 테슬라도 등장하기 전이다.

테슬라는 전기차로 기존 내연기관 자동차 시대를 마감하고 있으며 첨단 제조기법을 도입해 제조업을 바꾸고 있다는, 아직까지는 다소 과한 평가가 지배적이다. 애플의 대표 하청업체이자 세계 최대 규모를 자랑하는 대만 폭스콘의 궈타이밍(郭臺銘) 회장은 테슬라와 협력해 전기차 시장에 진출하겠다고 발표했다. 테슬라의 등장은 궁극적으로 세계 전자 업계의 판도까지 바꿔놓을 전망이다. 물론 테슬라 전기차의 성공 여부에 관한 판단은 아직 이르다. 어쨌든 삼성이 자동차 사업을 계속 유지해왔다면 오늘날 전자와 자동차가 결합하는 글로벌 흐름에서 확고한 우위를 점할 수 있었을 것이다.

공화국에서 제국으로

미국의 자동차 산업 애널리스트 메리앤 켈러(Maryann Keller)는 1989년 《*Rude Awakening: The Rise Fall and Struggle for Recovery of General Motors*》라는 책을 출간했다. 이 책에는 제너럴모터스(GM)가 왜 몰락했는지에 대한 내용이 담겨 있다. 책 제목을 직역하면 '따끔한 경고'라고 할 수 있는데 한국에서는 《GM 제국의 붕괴》로 번역 출간되었다. 이 책에는 GM의 임원이 어느 개발도상국으로 출장을 가면서 자신이 좋아하는 드링크 음료가 든 이동식 냉장고를 가져갔으나, 호텔 방에 공간이 마땅치 않자 호텔 벽체를 뜯고 냉장고 수납을 마쳤다는 이야기가 소개되어 있다. 권력과 관계된 이 에피소드는 너무도 충격적이었고 지금도 잊히지 않는다.

나는 1987년 쌍용자동차에 입사했으나 곧 흥미를 잃고 말았다. 조직의 틀 안에 안주하는 것이 성향에 맞지 않았다. 직장생활을 하면서 군 입대 전에 편입했던 고려대학 사회학과에 복학해 한 학기를 마치기도 했다. 이는 당시 담당 부장이었던 소진관 전 쌍용자동차 사장의 특별한 배려 때문에 가능했던 일이다. 그러나 결국 공부도 직장생활도 제대로 적응하지 못했다.

1992년 대선에서 김영삼이 3당 합당으로 정권을 잡을 무렵 나는 당시 민자당 중앙당 사무처 직원이었던 친구를 통해 여당 중진 정치인을 알게 되었다. 이후 자연스럽게 정치권에 관심을 갖게 되었던 나는 의지만 있다면 여당의 힘 있는 국회의원 보좌관이나 비서관 같은 자리로 옮겨갈 수도 있었다. 그만큼의 여건이 형성되어 있었다는 것은 30대 중반도 되기 전에 권력사회의 깊은 곳까지 이미 들여다봤다는 얘기도 된다. 그럼에도 정치권으로 선뜻 옮기지 못한 이유는, 정치권에서는 일정 기간 경제적 궁핍을 견뎌내야 했기 때문이다.

나는 첫 전직을 하면서 정치권 입문을 포기하고 삼성에 입사했다. 삼성자동차의 화이트칼라로 살아남기를 원했던 것은 켈러가 소개한 GM 임원의 일화가 적지 않은 영향을 끼쳤기 때문이다. 지금에서야 고백하지만 나는 직장인으로서의 안락함 또는 승진에 대한 욕구가 아닌 권력 쟁취 수단으로서 현대자동차와 경쟁체제가 가능할 것으로 보이는 삼성의 자동차 사업에 승부를 걸었던 것이다. 직장이 정치권력의 수단이 될 수 없음에도 불구하고 당시에는 그렇게 생각했다. 그런 생각이 옳았느냐를 지금 논하는 것은 아무 의미가 없다. 생각해보니 직장생활에 대한 나의 관점은 다른 사람들과는 많이 달랐다.

켈러의 책은 1980년대를 배경으로 씌어졌다. 석유파동이라는 매우 심각한 상황이 발생하고 연비 좋고 쉽게 고장 나지 않는 일본 차가 등장하면서 GM은 위기를 맞는다. 당시 GM의 최고경영자(CEO)였던 로저 스미스(Roger Smith)는 시너지 효과를 기대하고 다양한 인수합병을 시도하지만 번번이 실패한다. 현실적으로 적용하기 힘든 피인수 회사의 기술과 기업문화의 차이를 극복하기란 말처럼 쉽지 않았다. 결국 GM은 자동차 산업 세계 1위 자리를 내주고 수많은 공장을 폐쇄하며 수만 명의 종업원들을 해고하기에 이른다.

켈러가 이 책에서 GM의 문제로 언급한 것은 책임지지 않는 관료주의, 유리감옥에 갇혀 현장을 도외시한 CEO, 현장 책임자가 아닌 재무부서 출신이 출세하는 인사와 경영 시스템, 경영진과 직원들 사이의 엄청난 인센티브 차이, 조직 내 의사소통 단절 등이다. 1980년대의 GM은 삼성의 현재를 잘 보여준다. 당시 켈러가 지적한 문제들이 놀랍게도 오늘날의 삼성에 고스란히 등장한다. 이 책이 국내에 《GM 제국의 붕괴》로 소개된 것은 일종의 경고와도 같다.

그런데 2014년의 삼성을 1980년대의 GM에 비유하는 것이 과연 적절한 것일까? 2013년 삼성그룹의 전체 매출액(금융회사 포함 20개 주요 계열사 기준)은 390조 원에 달하면서 같은 기간 한국 정부의 한 해 예산(총수입)인 360조 원을 훌쩍 뛰어넘었다. 삼성전자는 2013년 7월, 미국 경제지 〈포브스Forbes〉가 매년 선정하는 '세계 2000대 기업'

20위에 올랐다. 이는 2012년 26위에서 6단계를 뛰어오른 역대 최고 순위 기록이다. 〈포브스〉의 조사 결과 삼성전자의 자산은 전체 140위 이지만 매출액(12위), 이익(11위), 시가총액(25위) 등에서 선전한 것으로 나타났다.

기업의 브랜드 파워 역시 12위를 차지했다. 글로벌 브랜드 컨설팅 업체 인터브랜드(Interbrand)는 2014년 10월 '글로벌 100대 브랜드'를 발표했다. 삼성전자는 2013년보다 한 단계 상승한 7위를 기록했고 브랜드 가치는 전년 대비 14.8퍼센트 늘어난 455억 달러에 달했다. 삼성전자는 2012년에도 10위 안에 진입한 바 있다.

한국 경제에서 삼성이 차지하는 비중은 유가증권시장에서도 극명하게 나타난다. 삼성그룹 상장 계열사 24개의 시가총액은 2014년 11월 현재 330조 5,600억 원에 달한다. 이는 전체 유가증권시장 시가총액(약 1,197조 원)의 28퍼센트에 달하며, 상장이 확정된 삼성SDS와 제일모직(옛 삼성에버랜드)을 합하면 그 비중은 30퍼센트에 육박한다. 삼성전자, 삼성SDI, 삼성전기 등 삼성 3인방의 코스피(KOSPI) 내 시가총액 비중은 2014년 초 17.67퍼센트에서 같은 해 6월 19.44퍼센트를 오르내린다. 삼성이 한국에서 '공화국'에서 '제국'으로 불리는 명확한 이유다.

이제 바깥으로 눈을 돌려보자. 삼성전자는 2013년 베트남 전체 수출의 18퍼센트를 차지하며 베트남 경제를 견인했다. 베트남은 삼성전자 현지 법인이 수출을 시작하기 전까지는 만성 무역적자국이었다. 삼성전자는 2009년 베트남 북부 박닌성(Bac Ninh Province)에 연간 1억 2,000만 대 생산 규모의 휴대전화 공장을 설립한 데 이어 인근 타이응웬성(Thai Nguyen Province)에도 같은 규모의 공장을 지어 2014년 3월부터 가동 중이다. 또한 추가로 30억 달러 규모의 타이응웬성 제2공장 설립을 위한 투자를 가속화하고 있다. 2014년 현재 삼성그룹 계열사가 베트남에 이미 집행했거나 계획 중인 전체 투자 규모는 110억 달러에 이른다.

한국은 2014년 1월에서 10월 사이 베트남에 모두 36억 달러를 투자해 1위 투자국 자리를 고수했다. 한국의 투자 규모는 일본, 중국, 홍콩, 싱가포르 등 전 세계 56개국의 전체 투자액 137억 달러의 26.3퍼센트에 이른다. 특히 싱가포르 투자액 가운데 상당 부분이 삼성 동남아 현지 법인 소속의 삼성전자 싱가포르 법인의 투자로 분류된다. 이러한 분류는 베트남 정부 입장에서는 정치적으로 특정 국가에 의존하는 리스크에서 벗어나게 해주고, 삼성 입장에서는 싱가포르 국제금융시장을 활용해 상당 부분의 투자 자금을 조달할 수도 있게 해주는 효과가 있다. 동남아 현지 법인 총괄은 삼성 미래전략실 전략1팀 출신의 김문수 부사장이 담당하고 있다.

한·아세안센터 문기봉 무역투자부 부장은 삼성전자의 베트남 투자에 대해 "아시아에서 임금 수준이나 임금 인상률이 베트남보다 낮은 곳은 라오스, 미얀마 정도다. 근로자들의 교육수준 및 손 기술, 전기, 도로 등 양산 제조업의 인프라를 종합적으로 고려했을 때 베트남만 한 곳이 없다"고 말한다. 또한 "삼성이 베트남을 선정한 것은 이미 사회지리적인 의미를 넘어서는 것이다. 베트남 정부와 삼성은 향후 한 세대(30년) 정도는 같이 간다고 보면 된다. 국내에서 얘기되는 국부 유출 논란은 의미가 없다"고 못을 박는다. 삼성물산, 삼성자동차에서 이력을 쌓아온 문기봉 부장은 국내에서 손꼽히는 아세안 전문가다.

한편 삼성은 2013년 9월 베트남 정부와 우선순위 사업에서 상호 협력을 약속하는 포괄적 양해각서(MOU)를 체결, 베트남 진출을 본격 확대하고 있다. 협력 대상 사업은 전력, 도시개발, 공항, 조선, 공공분야 정보통신 사업 등으로 사실상 국가 전방위적인 투자를 예고하고 있다.

이쯤 되면 삼성이 흔들릴 경우 한국 경제와 국가 간 관계가 휘청거리는 공식이 성립될 수밖에 없다. 한때 "GM은 곧 국가다", "GM에 좋은 것은 미국에 좋은 것이다"라는 말이 정설처럼 받아들여졌다. 그렇다면 우리는 이렇게 말해야 할지도 모른다. "삼성에 좋은 것은 한국에 좋은 것이다!" 그러나 과연 그런가?

켈러의 경고는 그의 책이 출간되고 20년 후인 2009년 GM에 적중했다. '2009년 6월 1일, GM 파산보호 신청!' 106년의 GM 역사에서 가장 치욕스러운 날이었다. 이날 GM은 미국 주식시장 개장 직전 뉴욕 법원에 '챕터 11'에 따른 파산보호 신청을 했다. 당시 GM의 자산 규모는 820억 달러였다. 파산 규모로는 미국 역사상 네 번째였으며 제조업체 파산으로는 최대 규모를 기록했다. 1931년부터 2007년까지 무려 77년 동안 세계 자동차 판매량 1위 자리를 굳건히 지켜온, 말 그대로 '거인의 몰락'이었다. 2008년 서브프라임 모기지(비우량주택담

보대출) 사태가 GM의 자동차할부금융회사인 GMAC에까지 영향을 미친 것이다. 여기에 퇴직 직원들의 막대한 의료비까지 지불하기를 원하는 전미자동차노조(UAW)도 한몫했다.

"늘 웃는 낯의 이 젊은 상속자는 한국의 희망인 동시에 최대 골칫거리다."

〈블룸버그통신Bloomberg〉 칼럼니스트 윌리엄 페섹(William Pesek) 이 2014년 6월 23일자 기명 사설을 통해 쓴 이재용 삼성전자 부회장에 대한 표현이다. '삼성공화국에서 살아가기(Living in the Republic of Samsung)'라는 제목의 칼럼에서 페섹은 이렇게 말했다. "시장은 이미 이 부회장을 삼성의 실질적 일인자로 인식하고 있다. 애널리스트와 투자자 모두 그가 삼성을 부디 잘 이끌어주기만을 간절히 바랄 뿐이다." 이 칼럼을 통해 페섹은 삼성을 GM에 빗대며 삼성의 추락은 곧 한국의 몰락을 의미한다고 말했다.

1960년대 박정희 정부 이후 한국 경제의 성장 공식은 수출과 기업이 주도하는 모델이었다. 가계저축과 외국 자본을 대기업에 몰아주면 기업은 수출을 통해 외화를 벌어들이고 일자리를 만들어 가계에 소득을 돌려주는 선순환 방정식이었다. 이러한 대기업 우선의 국가 경영 전략은 오늘날 삼성과 같은 대기업 집단이 조성되는 생태계를 만들었다.

삼성은 20여 년 전에 이미 '삼성공화국'이란 말이 회자될 정도로 한국 경제에서 차지하는 비중이 컸다. 삼성공화국이라는 수식어는 서울 태평로 그룹 사옥을 중심으로 뒤편 서소문 일대의 재개발 부동산

들을 사들이면서 삼성 계열사들을 포진한 상황을 빗댄 용어이기도 했다.

삼성은 삼성공화국을 우려하는 사회 각계의 반대를 무릅쓰고 1994년 12월 7일, 정부로부터 기술도입신고를 인가받아 자동차 사업 진출에 성공한다. 이 시기는 이건희 회장이 '신경영'을 주창하던 때다. 그리고 이듬해인 1995년 3월, 각 계열사들이 8,051억 원(1999년 기준) 규모의 자본금으로 삼성자동차를 출범시켰다. 본격적인 사업 추진과 더불어 금융기관에서는 삼성에 보증 없이 수조 원대의 돈을 대출해주었다. 이는 삼성이 반도체에서 큰돈을 벌어들이고 있었기 때문에 가능한 일이었다.

위기의 파고를 넘다

1997년 말에 발발한 외환위기를 삼성이라고 피해갈 순 없었다. 1998년 12월, 삼성은 청와대에서 정·재계 합동 간담회를 갖고 대우전자와 삼성자동차의 빅딜 합의를 발표하면서 창업자 이병철 회장의 숙원 사업이었던 자동차 사업을 결국 포기한다.

그해 12월 말, 이학수 삼성그룹 비서실장은 100여 명의 비서실 직원들을 모아놓고 가진 종무식에서 "연말 상여금 지급은 없습니다"고 못을 박았다. 그리고 "외국에서는 대우 다음에 삼성이 넘어간다는 얘기가 있습니다. 삼성은 4조 원 정도의 현금을 보유하고 있어 그런 일은 절대 일어나지 않습니다. 그래도 리스크에는 대비해야 합니다. 위기 상황을 극복하고 난 뒤 올해 못 나간 연말 보너스를 몇 배로 지급하도록 하겠습니다”는 약속을 하며 조직에 긴장감을 불어넣었다.

당시 삼성은 한국 경제에 불어닥친 외환 부족 사태가 그룹의 위기 상황이었음을 분명히 인식하고 있었다. 자동차 사업은 산업 특성상 포기하고 싶다고 해서 포기할 수 있는 사업이 아니다. 이미 양산을 위한 제조 라인과 부품 협력 업체, 연구개발(R&D) 시설에 대한 투자가 이루어지고 고용 등 산업 연관 체제도 복잡하게 얽혀 있었기 때문이다. 또한 각종 금융기관으로부터 투자받은 대규모 자금도 유입되어 있는 상황이었다.

이러한 상황에서는 대개 퇴출비용보다 유지비용을 투자하는 것이 훨씬 효율적이기에, 독자 기술력을 갖춘 자동차 생산업체에서는 구조조정으로 사업을 유지하는 것이 일반적인 해법이다. 그러나 삼성은 자동차 사업을 본격적으로 시작한 지 10년도 안 돼 퇴출을 감행한다.

1999년 초, 삼성자동차 출신들이 삼성그룹 각 계열사에 전보되는 과정에서 떠도는 소문도 있었다. “삼성전자가 경영 상황이 좋지 않으니 중간 간부 이상은 삼성전자를 피하라”는 내용이었다. 이런 소문이 떠돌게 된 이유는 핵심 사업인 반도체 시황의 부진 때문이었다. 실제로 삼성전자는 중간 간부급 이상의 구조조정을 계획했고, 반도체 부문을 제외한 나머지 사업 부문을 정리해야 한다는 말까지 나왔다. 삼성전자는 당시 메모리 반도체 부문의 강자였을 뿐이며 지금처럼 올라운드 플레이어는 아니었다.

사람 팔자는 알 수 없다. 삼성의 자동차 사업 포기를 계기로 삼성자동차 임직원들은 인생의 중대한 선택에 직면하게 되었다. 이때 삼성 자동차를 퇴직하지 않고 이런저런 사정으로 남아 있었던 직원들, 특히 삼성전자로 이직한 사람들은 이후 탄탄대로를 걸었다. 이들은 굳이 사업을 하지 않고서도 작은 부자가 될 수 있었다. 세상은 두 종류의 사람으로 나뉜다. 결행하는 자와 결행하지 않는 자. 지금의 삼성전자 임원들 중 일부는 당시 남아 있기로 결행한 자들이다.

독일 경제지 〈한델스브라트 *Handelsblatt*〉는 2002년 11월 19일 "삼성, 서울의 이익 산출 기계"라는 제목의 기사를 내보냈다. 〈한델스브라트〉는 삼성전자가 우수한 비용구조, 진보된 생산기술 등 막강한 경쟁력으로 IT 위기에도 불구하고 피해를 입지 않고 있으며, 소니, 지멘스, 필립스 등 세계 굴지의 전자 업계 경영진이 경쟁 업체로 부상한 삼성전자를 부러운 눈길로 바라보고 있다고 전했다. 또한 "지난 3분기 반도체 사업 부문에서 7억 900만 달러의 영업이익을 달성했으며, 빠른 속도로 세계시장 점유율을 확대해가고 있는 휴대전화 사업에서도 14억 달러의 순이익을 올려, 세계 1위 노키아보다 높은 이익을 거두고 있다"고 보도한 뒤, "삼성은 그동안 아시아의 전형적인 부품 업체 및 싸구려 업체에서 혁신적이고 전투력 강한 경쟁 업체로 부상했고, 숨을 몰아쉬는 속도로 세계시장을 밀쳐 들어가고 있다. 이미 메모리 반도체와 초박막액정표시장치(TFT-LCD) 시장을 석권했고, 휴대전화 사업에서 지멘스를 제치고 세계 3위로 부상했다. 가전 부문에서도 소니, 필립스와 경쟁하고 있다"고 호평했다.

2003년, 모토롤라의 레이저가 나타나 세계 휴대전화 시장을 잠시 흔들었다. 레이저는 출시 당시 휴대전화의 패러다임을 바꾼 혁신적인 제품으로 평가받았다. 휴대전화의 기본 편의에 충실하면서 슬림한 디자인으로 모토롤라는 2005년 세계시장 점유율을 20퍼센트까지 확대했다. 이후 세계 휴대전화 시장은 애플의 아이폰이 등장하기 전까지 약 4년간 뚜렷한 기술적 진보가 없었다. 2014년 현재 모토롤라는 구글을 거쳐 불과 9년 만에 중국의 레노버에 인수되었다.

2009년 9월 말, 휴대전화 단말기 시장의 세계 최강이라는 노키아가 3분기 적자를 기록했는데도 삼성전자는 사상 최대 실적을 이어갔다. 삼성전자는 3분기에 해외법인 실적을 포함한 연결 기준으로 4조 1,000억 원의 영업이익을 올렸다. 2004년 1분기(4조 100억 원) 이후 5년 만에 4조 원대 영업이익을 올린 것이다.

이는 2008년 글로벌 금융위기가 실물경제로 파급되는 가운데 이룬 실적이라 의미가 남달랐다. 삼성은 1997년의 외환위기에 이어 또 한 번의 위기를 확실하게 넘겼다. 특히 부품과 완제품 부문에서 세계시장을 고르게 주도하는 올라운드 플레이어의 면모를 유감없이 보여 줬다. 반도체, 액정표시장치(LCD), 정보통신(휴대전화 단말기), 디지털 미디어(TV) 등 네 가지 주력 사업에서 골고루 이익을 냈다. 과거 반도체와 휴대전화로 벌어들인 돈을 TV와 생활가전 부문에서 까먹는 고질적인 구조에서 벗어난 것이다.

이전의 삼성전자는 해외에서 반도체 회사로 알려질 정도로 전체 실적에서 반도체 비중이 컸다. 2004년 1분기에 영업이익이 4조 원을 넘었을 때도 반도체가 1조 7,800억 원, 정보통신이 1조 2,800억 원의 이익을 냈지만 LCD는 8,400억 원, 디지털미디어는 1,500억 원, 생활 가전은 600억 원에 그쳐 포트폴리오가 편중되었다는 지적을 받았다. 당시 일부에서 반도체 경기가 가라앉을 경우 회사가 흔들릴 것이라는 우려가 나올 정도로 사업 부문이 편중돼 있었다.

2009년 9월 22일, 삼성전자의 시가총액은 1,102억 4,000만 달러를 기록했다. 9월 21일 1,093억 8,000만 달러를 기록한 인텔을 8억 6,000만 달러 앞지른 규모였다. 글로벌 금융위기 직전인 2008년 9월, 인텔과 삼성전자의 시가총액은 각각 1,269억 달러와 761억 달러로 인텔이 508억 달러나 많았다. 인텔을 추월해 역전에 성공한 것이다.

2009년 1월, 삼성전자는 네 개의 기존 사업 총괄 부문을 통합해 부품과 완제품 부문으로 재편했다. 이에 따라 반도체 총괄 부문과 LCD 총괄 부문은 부품 부문으로, 디지털미디어 총괄 부문과 정보통신 총괄 부문은 완제품 부문으로 흡수되었다. 조직 개편의 목적은 책임 경영으로 현장과 스피드를 중시해 효율성을 높이자는 취지였다. 불필요한 내부 경쟁을 줄이고 사업부 사이의 시너지 효과를 높여 조직 전체의 경쟁력을 강화한다는 포석도 깔려 있었다.

이윤우 당시 부회장(현 상임고문)이 부품 부문을, 최지성 사장(현 부회장)이 완제품 부문을 맡는 '투톱 경영'은 삼성전자가 불황을 극복하고 체질을 바꾸는 기폭제이자 원동력이 되었다는 평가다. 이 부회장은 1분기에 6,700억 원의 적자를 기록한 반도체 사업을 되살리기 위해 권오현 당시 사장과 함께 '차세대 제품 육성'이라는 전략적 카드를 꺼내들었다. 내용은 반도체 시장 D램 주력 제품을 DDR2에서

DDR3로 옮기자는 것이었다. 기존 제품보다 정보처리 속도와 성능을 40~50퍼센트가량 높여 더 비싼 가격을 받자는 전략이었다.

마침 마이크로소프트가 새로운 운영체제인 윈도우 7을 내놓는다는 소식이 업계에 퍼지면서 PC 업체들이 DDR3 제품을 찾는 등 운도 따랐다. 이 부회장은 "고객이 원하는 새로운 제품을 경쟁사보다 1세대 이상 앞서 제공할 수 있도록 리더십을 유지해야 한다"며 고삐를 늦추지 않았다. 완제품 부문을 맡고 있는 최지성 당시 사장도 수시로 "사업별 시장지배력을 더욱 높여 현재 1위인 제품은 2위와의 시장점유율 격차를 확대하고, 2위인 제품은 1위와의 격차를 지속적으로 축소하는 데 주력해야 한다"며 독려했다. 그리고 이러한 노력들은 결실을 맺었다. 2009년 11월, 창립 40주년을 맞은 삼성전자는 글로벌 위기를 넘어 새로운 시대를 열었다.

스마트폰 시장 공략에 나서다

'SH-100'에서 애니콜 탄생까지

삼성전자는 1990년대 초 휴대전화 SH-300을 내놓았으나 품질 문제 등으로 판매 확대에 치명적인 장애 요인을 안고 있었다. 1994년에는 SH-700 론칭을 기반으로, 지금과는 비교할 수 없지만 국내 시장점유율 90퍼센트인 모토롤라의 강력한 아이덴티티에 대응하고자 브랜드 도입에 나섰다. 이 브랜드가 바로 애니콜이고, 1995년 중반 이후 삼성의 국내 시장점유율은 50퍼센트를 넘어 처음으로 1위를 차지한다.

삼성전자는 현재 세계 휴대전화 시장을 선도하는 압도적 1위 업체다. 물론 처음부터 1등은 아니었다. 지금의 위치에 오르기까지 삼성전자는 수많은 난관을 뚫어야 했다. 삼성전자는 1988년 'SH-100'이라는 휴대전화를 처음 만들었다. 그러나 이 제품을 써봤다는 사람은 찾아보기 어렵다. SH-100은 말이 휴대전화이지 모양이나 무게는 벽돌 수준인 제품이었다. 출시는 했지만 모토롤라, 노키아 등의 외국산 휴대전화에 밀려 소리 없이 사라졌다. 그 후 5년간 삼성전자는 5종의 제품을 더 내놨지만 역시 봤다는 사람이 없다. 시장이 외면한 것이다.

상황이 달라지기 시작한 것은 1993년부터다. 삼성전자 직원들은 '모토롤라를 국내시장에서 퇴출시킨다'는 목표를 내걸고 실행 팀을 만들었다. 당시 모토롤라는 세계 최고의 휴대전화 업체였고, 삼성전자는 변변한 제품 하나 내놓지 못하는 상태였다. 그해 11월, 삼성전자는 SH-700을 내놓았다. SH-700은 글로벌 메이커의 휴대전화와 싸워 살아남은 첫 국산 휴대전화였다. 이 제품은 외국산 제품의 우위 속에서 내수시장 점유율 10퍼센트를 기록하는 성과를 냈다. 그리고 다음 해 10월, 'SH-770'이 태어났다. SH-770은 1995년 모토롤라를 제치고 국내시장 1위 자리를 차지하는 기록을 세웠다. '애니콜'이라는 브랜드 이름으로 불리기 시작한 첫 휴대전화가 바로 SH-770이다.

상품은 시장을 기반으로 개발해야 진화한다. 이것은 만고의 진리다. 당시 삼성전자 C&C 사업부장(상무)은 오정환이었다. 그리고 그 밑으로 이기태 제조담당이사보, 천경준 연구개발부장 등의 핵심 실무자가 있었다. 1995년 오정환 상무가 삼성의 자동차 판매 사업 부문인 삼성물산으로 전직하자 삼성의 휴대전화 사업은 이기태를 중심으로 재편되었고 좁은 국내시장을 벗어나 세계시장으로 진출한다. 물론 강력한 후원자는 이건희 회장이었다.

오정환은 2005년 르노삼성자동차 부사장을 끝으로 직장생활을 마감했다. 2007년경 오정환은 내게 이렇게 말했다. "심 대표, 너무 억울하게 생각하지 마라. 삼성이 자동차 사업을 계속했으면 자네가 기획 담당 임원도 했겠지만 그렇게 됐으면 자네는 창자가 튀어나오거나 심술보가 터지든가 해서 죽을 수도 있었어."

오정환은 내가 묻지도 않았는데 자신에 대한 얘기를 하고 있었다. 삼성전자 재직 시절 오정환의 부하였던 이기태는 훗날 삼성전자 부회장까지 지내며 월급쟁이로는 드물게 수천억 원대의 거부 반열에 올랐다. 오정환이 내게 말하고 싶었던 것은 운칠기삼(運七技三)이었으리라. 그렇게 애를 써가며 모토롤라를 이기지 않았다면 무능한 임원으로 분류되어 당시 그룹의 신규 전략 프로젝트였던 자동차 사업 부문으로 뽑혀가지도 않았을 것이며, 이기태 부회장이 가져간 과실을 자신이 가져갈 수도 있었을 것이다.

오늘날 삼성 스마트폰 '갤럭시'가 글로벌 브랜드로 우뚝 서게 된 배경은 단기간의 집중 투자가 아니다. 아날로그 휴대전화의 세계시장 진출과 국내시장 다지기 과정이라는 사전 포석이 없었으면 불가능한 일이다.

스마트폰 사업 착수

스마트폰 사업 착수 직전 삼성의 전자 사업군은 매우 불안한 상태였다. 주력 사업인 반도체, LCD 부문이 부진하면서 삼성전자가 성장 한계에 이르렀다는 분석도 나왔다. 반도체는 수요, 공급에 따른 가격 등락폭이 커서 끊임없는 투자가 뒷받침돼야 했고 일본의 반격과 대만의 추격도 만만치 않았다. 삼성전자의 2006년 매출액과 영업이익은 각각 58조 9,700억 원, 6조 9,300억 원으로, 매출은 전년(57조 4,600억 원) 대비 견조한 증가세를 보인 반면 영업이익은 전년(8조 600억 원)보다 중폭 하락했다. 이에 삼성전자는 반도체, LCD 부문의 부진을 타 사업군에서 만회하려 했다.

당시 최지성 정보통신총괄 사장은 일본을 방문, 일본 가전업체들과의 무한 경쟁을 선포했다. 이를 두고 현지 법인인 삼성저팬 고위층 인사는 "일본 업체들이 삼성으로부터 반도체, LCD 판넬 등 핵심 부품을 구매하고 있다"고 말하면서 최 사장의 물량 마케팅 전략을 비판했다.

한편 삼성전기는 자동차부품 사업 철수에 따른 손실 때문에 기력을 회복하지 못하고 있었다. 당시 삼성전기 자동차부품 사업부 관계자들은 "삼성전기의 자동차부품 사업은 삼성자동차의 부품 공급자 역할뿐 아니라 '규모의 경제' 원칙 때문에라도 혹은 삼성전기의 새로운 수익원 창출 때문에라도 절실하게 필요했던 사업이다"고 말하면서, 삼성자동차의 퇴출과 동시에 자동차부품 사업을 접은 것은 그룹 경영진의 단견 때문이라고 주장했다.

소니를 제치다

2005년 삼성저팬 이창렬 사장을 만난 삼성 관계자는 삼성의 달라진 위상을 다음과 같이 전했다. 이창렬 사장이 "소니 등에서 만나자는 요청이 많다"고 외부에 전언했다는 것이다. 예전에는 주로 삼성이 소니 등의 경영진에게 만나자는 요청을 했는데 입장이 뒤바뀐 것이다. 이때를 전후해 삼성의 중국 사업이 소니를 앞지르기 시작했다.

소니의 중국 진출 전략은 현지 파트너들과의 합자 방식을 택했다. 당시 소니는 중국 거점이 50여 개나 되었으나 현지 시장 정보 등이 효율적으로 통합되지 않았다. 그러나 삼성전자는 중국 거점이 28개에 불과했지만, 모두 단독 투자 방식을 택했기 때문에 시장 정보가 자신들의 정보망을 통해 효율적으로 통합되었다. 그리고 삼성의 강점인 전략, 시스템, 인재의 융합 효과도 서서히 드러나기 시작했다.

2004년에서 2005년 무렵부터 달라지기 시작한 삼성의 위상과 관련해 장세진 고려대학 교수는 2008년에 출간한 저서 《소니와 삼성》에서, 삼성이 소니를 앞지르기 시작한 요인은 '디지털 변혁기 전략의 차이'에 있지만 가장 큰 요인은 기업문화에 기반한 조직 프로세스와 각 사업부를 장악하는 CEO의 강력한 리더십이라고 말했다. 그러나 점차 복잡하고 고도화하는 경영 환경은 이건희 회장의 '황제 경영'과 삼성그룹 비서실 조직이 감당하기 어렵게 만들고 있다고 우려했다.

변방에서 세계시장 중심으로

"작년 상반기만 해도 정말 어두운 터널 속에 있는 것 같았습니다."

신종균 삼성전자 사장은 2011년 10월 홍콩에서 열린 기자간담회에서 1년 전을 이렇게 회고했다. 2010년 상반기는 애플의 아이폰이 국내에 급속도로 퍼져나가던 때였다. 아이폰 상륙 전 국내시장은 동네잔치나 다름없었다. 이동통신사들이 휴대전화와 휴대전화에 올라갈 앱의 종류는 물론 앱의 비즈니스 모델까지 결정했다. 삼성도 이를 무시할 수 없었다. 삼성이 가장 중시해야 할 대상인 소비자를 염두에 두지 않는 듯한 모습을 보인 건 큰 문제였다. 2010년 초, 애플의 공습에 우왕좌왕했던 것도 이와 무관할 수 없다. 삼성전자는 대항마로 옴니아2를 내놓았으나 윈도우 운용체제의 한계로 이용자들의 불만을 샀다. 결국 삼성전자는 저렴한 가격으로 신제품 갤럭시S로 바꿔주는 수모를 겪어야만 했다.

이상은 2010년 상반기까지 삼성전자가 처한 상황이었다. 삼성전자는 그해 6월 갤럭시S를 출시하면서 상황을 반전시켰다. 출시 직후 독일 경제지 〈한델스브라트〉는 갤럭시S에 대해 '아이폰 킬러'라고 호평했다. 2010년 7월 15일에는 '아이폰 킬러'라는 제목의 기사에서 "삼성의 갤럭시S가 애플에 두려움이라는 감정을 가르쳐주고 있다. 스티브는 조심해야 할 것"이라는 내용을 보도했다. 아울러 "고화질(HD)급 사진과 동영상 촬영 기능을 갖춘 갤럭시S는 안드로이드 진영에 새로운 레퍼런스가 되고 있다. 애플 팬이라 할지라도 400유로(약 62만 원) 정도 가격에 각종 최신 기능을 활용할 수 있는 갤럭시S의 가치에 대해선 생각을 달리해봐야 할 것"이라고 치켜세웠다. 삼성전자와 갤럭시S에 대한 이러한 호평은 2011년 말까지 이어졌다. 이는 옴니아 사태 이후 불과 6개월 만의 반전이었다.

이후 삼성전자는 갤럭시노트 등 혁신제품을 줄줄이 선보이며 스마트폰 사업을 변방에서 세계시장 중심으로 끌어올리는 데 성공했다. 애플에 뒤지던 스마트폰 경쟁력을 단숨에 끌어올릴 수 있었던 것은 삼성 특유의 패스트팔로어(fast follower) 전략이 통했기 때문이다.

저가폰 경쟁, 샤오미의 맹추격

애플이 아이폰을 내놓은 이후 전 세계 스마트폰 시장은 7년 만에 400조 원 규모로 급팽창했다. 스마트폰은 '인류 역사상 가장 빠르게 보급된 디바이스'라는 평가를 받고 있다. 삼성이 애플에 이에 뒤늦게 사업에 진출했음에도 오늘날과 같은 성과를 거둘 수 있었던 것은 오너의 의사결정과 동시에 이루어지는 특유의 조직 집중력 때문이었다는 평가다. 그러나 현재 삼성은 3세 경영체제로 넘어가는 단계에서 애플과의 격차는 여전하고, 중국은 샤오미를 중심으로 맹추격을 해오고 있어 세계시장에서 샌드위치 상태다.

스마트폰으로 대표되는 한국의 전자 산업이 전자강국 일본을 제친 것은, 아날로그에서 디지털로 넘어가는 상황을 재빨리 받아들이고 선제적이며 과감한 대규모의 기술 투자를 했기 때문이다. 그러나 이렇게 성장한 스마트폰 시장이 2014년 현재 중국 시장을 중심으로 성장

한계에 부딪혀 있는 상태다.

　시장조사업체 스트래티지 애널리틱스(Strategy Analytics)에 따르면, 세계 스마트폰 시장 규모는 2007년 1억 1,970만 대에서 2014년 12억 10만 대로 7년 만에 10배로 커졌지만 성장률은 매년 둔화하고 있다. 이런 추세라면 2020년에는 16억 5,350만 대로 향후 6년간 성장률이 37.8퍼센트에 이를 전망이다. 스마트폰 산업 생태계가 새 국면을 맞고 있는 것이다. 이는 지난 2007년 애플이 아이폰을 세상에 내놓은 지 7년 만에 벌어진 일이다.

　중국은 샤오미를 필두로 30만 원 미만의 저가폰을 시장에 내놓고 있다. 삼성전자는 줄곧 프리미엄 시장을 고집했으면서도 애플과의 격차는 좁히지 못한 채 이들 후발 업체들로부터 쫓기는 입장에 처해 있다. 스마트폰 시장이 제조업체 간 칩셋과 부품의 표준화가 이뤄지면서 기술의 차이를 강조하던 블루오션 시장에서 벗어나 마케팅과 가격이 핵심 경쟁요소가 돼버린 레드오션 시장으로 변해버렸기 때문이다. 이미 독자적인 비즈니스 모델을 선보인 샤오미는 2012년부터 시장의 변화를 몰고 왔으나 정상의 자리에서 취해 있던 삼성전자는 이를 애써 외면했다. 조직의 비대화와 관료화 등 내부적인 문제도 컸다.

　삼성전자는 애플과 같은 독자적인 플랫폼과 글로벌 생태계도 없는 태생적 한계를 지니고 있다. 또한 스마트폰을 대체할 만한 신수종 아이템이 여전히 뚜렷하지 않다. 삼성전자 경영진들은 2013년을 정점으로 보고 있으며 실적도 이를 뒷받침하고 있다. 2013년 3분기에 삼성전자는 영업이익 10조 원을 넘어섰으나 불과 1년 만에 반토막 이하인 4조 원대에 들어섰다. 이런 상황에서 스마트폰의 부진을 반도체와 디스플레이가 과연 메꿔줄 수 있을까?

반도체가 대안이 될 수 있나

지난 4년여간 스마트폰 사업이 글로벌 톱 수준으로 떠오르기 전까지 이건희 회장의 최고 치적으로 평가받았던 것은 반도체 사업이다. 그러나 반도체 사업은 이 회장의 단독 과업으로 보기 힘들다는 평가가 지배적이다. 반도체 사업은 창업자 이병철 회장의 직접 지시로 시작되었다. 1981년 구체적이고 적극적인 사업 구상에 돌입했으며 1983년 9월에는 수원 공장이 설립되었다. 이후 일본 업체들의 견제로 사업이 어려워졌고 참모진들이 '반도체가 삼성을 망하게 할 것'이라며 사업 철수를 주장했다.

하지만 이병철 회장은 이를 받아들이지 않았다. 이런 태도는 이건희 회장의 자동차 사업 철수와 비교된다. 당시 반도체 공장 건설 책임자였던 홍종만 전 삼성자동차 사장은 "반도체 사업을 시작할 때 기술, 인력 아무것도 없었다"고 말하면서 "기술을 외국 업체에 의존했다면 독자적인 기술 개발이 불가능해 현재 메모리 반도체 글로벌 넘버1에 이르지 못했을 것"이라고 단언한다.

삼성전자의 반도체 3라인 공사가 마무리되어가던 1988년 초부터 반도체 경기는 유례없는 호황기를 맞이했다. 1985년 이래 지속된 반도체 산업의 침체로 대부분의 미·일 업체가 투자를 기피하고 몇 몇 대형 업체들도 D램 사업에서 철수해 공급 부족 현상이 심화되었기 때문이다. 1987년 회장으로 취임한 이건희 회장으로서는 행운이었다.

삼성전자는 1992년 64메가 D램을 세계 최초로 개발하면서 기술력에서 세계 최고 자리에 올라섰다. 1993년에는 메모리 반도체 시장에서 세계 1위로 떠올랐다. 1994년과 1996년에는 각각 256메가와 1기가 D램을 세계 최초로 개발했다. 이후 삼성전자의 반도체 사업은 한국 경제를 먹여 살리는 대표 산업으로 떠올랐다.

한편 1996년 한국은 206억 달러의 무역적자가 발생했다. 원인은 정부가 삼성의 반도체 사업 현황을 잘못 판단한 데 따른 것이라는 견해가 유력하다. 마이크로소프트가 윈도우를 개발해 반도체 수요가 급증하면서 1995년에 4메가 D램 가격이 48달러까지 상승했으나, 1996년 불과 1년 만에 반도체 가격이 1달러로 수직 하락했기 때문이다. 그리고 1년 뒤 우리 사회의 모든 것을 바꿔놓았던 IMF 외환위기는 이러한 삼성 반도체 사업의 침체와도 깊은 관련이 있다. 따라서 정부의 정책 당국자는 중간 부품재인 반도체 산업의 특성을 간파, 스마트폰 산업의 의존도를 낮추기 위한 대체 산업으로서 리스크를 깊이 고려하는 정책 입안을 준비해야 했다.

2002년 삼성전자는 낸드플래시 부문에서도 세계 1위로 올라섰다. 인텔, AMD와 같은 노어 플래시 메모리 제조회사로부터 제2공급자 역할 제안을 거절당했으나 도시바로부터 공급자 지위를 허락받으면서 낸드플래시 시장에 뛰어들었다. 그리고 2000년대에 들어와 애플의 아이팟이 히트치면서 여기에 내장되는 낸드플래시의 급격한 수요 확대와 삼성전자의 발 빠른 투자 확대로 시장 1위 자리에 올라서게 된다. 삼성은 2006년에는 50나노 D램, 2007년 30나노 낸드플래시 등을 세계 최초로 선보이면서 명실공히 세계 IT 업계의 총아로 떠오른다.

2014년 2월, D램 반도체 세계 3위인 일본의 엘피다가 파산보호를 신청함으로써 반도체 치킨게임은 현재 종착역에 다다른 듯하다. D램의 주 사용처인 PC가 스마트폰과 태블릿으로 대체되면서 D램 가격은 수렁에서 빠져나올 기미가 보이지 않는다. 2013년 7월 1.78달러를 기록하던 DDR3 2GB 고정 거래 가격은 절반 수준으로 주저앉았다. 삼성전자와 하이닉스는 미세공정을 바탕으로 한 원가경쟁력을 무기로 버티고 있지만 하위권 업체들은 적자에 허덕이고 있다.

반도체 치킨게임은 2007년에서 2009년 사이에 한창이었다. 이때는 전 세계 주요 반도체 업체가 생산 라인을 증설하는 시기였다. 이 과정에서 독일 키몬다는 파산하고 반도체 업계는 10여 개 업체로 정리되었다. 당시 대만 업체들은 큰 타격을 받았다.

2014년 상반기 반도체 시장은 스마트폰 수요 둔화에도 불구하고 상승세를 이어갔다. 삼성전자는 메모리 반도체 치킨게임이 끝난 후 글로벌 시장 선점 효과를 톡톡히 봤다. 기업용 PC 교체주기가 맞물리면서 D램과 낸드플래시 등 메모리 반도체 수요가 견조한 것도 한몫했다. 그러나 최근에는 삼성전자, SK하이닉스, 마이크론 등 D램 반도체 '빅3'의 생산량 증가가 공급 과잉으로 이어질 것이라는 논란이 있다.

2014년 3분기 추정 실적을 발표하기 하루 전날인 2014년 10월 6일, 삼성전자는 경기도 평택 도일동에 15조 원 규모의 산업단지 투자 계획을 발표했다. 이는 2012년 경기도와 삼성전자가 이미 합의한 평택 고덕국제화계획지구 분양 계약 체결에 이은 후속 조치 중 첫 단계다. 스마트폰 사업 부진으로 인한 대안 모색과 정부의 투자 활성화 요구 등에 부응하기 위해 기왕의 투자 계획 중 일부를 절묘한 시기에 발표한 것으로 해석된다.

삼성전자는 평택 고덕국제화계획지구 일원에 들어서는 약 120만 평 규모의 산업단지에 의료기기를 비롯한 신수종 사업과 차세대 반도체 생산 라인 등에 100조 원 이상을 투자한다는 계획을 갖고 있다. 고덕 산업단지는 삼성전자 수원 사업장(약 50만 평)의 2.4배에 달하는 규모다.

고덕 산업단지와 불과 800미터 거리인 '브레인시티'의 개발 주체는 삼성의 학교재단인 성균관대학이다. 시행 회사인 '브레인시티개발'은 삼성전자의 고덕 산업단지 투자와 입주 확정을 전제로 성균관대학으로부터 시행 업무를 맡았다. 최초로 성균관대학이 기획한 브레인시티는 당시 기획처장이었던 유민봉 현 청와대 국정기획수석이 프로젝트명을 명명한 것으로 알려져 있다. 예정대로라면 브레인시티는 성균관대학 30만 평을 포함, 삼성전자 협력 업체들에게 분양될 것으로 보인다.

고덕 산업단지는 삼성전자의 핵심 생산 라인을 중심으로 건설되며, 직원들의 기숙사 등 후생 시설은 공간 부족으로 건설 계획에서 빠졌다. 삼성전자는 2013년 5월 고덕 지역에 대한 투자를 확정했다. 당시 삼성은 인구 과밀 지역인 수도권의 투자와 법 규제, 국토 균형 발전 여론, 타 지방자치단체의 반발을 의식해 투자 발표 및 협정 체결식에서 사진도 못 찍게 했다.

개발비는 시공비를 포함해 평당 220만 원으로 예상하는데, 당시 협정 체결식에 참가한 권오현 부회장은 해외에 비해 원가 7퍼센트 상승 요인이 있다고 밝혔다. 권 부회장은 그럼에도 불구하고 해외 대형 투자를 못하는 이유는 기술을 빼앗길 우려가 있기 때문이라고 밝힌 바 있다. 그러나 삼성전자는 당시 중국 시안에 70억 달러를 쏟아부어 최첨단 반도체 공장을 짓고 있었다.

한편 삼성재단이 운영하는 성균관대학은 수원 캠퍼스 공대 학부생 1~2학년을 새로 조성되는 평택 캠퍼스로 이주하게 할 예정이며, 이들을 삼성의 입주 업체들이 요구하는 맞춤형 인재로 육성한다는 계획을 가지고 있다. 평택에 이처럼 대규모 산업단지가 조성되는 배경은 한강 이북에 주둔하고 있던 미군기지 이전을 반대하는 지역 여론 무마용으로 과거 정권에서 제시한 당근이다. 평택은 중국과의 교류가 가장 활발한 곳이며, 향후 서해안 시대를 맞아 평택과 중국을 잇는 해저터널 구축 등 한·중 경제 파이프라인의 핵심 지역이기도 하다.

한편 디스플레이 부문은 중국과 대만의 추격이 만만치 않다. 신시장으로 기대했던 유기발광다이오드(OLED)가 부진하며, 스마트폰 시장 성장세의 하락, 중국 경제의 침체 조짐으로 디스플레이 부문의 수익도 분기별로 안정 기조에는 이르지 못하고 있다. 스마트폰, 반도체, 디스플레이는 삼성전자의 성장 삼각 축이다. 반도체를 제외한 사업의 부진을 극복하기 위해서는 그동안의 1등 정신을 되살리는 길밖에 없다. 삼성디스플레이 역시 LG디스플레이와 마찬가지로 제조 부문에서의 원가경쟁력 확보를 위해 베트남 등 해외로 점진적인 이전을 진행 중이다.

이상과 같은 위기를 극복할 방법은 하나밖에 없다. 메모리 반도체에서 시작된 삼성의 1등 DNA를 창조와 혁신으로 퀀텀 점프하는 것이다. 하지만 삼성이 과연 그럴 준비가 되어 있는지 의구심이 든다. 삼성전자는 생산 라인과 연구개발 투자를 해외에 집중하고 있는데 이에 따른 핵심 기술과 인력 유출 우려가 뒤따른다.

이러한 투자는 1997년 김대중 정부가 들어서면서 가시화되었다. 1997년 김대중이 대통령에 당선되자 삼성그룹은 거의 사색이 되었다. 삼성으로 대표되는 재벌 죽이기의 타깃이 될 것이 자명했기 때문이다. 물론 경영 환경의 변화에 따른 글로벌화 때문에 어쩔 수 없이 생산과 제한된 연구개발센터를 해외로 이전해야 하는 측면도 있었다.

김대중에 이어 2002년 노무현이 대통령 선거에 승리하자 삼성은 거의 패닉 상태에 빠졌다. 이때부터 삼성의 핵심 역량 해외 옮기기는 본격화되었다. 삼성에게 김대중, 노무현 정권 10년간은 국내 정치 상황이 일반 경제 환경보다 더 큰 변수였다.

하지만 삼성공화국이라 불리던 시절부터 삼성의 의사결정 과정은 공기업적 마인드가 강했다. 삼성재단인 성균관대학이 주축이 된 평택 브레인시티 조성과 관련해 약 100만 평의 부지에 산업단지 투자 계획을 발표한 것도 이런 차원에서 이뤄졌다. 재무적 이익만 고려하면 해외 투자가 유리하지만 사회적 비난 우려와 함께 삼성 특유의 공기업적 마인드로 중국 시안 투자의 두 배가량인 15조 원 규모의 반도체 투자 계획이 이뤄진 것이다.

흔들리는 대중국 전략

중국 시장점유율 둔화

스마트폰 시장에서 중국이 차지하는 비중은 2010년 9퍼센트에서 2014년 2분기 35.6퍼센트로 상승하면서 세계시장에서 중국의 비중이 3분의 1을 넘어섰다. 중국에서 1등을 하면 세계 1등이 되는 상황이다. 중국의 스마트폰 시장 규모는 한국의 16배가 넘는다. 삼성전자는 2013년 9월만 해도 스마트폰 판매 순위 5위 안에 갤럭시노트2, 갤럭시S4, 갤럭시S듀오스, 갤럭시메가 등 네 개의 제품을 올렸으나 2014년 8월에는 한 제품도 올리지 못하는 참패를 당했다. 이에 반해 애플은 2014년 2분기 중 중국 시장에서 신제품을 내놓지 않았음에도 전년 동기 대비 48퍼센트의 신장률을 보였다.

3분기에도 삼성의 고전은 이어졌다. 미국 시장조사기관인 칸타르 월드패널(Kantar Worldpanel) 콤텍 보고서에 따르면, 샤오미는 3분기 시장점유율 30.3퍼센트로 1위를 차지했다. 이 기간 중 샤오미는 중국에서 총 1,800만 대를 팔아 시장점유율이 2분기보다 18퍼센트 증가했다. 반면 삼성은 시장점유율 18.4퍼센트에 그쳐 2분기에 이어 2위에 머물러야 했다.

샤오미의 경쟁력

"2011년 8월 16일, 샤오미의 CEO 레이쥔(雷軍) 손에 들린 건 1세대 샤오미 스마트폰 Mi1. 베이징의 발표회장 전광판에는 '1,999위안'(한화 약 35만 원)이라는 글자가 선명했다."

중국 IT 칼럼니스트이자 온라인 마케팅 전문가인 허옌(何燕)이 회고한 Mi1의 발표회장 모습이다. 론칭쇼 이벤트는 성공리에 끝났다. 2009년 레이쥔은 삼성이 베트남 하노이 인근에 대규모 휴대전화 공장 설비에 투자를 한다는 보도를 접하고 고심에 고심을 거듭했다. 그는 제조업체로 정면 승부할 경우 원가경쟁력에서 밀린다는 사실을 알았을 것이다. 실제로 중국 전체를 상대로 한 네트워크를 구축하려면 천문학적인 투자비가 필요했다. 결국 그가 내린 결론은, 제조는 주문자상표부착방식(OEM)으로 하고 판매는 온라인을 활용하는 것이었다.

레이쥔은 구글이 직접 출시한 안드로이드폰 넥서스 원이 왜 실패했는지를 잘 알고 있었다. 구글은 넥서스 원을 웹사이트에서 온라인으로 판매했다. 넥서스 원의 실패는 오프라인 판매 체인을 유지하고 있는 통신사들의 반발, 보조금 미혜택 등이 원인으로 꼽혔다. 결론적으로 소비자와 늘 연결돼야 할 마케팅 통로의 부족이 핵심이었다. 레이쥔은 온라인 판매의 이 같은 약점을 보완하기 위해 전 직원을 고객 서비스 업무에 전념하도록 했다. 인터넷 활동이 많은 30만 명을 빅마우스(big mouth)로 미리 육성해 제품 홍보 전선에 투입했다.

샤오미는 모바일 인터넷 회사다. 기업 철학과 제품은 인터넷에서 나오며, 쌍방향으로 오간 통찰은 잠시의 망설임도 없이 생산과 마케팅에 활용된다. 레이쥔은 "고객이 만족할 때까지 끊임없이 고쳐가는 게 경쟁력"이라고 말한다. 이러한 철학은 누군가와 닮았다. 글쓰기와 관련해 마오쩌둥(毛澤東)은 "일단 써놓고 마음에 들 때까지 고치면 된다"는 문장론을 전개했다. 레이쥔의 사업 철학은 현대 중국을 창건한 마오쩌둥의 정신과 이어지고 있다.

삼성은 중저가 스마트폰에 눈을 돌리고 가격 조정과 새 모델 출시 전략을 구사하고 있지만, 중저가 스마트폰의 순익 자체가 적은 데다 경쟁을 위한 가격 전쟁과 함께 제품라인 다각화를 위한 연구개발 비용까지 발생하면서 중저가 시장에서의 경쟁우위 선점이 쉽지 않아 보인다.

삼성이 내놓은 중국 시장에서의 성장 정체 타개 방안 가운데 가장 눈에 띄는 것은 판매가 인하 전략이다. 삼성은 재고처리를 위해 먼저 중국의 일부 스마트폰 판매가격을 10~20퍼센트 하향 조정했다. 2014년 11월에는 중저가 스마트폰 '갤럭시A' 시리즈를 출시했다.

〈중국경영보中國經營報〉는 "통신사 보조금 축소와 같은 중국 시장의 구조적 변화로 삼성이 시장점유율을 원래대로 다시 확대할 수 있는 가능성은 크지 않다"고 전망했다. 이 신문은 "이번 판매가격 인하로 삼성 스마트폰 부문의 브랜드 이미지 훼손이 우려되며 수익도 더욱 줄어들 것으로 보인다"고 보도했다.

2014년 2~3분기 연속 샤오미의 1위 달성은 놀랍다. 삼성전자가 휴대전화 유통을 맡는 이동통신사와의 관계에 집중할 때 샤오미는 인터넷 혹은 소셜네트워크서비스(SNS) 마케팅을 통해 소비자의 마음을 직접 사로잡는 방식을 썼다는 점이 주효했다는 분석이다.

샤오미는 생산원가에 가까운 기기 가격을 통해 스마트폰 판매에서 나오는 수익은 줄이고 서비스나 액세서리, 앱 판매로 이익을 내는 비즈니스 모델을 활용한다. 온라인 판매에 주력해 유통비용도 최소화했다. 기존 업체들이 오프라인 유통망에 막대한 비용을 지출하는 데 반해 샤오미는 온라인 판로를 이용해 유통비용을 80~90퍼센트 줄였다. 또한 온라인으로 선주문을 받은 후 제품을 만드는 시스템으로 생산비용과 재고비용도 최소화했다.

이외에 SNS 마케팅도 샤오미가 삼성보다 한 수 위다. 실제로 샤오미는 100여 명의 전담반을 구성해 고객의 아이디어를 모아 직접 소프트웨어와 기기 디자인에 반영하는 등 적극적인 정책을 운영한다. 또한 사용자 참여 전략에 따라 제품 결함과 개선 방안에 대한 사용자들의 피드백을 즉각 반영하는 것은 물론 개발 단계에서도 잠재고객의 아이디어를 참고한다. 이러한 사용자 참여 과정에서 생성된 입소문은 SNS를 통해 전파되어 판매 확장에 직접적인 기여를 한다.

그동안 샤오미 제품의 하드웨어 사양이 애플이나 삼성전자보다 상대적으로 낮았는데도 대등한 경쟁이 가능했던 것은 이 같은 과정을 거쳐 개발된 소프트웨어의 힘이라는 평가가 지배적이다. 샤오미 CEO인 레이쥔과 린빈(林斌)은 소프트웨어 전문가다. 삼성과 샤오미의 제품 로드맵 역시 샤오미가 승자로 보인다. 〈블룸버그 비즈니스위크 Bloomberg Businessweek〉는 "고가폰에서 저가폰으로 판매 중심을 이동하는 삼성전자와 달리 저가폰을 기반으로 고가폰까지 확대하는 샤오미의 비전이 더 밝다"고 평가했다.

샤오미는 2014년 7월 22일 플래그십 스마트폰 'Mi4'를 출시했다. 이 제품은 삼성전자나 애플의 기존 제품과 견주어 손색없는 사양인데다 메탈 소재 등을 사용해 고급스러움을 강조했다. 가격은 30만 원대에 불과해 경쟁력을 최상으로 높였다는 평가다. 샤오미는 이 제품을 무기로 인도 시장 등 해외로 눈을 돌리고 있어 삼성전자와의 전쟁은 이제 시작이라는 게 업계의 중론이다.

최근 샤오미 경쟁력의 비결이 구체적으로 드러나고 있다. "저가폰을 만들면서도 이익을 내는 비결은 적은 모델 수 그리고 시장에서 오래가는 제품 수명이다. Mi2S는 수명이 2년 이상 지났다. 삼성 갤럭시 S3를 빼고 이렇게 오래 팔리는 제품은 거의 없다. 시장 내 제품 수명이 길다 보니 제조 가격 정도로 오래 팔다 보면 단말기 가격은 그대로인데 제조 부품 가격이 떨어진다. 그만큼 이익이 난다." 인도 매체 〈쿼츠Quartz〉는 2014년 11월 중순, 인도 뱅갈로르를 방문한 휴고 바라(Hugo Barra) 샤오미 부사장이 인터뷰에서 수익을 내는 비결을 이같이 밝혔다고 전했다. 물론 샤오미가 온라인 판매를 통해 엄청난 마케팅 비용을 절감하는 점도 감안해야 한다.

여기서 우리는 샤오미가 단말기를 애플에 제품을 공급하는 폭스콘으로부터 위탁생산해 만들어낸다는 사실을 상기할 필요가 있다. 또한 샤오미가 단순한 온라인 판매 방식을 택한 회사가 아니라 알리바바와 JD닷컴에 이은 중국 3위의 전자상거래 업체라는 사실도 인식해야 한다. 레이쥔은 전자상거래 사업을 했던 전문가이며, 알리바바의 인터넷 쇼핑몰 타오바오의 매출 가운데 상당한 부분은 스마트폰이 차지하고 있다.

샤오미, TV와 스마트홈 시장에도 진출

샤오미는 저가 마케팅과 온라인 판매 전략으로 중국 TV 시장도 공략하고 있다. 샤오미가 판매하는 49인치 초고화질(UHD) TV의 가격은 3,999위안(한화 약 66만 원)이다. 삼성전자와 LG전자가 2014년 초 내놓은 비슷한 크기 UHD TV 가격인 290만 원대와 비교할 때, 샤오미는 이 제품들의 4분의 1도 채 안 되는 가격으로 소비자를 끌어모으고 있는 셈이다.

샤오미는 스마트홈 시장 진출도 준비해왔다. 스마트폰이나 웨어러

블 기기(wearable device) 등을 스마트 가전과 연동해 통합 제어 서비스를 제공하는 스마트홈은 삼성 스마트폰 시장 성장 정체 국면을 타개할 대안으로 평가받고 있다. 중국의 스마트홈 시장은 2018년 1,396억 위안(한화 약 23조 원) 규모로 확대되어 세계시장의 4분의 1가량을 차지할 것으로 예상된다.

샤오미는 수년 전부터 스마트 TV와 셋톱박스, 스마트라우터 등을 잇달아 출시하며 스마트홈 시장의 강자가 되기 위한 작업을 속속 진행해왔다. 최근에는 중국의 대형 부동산 기업들과 손잡고 스마트홈 플랫폼을 공식 출시했다. 이 플랫폼은 샤오미 스마트폰으로 집 안의 에어컨, CCTV, 전등 등을 전체적으로 제어할 수 있는 서비스다.

삼성은 샤오미와 전선을 확대할 수밖에 없다. 샤오미는 소프트웨어 차별화를 통해 시장에서 비교적 안정적인 지위를 유지하고 있지만, 기반 기술은 아직 삼성을 따라잡지 못한다. 큰 휴대전화를 만들고 싶지만 기술이 부족하다. 화소와 배터리, 디스플레이 기술은 스마트폰의 핵심 기술이다. 하루 이상 사용할 수 있는 배터리와 6인치 이상의 선명한 화면을 제조할 수 있는 기술, 휘어지는 디스플레이와 접는 디스플레이의 기술은 아직 삼성의 무기다. 또한 애플 아이폰을 비롯해 전 세계 대다수 휴대전화의 핵심 부품은 여전히 삼성전기 등 삼성 계열사에서 공급하고 있다.

샤오미 CEO인 레이쥔은 '수재' 소리를 들으며 우한대학 컴퓨터 학과를 2년 만에 졸업했다. 29세 때는 중국의 대표 IT 기업 킹소프트 CEO가 되었다. 휴대전화를 1년에 서너 번씩 바꿨다는 그는 애플 아이폰과 아이패드에 열광했다. 마흔에는 엔젤 투자자로 나섰다. 월급을 대신 받은 주식을 처분해 생긴 여유 자금 덕분이다. 그는 투자 감각이 남달랐다. 모바일 인터넷, 전자상거래, 소셜네트워크 플랫폼 등세 가지 방향을 설정하고 여기에 걸맞은 다섯 개 라인의 기업체에 투자하는 치밀함을 보였다.

레이쥔은 주식에서 번 돈으로 2010년 4월 샤오미를 창업했다. 4년도 채 되지 않는 짧은 기간 안에 성공한 그는 샤오미의 비결을 네 가지로 꼽는다. 1년에 한 가지 제품을 출시하고(집중), 이를 통해 우수한 제품을 추구하며(극치), 진심을 다한 마케팅으로 고객을 확보하고(구전 마케팅), 개발 주기를 최소화(신속)한다는 것이다.

그러나 샤오미가 내세운 '선착순 판매'와 신제품을 출시할 때 소량만 내놓는 '헝거 마케팅'이 선진국 시장에서는 먹히지 않을 거라는 분석이 있다. 일부 전문가들은 온라인에서 오프라인 마켓으로 넘어온 샤오미가 판매량만큼 늘어난 소비자의 요구를 들어줄 수 있을지 의문이라고 했다.

중국 업체들의 세계화 전략

샤오미보다 먼저 스마트폰 사업에 착수했던 화웨이는 통신장비 제조회사로 출발했으며, 2013년 연매출 400억 달러(약 42조 원)를 달성했다. 화웨이는 영국 아스널 등 유럽의 프로축구 구단을 후원하며 스포츠 마케팅에 열심이다. 또한 네트워크 장비 사업을 전개하면서 전 세계적으로 구축한 현지 거점을 중심으로 각국 이동통신사와 원만한 관계를 유지하고 있어 안정적으로 판매량을 늘릴 가능성이 큰 것으로 분석되고 있다.

화웨이는 개인 능력을 조직력으로 승화시키는 기업문화를 갖고 있다. 일명 늑대문화(狼文化)로도 불린다. 늑대는 무리지어 다니며 먹잇감을 얻기 위해 함께 움직이는 습성이 있다. 화웨이 직원들은 평균 나이 29세로 젊으며 46퍼센트가 연구개발 분야에 종사한다. CEO도 부회장 세 명이 순환제로 맡고 있는데 이는 독단적 의사결정의 위험을 방지하기 위해서다. 화웨이는 비상장 회사라서 주주들의 눈치를 볼 필요도 없다. 연구개발에 매출의 10퍼센트를 투자하며 직원들의 임금 수준이 높고 복리후생 분야에도 많은 재원을 투자한다.

화웨이는 2014년 11월 12일, 서울 화웨이코리아에서 열린 기자간담회에서 "현재 한국에서 연구개발센터를 설립하고 있으며 곧 완성될 예정"이라고 발표했다. 업계는 화웨이가 한국에 연구개발센터를 설립하는 목적은 여전히 세계 최고 수준의 제조·개발 경쟁력을 가진 한국의 휴대전화 관련 기술을 습득하고 풍부한 연구인력 기반을 활용하려는 의도로 본다.

그동안 중국 전자회사들은 한국, 일본 등 선진기업들의 기술을 빠르게 벤치마킹해 성공했으며, 화웨이 역시 같은 전략으로 주력사업이었던 통신장비 분야에서 급성장해왔다.

조직 내에 삼성전자 연구팀을 따로 두고 있는 것으로 알려진 화웨이는 지난 2014년 2분기까지 삼성전자, 애플에 이어 세계 3위 스마트폰 제조업체였으나 3분기에 샤오미, LG전자에 밀려 세계 5위로 떨어졌다. 중국 스마트폰의 맹주 자리 역시 샤오미에게 빼앗겼다. 화웨이의 스마트폰 사업을 총괄하는 케빈 호(Kevin Ho) 컨슈머 비즈니스 그룹 핸드셋 제품 부문 대표는 기자간담회에서 "앞으로 새로운 유통망을 개척하는 방향으로 대적할 것"이라면서 "기존 오프라인 매장뿐 아니라 온라인 유통망도 확장할 계획"이라고 밝혔다. 이는 온라인 판매로만 2014년 3분기 1,810만 대를 팔아치운 샤오미의 유통 방식대로 대응하겠다는 전략이다.

중국 업체들의 세계화 전략은 한국 업체 중에서도 특히 삼성전자를 철저하게 벤치마킹한 결과를 바탕으로 한다. 중국 업체들은 삼성의 기술에 대해서는 큰 관심이 없다. 기술보다는 경영 노하우를 배우고 싶어 한다. 중국인들은 대학에서 객원 또는 전임으로 강의하고 있는 삼성 퇴직 임원들을 찾아 배움을 청하고 있다.

우려되는 점은 이들 퇴직 임원들을 통해 삼성의 정보들이 유출되고 있다는 점이다. 메모리 반도체, 디스플레이 패널 등 핵심 부품 사업의 경쟁력을 키우는 쪽으로 선회하고 있는 삼성의 전략은 이미 중국 기업들에게 간파당했다. 특히 디스플레이 패널은 정부의 전폭적인 지원 아래 급성장한 BOE(중국명 京東方) 등 중국 기업들에게 따라잡히기 일보 직전이다. 한국에서 만든 패널을 중국 TV 생산업체들에게 넘기는 밸류체인은 무너지고 있다. 2014년 11월 말, 삼성디스플레이는 샤오미 경영진을 공장으로 초청, TV패널 공급 방안을 모색하고 있다. 이는 과거에 삼성이 TV용 LCD 패널을 공급해서 소니를 재기하게 한 결과를 떠올리게 한다. 어쩔 수 없는 삼성의 수직 계열화의 양면성이기도 하다. 일본의 샤프와 저팬디스플레이는 샤오미에게 스마트폰용 액정 패널을 공급하고 있다.

중국 시안에 반도체 공장이 세워진 이유

삼성전자는 2014년 5월 산시성 시안에 70억 달러를 투입해 10나노급 최첨단 낸드플래시(V-낸드) 생산공장을 건설해 기술 유출 우려를 낳고 있다. 삼성전자는 이재용 부회장과 시진핑(習近平) 주석의 밀월관계를 구축하기 위해 이미 오래전부터 대형 프로젝트를 준비해왔다. 이재용 체제가 연착륙하려면 무엇보다 중국 시장이 중요할 것으로 내다봤기 때문이다.

두 사람의 인연은 약 10년 전으로 거슬러 올라간다. 삼성전자는 2000년대 초부터 중앙당교(黨校)의 중청반(中靑班) 회원들을 국내로 초청하는 등 차기 중국 지도부와의 '꽌시(인맥)' 구축에 힘써왔다. 2005년에는 당시 저장성 당 서기였던 시진핑을 삼성전자 수원 사업장으로 초청하기도 했다. 후진타오를 이을 차기 중국 지도자로 유력했던 시진핑은 이미 10년 전 자신이 만들어갈 새로운 중국의 청사진을 그리고 있었다. 그는 기존의 굴뚝산업에서 벗어나 산업 고도화를 이뤄야 한다고 판단했다. 삼성전자가 보유한 반도체, 디스플레이 사업에 관심이 많았던 이유다.

삼성전자는 시진핑의 야심을 파악하고 이를 적극 공략했다. 이재용 부회장을 시진핑 주석과 어깨를 나란히 하는 '거물'로 자리매김하는 작업은 속도가 붙기 시작했다. 2010년 베이징 인민대회당에서 이재용 사장과 시진핑 부주석의 면담자리가 성사된 이후 두 사람은 아시아 지역 정·재계 인사들 모임인 보아오(博鰲) 포럼 등 국제 행사장에서 여러 차례 면담하며 돈독한 관계를 과시했다.

삼성전자는 중국에 통 큰 투자를 단행하면서 시진핑을 만족시켰다. 해외 디스플레이 업체로는 삼성이 최초로 장쑤성 쑤저우에 LCD 공장을 건설했다. 후공정과 달리 LCD 전공정 공장은 상당한 기술 유출을 동반할 수밖에 없다. 그러나 삼성전자는 시진핑의 마음을 얻기 위해 투자를 아끼지 않았다. 삼성전자의 쑤저우 진출로 현지 근로자들의 한 해 임금 상승률은 20퍼센트를 넘어섰다.

시안은 당시 베이징, 충칭, 쑤저우, 선전과 함께 삼성전자 반도체 공장 유치를 두고 치열한 물밑 경쟁을 벌였다. 중국 내 경쟁 도시에 비해 시안은 모든 면에서 불리한 상황이었다. 그러나 예상을 깨고 삼성전자는 시안을 반도체 공장 입지로 낙점했다. 중국에서는 삼성전자 시안 공장을 놓고 이재용 부회장이 시진핑 주석에게 주는 즉위 선물이라는 분석이 파다했다. 삼성전자 시안 공장 투자를 계기로 중국 지도층은 이재용 부회장을 한국의 재벌 후계자가 아닌 거물 파트너로 대접하기 시작했다.

현지 언론이 '산시수두(陝西速度, 빠른 집행력)'라는 신조어를 붙일 정도로 삼성전자 시안 공장 설립은 일사천리로 진행되었다. 삼성전자 시안 공장 설립에 시진핑 등 차기 중국 지도부의 입김이 작용했다는 후문도 있었다. 중국 공산당 정치국 위원 25명 중 시진핑 주석과 왕치산(王岐山) 당기율위서기 등을 비롯한 6명은 시안을 비롯한 산시성 출신이다. 박근혜 대통령도 2013년 삼성전자 시안 공장을 현지 방문했다. 시장에서 삼성전자 시안 투자를 정치적으로 해석할 수밖에 없는 이유다.

2014년 5월 박찬훈 중국 시안 반도체 법인장은 송기용 〈머니투데이〉 베이징 특파원과의 인터뷰에서 "고객 대응력 차원에서 불가피한 선택이었다"고 강조했다. 스마트폰과 태블릿PC에 사용되는 플래시 메모리 판매가 매년 급증하고 있고, 이 시장의 50퍼센트 이상을 중국이 차지하는 만큼 현지 생산이 불가피하다는 것이다. 완제품 시장을 넘겨준 삼성이 핵심 부품까지 밀릴 경우 돌이킬 수 없는 상황에 빠질 가능성도 배제할 수 없다. 삼성은 중국 시장에서 메모리 반도체 분야만 안정권을 지키고 있다고 보는 시각이 냉정한 평가다.

금융, 서비스업의 중국 진출 모색

1992년 광둥성 후이저우에 오디오 공장을 가동하면서 현지 생산 법인을 첫 가동한 중국삼성은 현재 중국에서 10만 명이 넘는 인력을 고용하고 있다. 중국은 삼성그룹의 최대 제조 거점이며 북미와 유럽을 제치고 그룹 내 최대 시장으로 부상했다.

중국삼성에는 삼성그룹 내 20여 개 계열사에서 200여 거점에 진출해 있으며 홍콩, 대만을 포함해 총매출액이 2011년 사상 처음 600억 달러를 넘어섰다. 중국삼성은 2012년을 기점으로 한국에서 개발된 제품을 중국 내수시장에 팔던 방식에서 벗어나 중국 내에서 중국인 기술자들에게 기술 개발을 맡기고 생산된 제품을 중국에서 만들어 파는 전략으로 바뀠다. 이를 위해 중국삼성은 '중국에서, 중국을 위해 (在中國, 爲中國)'를 핵심 비전으로 정하고 중국 사람들에게 사랑받고 중국 사회에 기여하는 기업을 만들겠다는 복안을 가지고 있다.

중국삼성은 중국 현지인들에게 권한과 책임을 대폭 이양하고 있다. 한국으로부터 사람, 기술, 제품을 모두 가져오는 방식에서 벗어나 중국에서 기술을 개발하고 중국인에 의해 만들어지고 중국에서 판매되는 현지화를 확실하게 다지겠다는 것이다. 2012년에 선보인 '백라이트 키보드 노트북'은 이러한 현지화 노력이 반영된 제품이다. 이 제품은 기숙사 생활을 하는 중국 대학생들의 특성을 기능에 반영했는데, 실제로 이 제품을 개발하기 전에 삼성전자의 현지 디자인 및 개발 인력으로 구성된 PIT(product innovation team)팀은 수십 개 대학 캠퍼스를 직접 조사했다. 그 결과 기숙사마다 밤 11시가 되면 소등이 되며 학생 수가 많아 전력 공급이 원활하지 못한 점 등이 파악됐고 이러한 의견들이 적극적인 제품화로 연결되었다. 최근에는 햇빛에 건조하는 것을 좋아하는 중국인들을 겨냥해 신형 세탁기를 개발하기도 했다.

중국의 산업 환경도 고려하고 있다. 단순 조립하는 기존의 노동집약적 제품 투자에서 벗어나 LCD, 반도체 등 최첨단 제품의 중국 투자를 강화해 제조 부문을 공고히 하면서 금융, 서비스 등의 산업에도 본격 진출한다는 방침을 세웠다. 그 첫 번째 실천으로 2011년 10월

7.5세대 LCD 생산 라인을 건설하려던 당초 계획을 바꿔 8세대 LCD 라인을 쑤저우에 착공하고 2014년 5월에 완공했다. 시안에 낸드플래시 공장을 건설한 것도 이런 맥락에서다. 그러나 금융, 서비스 부문의 진출과 관련해서는 고민이 크다. 삼성카드의 금융상품이 진출하기 위해서는 자사 금융상품이 지원해줄 수 있는 실물 제품이 있어야 되는데 고급형 TV 외에는 마땅한 아이템이 없기 때문이다.

현대자동차그룹의 금융회사인 현대캐피탈은 현대기아차의 중국 내 판매 호조의 혜택을 보고 있다. 현대기아차는 2012년 22조 3,519억 원의 매출을 달성한 데 이어 2013년에는 28조 4,740억 원으로 6조 원 이상의 매출 신장세를 보였다. 이에 따라 자동차할부 금융상품을 주로 취급하는 현대캐피탈 중국 법인은 2014년 상반기에 흑자 전환에 성공했다.

〈포천〉과 〈로이터통신〉의 분석

애플의 대중국 성공 전략에는 '현지화＋이질화'라는 양날의 칼이 숨어 있다는 분석이 나왔다. 2014년 7월 28일, 미국 경제지 〈포천 Fortune〉은 애플이 황금을 좋아하는 중국인 취향에 맞춰 '금색 스마트폰117'을 전격 출시하면서도 세련된 이국적 이미지는 철저히 고수했고 이것이 중국 시장에 주효했다고 밝혔다.

글로벌 화학기업인 듀폰의 조사에 따르면, 중국에서 가장 많이 팔리는 차 색깔은 은색이다. 삼성전자 등 대다수 스마트폰 업체들은 대

중국 제품에 금색을 선뜻 도입하지 못했다. 하지만 애플은 달랐다. 몸에 지니고 다니는 제품은 황금색을 좋아한다는 중국인들의 습성을 간파, 2013년 '샴페인 골드' 색상의 아이폰을 과감히 출시했다. 발매 즉시 홍콩은 물론 중국 본토에서도 품절 사태가 일어날 정도로 인기를 끌었으며 암시장에선 수백 달러의 프리미엄까지 붙었다.

휴대전화 시장에 배포된 단말기 대수를 기준으로 보면 아이폰은 중국에서 주력 모델은 아니다. 하지만 지역 유지나 당 간부 등 오피니언 리더들의 스마트폰은 금색 아이폰 일색이다. 유행에 민감한 젊은 이들에게도 선망의 대상이 될 정도로 아이폰은 일종의 트렌드다. 여기에는 애플의 '이국적 브랜드 이미지 고수'라는 고도의 전략이 숨어 있다.

아이폰은 중국 내 모든 매체에서 한자가 아닌 영문명 'iPhone'으로만 표기된다. 중국식 발음 표기인 '아이펑'은 개인 블로그 등 특정 매체에서 속어 수준으로 일부 쓰일 뿐이다. 미국의 스타벅스는 중국 내 매장에서 영문명만을 고집하다 한자 표기를 병행하고 있다. 중국 정부의 정책에 순응한 것이다.

반면 갤럭시 스마트폰은 중국에서 '싼싱'(삼성의 중국식 발음)으로 불려 자국 브랜드로 아는 중국인들이 많다. 저가 중국산 제품과의 차별화된 고급화 전략을 꾀해야 하는 삼성으로서는 골칫거리가 아닐 수 없다.

2014년 7월 25일, 영국의 국제통신사 〈로이터통신*Reuter*〉은 삼성과 애플 두 회사의 전략에 대한 뚜렷한 비교를 제시했다. 애플은 오직 최

첨단 상품만 파는데 삼성은 모든 가격대의 전 제품을 다 판다고 하면서, 관련 업계에서는 그동안 이 같은 차이로 인해 삼성은 변화하는 시장에서 재빠르게 적응을 하는데 애플은 경직되어 점점 위상을 잃어간다고 지적했지만 중국 시장에서는 이런 통념이 뒤집혔다는 것이다.

〈로이터통신〉은 애플의 첨단 스마트폰 판매 증가는 전문가 예상의 두 배에 달한 반면 중국의 저가제품이 같은 영역의 삼성 제품을 밀어냈다면서 삼성 브랜드가 가격경쟁력과 고가제품 사이에서 방황하고 있다고 지적했다. 또한 삼성은 비슷한 중국 제품보다 60~100퍼센트 더 비싸게 팔고 있는데, 이는 삼성 브랜드에 대한 충성도를 감안한다 해도 너무 큰 가격 차이라고 언급했다.

중국 시장에서의 해법

삼성전자는 앞으로도 중국 스마트폰 시장에서 고전할 가능성이 높다. 중국인들의 스마트폰 선호 성향이 급속도로 바뀌고 있기 때문이다. 시장조사업체인 카운터포인트리서치(Counterpoint Research)에 따르면, 중국인들은 5인치 이상의 큰 화면 스마트폰을 점점 더 선호하고 있다. 중국 시장에서 안드로이드 탑재 스마트폰의 화면 크기를 조사한 결과, 5인치 이상의 크기가 2013년 12월에는 40퍼센트에 불과했지만 2014년 8월에는 78퍼센트에 달했다.

애플은 중국인이 큰 화면 폰을 선호하는 상황에서도 자사 제품을 꾸준히 상위권에 올렸다. 이후 4.7인치짜리 아이폰6와 5.5인치짜리 아이폰6플러스가 2014년 10월 출시되면서 애플 점유율은 중국에서 점점 더 높아지고 있다.

류재윤 전 중국삼성 상무는 2014년 7월, "현재 중국의 한국 법인들 중에서 중국을 제대로 알고 있는 한국인 중국 전문가는 찾기 어렵다"고 말했다. 한국 본사의 입맛에 맞춰 현지 상황을 보고하는 이른바 '본사형 중국 전문가'는 많지만 본사가 불편해하더라도 중국 상황을 있는 그대로 전달할 수 있는 중국 전문가는 흔치 않다는 얘기였다. 그는 이러한 현실 때문에 문제에 대한 진단이 잘못되고 해결책도 제대로 나오지 않는다면서 삼성전자가 중국 산시성 시안에 지은 대규모 반도체 공장에 대해서도 "삼성SDI가 삼성전자 옆에 공장을 짓게 되면 노무관리에서 어려움을 겪을 수 있다"고 지적했다. 삼성그룹이라는 똑같은 회사에 다닌다고 생각하는 시안의 중국인 근로자들이 성과급이 많은 삼성전자와 그렇지 못한 삼성SDI의 임금 차이를 이해하지 못할 것이라는 의미다. 이는 결국 삼성그룹이 제조 공장 설립과 관련해 현지 사회문화적 요소를 제대로 고려하지 못했다는 평가다.

중국 시장에 대한 판단 착오는 인사 부문에서도 드러난다. 2013년 12월, 그룹 정기 인사에서 삼성전자 중국 영업을 맡은 이 모 전무는 부사장으로 1년 빨리 올라섰다. 삼성전자 북경연구소장 겸 중국 휴대전화 영업담당 왕 모 전무도 부사장으로 승진했다. 이와 같은 인사 후에 불과 6개월도 되지 않아 삼성은 중국 시장에서 확연하게 밀리기 시작했다. 박 모 부사장은 2012년부터 중국 총괄을 맡고 있다.

중국판매법인 모바일 디비전을 총괄하고 있는 이 모 부사장은

2006년 이후 중국 심양 판매법인장을 맡은 이래 화남지사 지사장, SCIC(북경) 담당을 해온 중국 전문가다. 그는 경력상 임원 승진 이래 본사 근무를 해본 적이 없다. 왕 모 부사장 역시 2000년 이후 10년 넘게 삼성전자 정보통신 부문 연구소장을 지낸 인물이다.

L그룹 중국 총괄 대표를 지낸 삼성 출신의 J는 "해외 주재 인력의 경쟁력은 현지에서 무조건 오래 근무했다고 생기지 않는다"면서 "해외 근무와 본사 근무를 번갈아 해봐야 본사에서 배우는 것도 있고, 본사의 전략이나 사업 방향에 대한 이해가 빠르다"고 해외 주재원 및 현지 채용 인사에 대해 일침을 놓는다.

중국삼성 본사 300여 명의 인력 중 한국인은 30여 명에 불과한데 특허팀을 포함한 법무팀은 60명 수준이다. 법무팀이 특별히 많은 이유는 중국의 법률 시스템도 일명 '꽌시'가 작용하기 때문이다. 중국에 주재했던 삼성 관계자에 따르면, 삼성전자 직원 30여 명이 중국 기업으로부터 소송을 당해 3,000만 달러를 보상하는 사건이 있었고, 2011년 8월에는 삼성전기 광둥성 동관 공장이 현지 업체로부터 부당하게 900만 달러 소송을 당해 상당액을 보상하는 데 합의했다고 한다.

중국 시장에서의 침체는 중국삼성 CEO의 교체와 깊은 관련이 있다는 것이 중국에 주재했던 소식통의 언급이다. 박근희 삼성사회공헌위원회 부회장은 2005년부터 2011년까지 중국삼성 CEO였다. 이재용 부회장의 지휘 아래 중국에서도 제조 부문 혁신회의가 상·하반기에 열렸고, 중국 내 각 사업장별 관리부장 회의도 자주 열렸다. 그러나 장 모 사장으로 교체된 후 이러한 분위기가 사라지고 있다. 장 모

사장은 삼성전자 LCD 관련 제조와 기술, 영업까지 두루 거친 사람이
다. 1981년 반도체 제조 기술팀으로 입사해 1993년 LCD 사업 원년
부터 이 부문에서 활약했다. 이후 LCD 사업 부진으로 한동안 최고경
영자 보좌역으로 물러나 있다가 2011년 연말 인사에서 중국 본사 사
장으로 현장에 복귀했다.

장 모 사장의 후견인으로 이 부회장을 꼽는 시각이 있다. 장 모 사
장이 소니와 합작회사인 S-LCD 총괄 사장을 맡아 등기이사였던 이
부회장과 손발을 맞춘 적이 있기 때문이다. 중국에 장기 주재했던 전
삼성 직원에 따르면, 장 모 사장은 "아무 할 일 없이 그냥 앉아 있는
사람"이라고 한다.

현재 삼성은 애플에게는 기술적인 안전성과 완전성에서 뒤처져 있
고, 중국 업체들과는 품질경쟁력을 인정할 만한 가격경쟁력의 합리성
을 갖지 못하고 있다는 평가다. 향후에도 중국 시장에서 중국 업체들
과 경쟁할 수 있는 결정적 우위를 점하는 것이 쉽지 않아 보인다.

온·오프 다양한 판매채널 아쉬워

〈머니투데이〉 송기용 특파원은 "샤오미와 화웨이 등은 전자상거
래, 선착순 구매 등 중국 시장에 최적화된 마케팅 기법을 활용해 마
케팅, 재고, 물류 등 비용을 낮추고 연구개발에 집중할 수 있는 여력
이 생겼다. 반면 삼성전자는 여전히 전통 판매채널에 의존하고 있어
유통망 구축과 유지에 과도한 비용을 쏟아붓고 있다"고 중국 시장 상

황을 평가했다. 추격 사이클(catch-up cycle) 이론의 권위자인 이근 서울대학 교수는 "향후 삼성의 우위는 더 이상 기술력이 아니고 삼성이 가진 브랜드 파워"라며 "제품 판매에서 서비스 판매로 패러다임을 전환해야 한다"고 조언한다.

삼성전자는 중국 시장에서의 만회를 위해 글로벌 컨설팅 업체들에게 용역을 발주한 것으로 알려져 있다. 컨설팅 업체로부터의 방안 제시는 어차피 참고사항이다. 하지만 이 과정에서 불필요하게 삼성전자의 정보가 역으로 유출될 가능성에 대해서는 유의해야 한다. 1994년 초, 내가 근무하던 TF팀에서 자동차 사업 진출을 위해 일본 노무라연구소에 컨설팅을 발주한 적이 있다. 이때 일본어 구사가 가능한 노무라연구소 담당 직원이 내게 요구한 정보는 한국 자동차 업계 전체 정보를 빨아들이는 수준이었다. 당시 그 정도의 정보를 제공받는다면 나도 컨설팅을 할 수 있겠다는 생각이 들었다. 용역비로 많은 금액을 가져가면서도 밑바닥 정보는 발주처에 요구한 채 자신들의 매뉴얼 시스템에 의존하는 불필요한 두꺼운 컨설팅 결과는 비용 낭비와 의사결정 혼선만 가져올 뿐이다.

영국 〈파이낸셜타임스Financial Times〉는 언론사이면서 컨설팅 회사다. 투자 관련 국가별 리스크 등 언론사로서의 데이터베이스가 풍부하며, 각 산업별 기자 출신의 훈련된 연구원들이 있다. DRI맥그로힐과 같은 회사들의 강점은, 예를 들면 '동유럽의 자동차 산업' 등 테마별 데이터베이스와 분석 툴을 가지고 있다는 것이다. 이들 회사는 동일한 주제에 대해 일정한 고객을 확보한 뒤에만 컨설팅 보고서 작성에 착수한다.

여러 정보를 종합했을 때 삼성이 중국에서 실패한 원인은 판매채널을 오프라인으로만 고집한 것이 결정적이다. 중국뿐만 아니라 전 세계적으로 소비자들의 구매 패턴은 온·오프라인을 넘나들며 급변하고 있다. 이에 따라 전자 유통업계는 온·오프라인 어느 쪽도 소홀히 할 수 없는 전방위 경쟁 시대에 돌입하게 되었다. 즉 다양한 채널을 통합해 소비자에게 일관된 고객 경험을 제공하는 '옴니채널'을 구축하는 것이 선결 과제다. 즉시 갤럭시가 아닌 세컨드 브랜드를 론칭시켜 비용을 최소화할 수 있는 온라인으로 판매채널을 구축하는 게 유일한 방법이다. 답은 이미 나와 있는데 어느 누구도 결정을 내리지 않고 있다.

갤럭시를 넘어서

대안 부재

삼성은 애플보다 늦게 스마트폰 사업에 참여했음에도 특유의 집중력을 발휘해 단기간의 기술 개발, 양산체제 구비, 글로벌 판매망 확충 등에 경영자의 빠른 의사결정력을 바탕으로 풍부한 자금과 인재군을 결집해 성공을 이뤄냈다. 한때 사업을 포기할 것을 검토했던 삼성 SDI 역시 제품군의 발 빠른 확장으로 글로벌 전자회사의 반열에 들어섰다. 그러나 2013년 초부터 그룹 일각에서 스마트폰 시장 성장 한계론이 등장하면서 최지성 삼성 미래전략실장이 잠을 이루지 못한다는 얘기가 흘러나왔다.

삼성전자는 2014년 2분기에 70억 달러(약 7조 1,900억 원) 규모의 영업이익을 올렸다. 이 중 IT모바일 부문의 영업이익이 61퍼센트를 차지했다. 신용평가회사 피치(Fitch)가 2014년 8월 발표한 보고서의 분석에 따르면 삼성전자의 앞날은 비관적이다. 2015년 말에는 신흥 시장에서 현지 업체들이 생산하는 저가 휴대전화 시장의 확대로 삼성의 전 세계 스마트폰 시장점유율은 25퍼센트 선으로 하락할 전망이다. 2014년 애플과 삼성의 전체 스마트폰 출하량은 4억 6,000만 대 안팎에 그칠 것으로 예상된다. 글로벌 스마트폰 시장은 같은 기간 동안 20퍼센트 가까이 성장해 12억 대에 이를 것으로 추산된다. 또한 2013년에는 삼성 제품 출하량이 전체 휴대전화의 31퍼센트 선을 차지했지만 2015년에는 출하량의 60퍼센트 이상을 확보한 인도와 중국이 스마트폰 시장의 성장을 견인할 것으로 이 보고서는 내다봤다.

중국의 샤오미, 레노보, 화웨이 그리고 인도의 마이크로맥스, 인포매틱스 등 현지 휴대전화 제조업체들이 이들 두 나라에서 삼성의 주요 경쟁사가 될 것으로 보인다. 시장조사기관 인터내셔널데이터코프(IDC)에 따르면, 2014년 2분기에는 애플과 삼성의 스마트폰 시장점유율이 떨어졌는데, 애플이 1.1퍼센트포인트 하락한 반면 삼성은 7.1퍼센트포인트 하락해 그 폭이 더 크다.

중국에서는 2014년 2분기에 현지 브랜드 샤오미가 중국 스마트폰 시장의 14퍼센트를 점유해 12퍼센트에 그친 삼성을 제치고 선두로 나서기 시작했다. 삼성의 점유율은 전년 동기 대비 6.3퍼센트포인트 하락했다고 영국 시장조사업체 카날리스(Canalys)가 전했다. 인도에서도 비슷한 시나리오가 전개되었다. 현지 스마트폰 제조업체인 마이크로맥스가 16.6퍼센트의 시장점유율로 14.4퍼센트에 머문 삼성을 추월, 사상 처음으로 휴대전화 시장의 정상을 차지했다. 마이크로맥스는 인도를 중심으로 서남아시아와 러시아에서 점유율을 확대하면서 삼성전자를 압박하고 있다.

〈뉴스위크 Newsweek〉는 2014년 여름, 휘어진 스크린, 호환성을 갖춘 착용형 기기 등의 혁신기술이 직면한 트렌드(웬만한 기술을 갖춘 저가 보급형)를 바꿔놓을 가능성은 희박해 보인다고 보도했다.

한편 삼성은 특유의 발 빠른 인사 및 조직 개편으로 단기 시장 상황에 대응하고 있다. 2014년 8월 1일, 갤럭시S 시리즈 개발 주역인 노태문 혁신제품개발팀장(부사장)이 무선사업 상품전략총괄팀장을 겸직하도록 인사발령이 났다. 노 부사장은 기존 상품기획과 개발은 물론 상품 전략까지 총괄하게 되었다. 이러한 인사발령은 성장 둔화가 지적된 삼성전자 무선 사업의 활로를 찾기 위한 방안으로 풀이된다.

2010년 삼성그룹이 미래전략실을 부활시키면서 내놓은 5대 신수종 사업은 태양전지, LED, 의료기기, 제약바이오, 자동차용 전지다. 당시 삼성은 5대 신수종 사업에 총 23조 원 규모의 투자 계획을 세웠다. 이후 태양전지는 삼성전자에서 삼성SDI로 이관되었고, LED는 삼성모바일디스플레이(SMD)와 삼성LED를 삼성전자로 흡수합병하는 방식으로 육성한다는 계획을 세웠다. LED 사업의 경우 그룹 차원에서 8조 6,000억 원에 달하는 투자 계획을 세우는 등 야심차게 추진해왔다.

그러나 실상은 중소업체들과의 저가 입찰 경쟁이 불가피해지면서 수익성이 악화되어 참여하지도 못했다. 가정용 시장에서는 브랜드를 내세운 오스람과 필립스 등 외국 경쟁기업에 밀려 가시적인 성과 없이 2011년 삼성전자에 편입되고 말았다. 태양전지 사업 역시 정부의 지원 축소, 중국 업체들의 공급 과잉으로 인한 단가 하락으로 양산을 사실상 포기한 상태다. 3년 만에 5대 사업 중 두 개를 접은 것이다.

1998년 말 삼성그룹이 자동차 사업 포기를 결정했을 때, 고 지승림 전 삼성그룹 비서실 기획팀장은 "그룹이 향후 20년은 후퇴할 것이다"고 지인들에게 단언한 바 있다. 물론 당시는 스마트폰이라는 괴물이 등장하지 않을 때였다. 삼성은 이학수 부회장 체제에서 완성차 사업과 삼성전기를 중심으로 투자되었던 자동차 부품 사업에서 완전 철수했다.

삼성 웨이: 흩뿌리기 경영 방식

소위 삼성의 '흩뿌리기' 경영은 이건희 회장 경영체제에서 계속되고 있다. 여러 사업에 투자해서 실패한다 해도 하나의 사업만 성공하면 나머지 실패 사업들의 손실을 보존하고도 남는다는 경영 논리다. 〈비즈니스위크 *Business Week*〉는 2003년 6월, 삼성을 커버스토리로 다루면서 하드웨어 사업에 대규모 투자를 지속해 핵심 역량에 집중하기보다는 다양한 사업을 수평적으로 결합시키는 삼성식 경영(The Samsung Way)에 주목하기 시작했다.

그러나 흩뿌리기 경영 방식은 기능적 기업 관료 조직이 책임의식 없이 일하는 전형으로 비판되어왔다. 삼성자동차 기획팀을 거쳐 삼성 그룹 비서실에 근무한 이남석 중앙대학 교수는 "결국 책임지지 않겠다는 것이다. 겹치고 혼선을 가져오는 비용을 고려하지 않는다"고 비판했다. 황창규 전 삼성전자 사장은 2009년 서울대학 강연에서 "1988년 D램 타입을 스택(위로 쌓는) 타입과 트렌치(아래로 뚫는) 타입 중 하나로 결정하는 과정에서 경쟁사들은 엔지니어의 판단에 맡겼지만 이건희 회장은 2년간 두 타입 모두를 놓고 똑같은 과정을 진행시키는 방법을 거쳐 스택 타입으로 결정했다"면서 "경쟁사들은 트렌치 타입으로 했다가 사업을 다 접었다. 오너의 순간적인 판단이 회사에 그만큼 큰 영향을 미치는 것"이라고 말했다. 황 사장은 두 가지 방식으로 사업을 동시에 진행한 것은 이 회장의 결단이며 업적으로 치켜세운다. 이처럼 동일한 사업을 두 개 조직에 나누어주는 방식은 삼성의 독특한 기업문화 중 하나다. 그러나 결과적으로는 둘 중 한 조직은 쓸데없는 일을 하게 되는 것이다.

1993년, 삼성생명의 기아자동차 주식 매집건이 공개되면서 이 회장은 적대적 M&A(인수합병)를 통한 자동차 사업 신규 참여는 불가능하다고 결론을 내리고 해외 기술 유치를 통한 사업 참여로 방향을 돌린다. 이 회장을 비롯해 경영진들은 선진 자동차 업체들과 접촉한 끝에 닛산과 푸조 두 회사를 최종 기술 제휴 선으로 선정하고 각각 협상에 들어갔다. 한 업체와 협상해서 파기되면 다른 업체와 다시 협상해야 되는 기회 손실을 줄이기 위해 투 트랙 전략을 쓴 것이다.

신수종 사업 모색

이재용 체제로 넘어가는 현 상황에서 삼성그룹의 사업구조는 심각한 불균형을 이루고 있다. 이러한 불균형은 앞으로 이재용으로의 경영권 승계 후 불안정이 지속되는 요인이 되어 그룹 체제가 심각하게 흔들릴 수 있다는 분석으로 이어지고 있다.

스마트폰 사업이 퇴조하면서 부품 선행 개발이 이뤄져야 하는 삼성전기 내에서는 자동차 부품 사업으로의 재진출에 대한 목소리도 높다. 신설된 신사업 추진팀이 이를 맡는다는 구상이다. 삼성전자 사업군 내에서도 규모나 사업 연관성 측면에서 스마트폰을 대체할 만한 사업으로 전기차 사업에 대한 모색이 시도되고 있다. 전기차 사업 참여 의사를 밝힌 쪽은 삼성SDI다.

삼성SDI는 제일모직 상장과 관련해 보유지분 8퍼센트 가운데 절반인 4퍼센트(500만 주)를 처분한다. 노상수 삼성SDI 재무팀장(상무)은 2014년 10월 30일에 열린 3분기 실적 발표회에서 "앞으로 에너지 부문과 전기차 부문 투자가 늘어날 것으로 보여 재원 확보가 필요하다"며 배터리 중심의 전기차 부품 사업 확대 의사를 비쳤다. 물론 전기차는 글로벌 자동차 업체에게는 주류 사업이 아니다. 이러한 움직임을 두고 삼성의 자동차 사업 재진입으로 보는 것은 아직은 무리가 있다.

어쨌든 기존 삼성전자 3인방의 전자기술 역량을 구현할 총체적인 완성체로 자동차 관련 사업이 다시 부상하고 있다. 신수종 사업의 방향은 그룹 미래전략실과 삼성종합연구소의 의사결정에 달려 있다. 삼성 스마트폰 사업 확장의 일등 공신이며 안드로이드 운영체제를 개발한 구글이 이미 '구글카' 사업에 착수한 것도 삼성에 던지는 중요한 시사점이다.

이재용 부회장은 2014년 4월 9일, 중국 보아오 포럼에 참석해 "삼성이 의료와 헬스케어 분야에서 새로운 가능성을 발견하기 위해 많은 연구개발 자원을 투입하고 있다"고 밝혔다. 그는 "고령화 문제에 직면한 많은 국가들의 의료비 지출이 급격히 늘어 각국 경제에 큰 부담으로 작용하고 있다"며 "의료비를 낮출 수 있는 솔루션을 찾아낼 수 있다면 엄청난 기회가 생길 것"이라고 말했다. 이 부회장은 특히 삼성의 강점인 IT와 모바일 기술을 활용한 의료 및 헬스케어 사업의 발전 가능성에 주목했다. 그는 "모바일 기술을 기반으로 병원과 의사, 환자를 실시간으로 연결하거나 자가진단할 수 있는 새로운 응용기술을 개발하는 데 주력하고 있다"고 설명했다.

이 부회장이 이처럼 공식적으로 의료 및 헬스케어를 신성장 동력으로 지목한 것은 최근 스마트폰 시장의 성장 둔화세가 두드러지고 있기 때문이다. 이 부회장은 이날 강연에서 "지난 7년간 스마트폰 시장은 컴퓨터와 통신의 두 가지 혁신기술을 합쳐 전례 없는 성장세를 보였지만 앞으로는 이전과 같은 성장세를 유지하기는 어려울 것"이라고 진단했다.

삼성에서는 신수종 사업과 관련해 의료기기 사업부가 부상하고 있다. 삼성전자 의료기기 사업부 사장이자 삼성메디슨 대표를 맡고 있는 조수인은 이윤우 전 삼성전자 부회장과 오랫동안 반도체 부문에서 함께 일했다. 조수인은 의료기기와 바이오·제약을 포함한 헬스케어 사업 총괄은 물론 향후 제너럴일렉트릭, 지멘스, 필립스 등 글로벌 의료기기 업체들과 힘겨운 경쟁을 벌여야 하는 역할까지 맡게 될 것으로 보인다. 삼성은 2000년 초부터 에스원, 삼성서울의료원 등을 통해 원격진료 시스템 등을 연구해왔다.

스마트폰 사업부 내 갈등

신종균 사장이 2010년 1월 무선사업부 부장에 취임한 뒤 삼성전자의 IT모바일 부문은 급성장했다. IT모바일 부문은 2011년 영업이익 8조 1,300억 원을 기록했다. 이는 삼성전자 총영업이익(15조 6,442억 원)의 52퍼센트나 되는 실적이다. 2012년에는 19조 4,200억 원의 영업이익으로 총영업이익의 66.8퍼센트를 기록했다. 그러나 IT모바일 부문은 2013년에 정점을 찍고 2014년에는 스마트폰 실적 하락으로 본격적인 하향세로 접어들었다.

갤럭시 시리즈 개발을 주도한 신 사장은 삼성전자를 세계 스마트폰 시장점유율 1위 기업으로 올려놓은 일등 공신이다. 삼성전자 IT모바일 부문의 강점은 기술 주도력과 빠른 대응력이다. 신 사장은 2007년 셀(Cell) 시스템을 도입했다. 셀은 작업자 한 사람이 제품 조립부터 검사까지 모든 과정을 수행하는 생산 방식이다. 셀 생산 방식을 도입한 뒤 삼성전자의 1인당 휴대전화 일일 생산량은 2005년 250개에서 2007년 500개로 늘었다.

2014년 7월 〈블룸버그 비즈니스위크〉는 인적 쇄신으로 조직에 건전한 긴장감을 불어넣으려던 삼성전자의 전략에 차질이 생겼다고 분석했다. 2014년 2분기 실적 악화와 이재용 부회장으로의 경영권 승계 이슈가 겹치면서 조직문화가 더 경직되는 부작용이 발생하고 있다는 것이다.

〈전자신문〉의 이형수 기자는 2014년 7월 기사를 통해 "최근 삼성전자 임원들은 공격적으로 사업을 추진하기보다는 책임을 회피하려는 경향이 강해졌다. 부진한 스마트폰 사업에서 돌파구를 만들어내기보다는 위험을 최소화하고 자리를 지키려는 것이다"고 분석했다. 시스템 붕괴는 이렇듯 외부보다는 내부에서 먼저 진행되는 것이다.

2014년 7월경 삼성전자 무선사업부 내 구매 부문과 제조 부문 간 갈등이 심하다는 언론 보도가 있었다. 베트남 공장 갤럭시S5용 카메라모듈에 이상이 생기면서 발생한 두 부서 간 갈등은 급기야 그룹 최고경영진 간의 진영 대결로까지 비쳐지기도 했다. 이 문제는 무선사업부의 실적 부진을 명분으로 2014년 12월 그룹 인사에서 해당 부문의 사장이 2선으로 후퇴하면서 마무리되었다.

조직 간 불협화음으로 몰락한 대표적인 기업은 일본의 소니다. 컬럼비아대학 비즈니스스쿨의 데이비드 로스(David Ross) 교수는 이렇게 말했다. "소니는 아마존의 킨들, 반스앤노블의 누크에 앞서 전자책 리더기를 개발한 곳이다. 믿을 수 있겠는가. 그러나 내부에 너무 많은 정치 투쟁이 있어 상업화에 성공하지 못했다. MP3도 타의 추종을 불허할 잠재적 위치에 있었으나 해킹, 불법 다운로드 등에 대한 우려가 음반사업부(소니뮤직) 쪽에서 강하게 제기되며 결국 유야무야되고 말았다. 그 사이에 애플이 아이팟으로 치고 나오며 그 세계를 점령했다."

최지성 부회장은 이재용 체제로의 안정적인 승계와 론칭의 책임을 지고 있다. 경영권 승계가 이뤄지는 단계에서 조직 내 갈등 양상은 결코 바람직하지 않다. 결국 무선사업부 내 갈등은 실적 부진이라는 명분을 앞세워 신종균 무선사업부 부장의 사퇴 거론으로까지 이어졌다.

다른 한편으로는 최지성 미래전략실장과 신종균 사장 간 휴대폰 실적 부진의 책임을 신 사장이 지는 쪽으로 마무리되는 듯했다. 가전사업부의 윤부근 사장이 IT모바일 부문을 통합해 이끌어나가는 구조조정과 인사 예측 기사가 2014년 11월 23일 〈월스트리트저널*The Wall Street Journal*〉에 보도되었기 때문이다. 그러나 껄끄러운 삼성전자 내 세력 간 권력 싸움을 조직 변화와 CEO 교체로 예측한 〈월스트리트저널〉의 조너선 정(Jonathan Cheng) 기자의 글은 신 사장 사퇴와 조직 통폐합 얘기가 없었던 것으로 결론나면서 삼성 측의 여론 떠보기용 언론 플레이가 권위 있는 외신의 오보로 정리되었다.

셀 생산 방식

삼성전자는 스마트폰의 신장세 약화, 마케팅 전략의 실패로 인한 판매 부진의 후유증에 시달리고 있다. 앞서 말한 것처럼 셀 생산 방식은 컨베이어벨트 방식과 달리, 생산자 개인이 책임을 지고 조립과 포장을 하나의 셀 안에서 정리하는 방식이다. 각 셀에서는 개인 간 작업 시간대별 전체 작업자들의 생산 물량을 파악할 수 있다. 기준 생산량을 넘어서면 인센티브가 주어진다. 그래서 작업자들 간에는 치열한 경쟁이 벌어지기도 한다. 컨베이어벨트 방식에서는 특정 작업 구간 직원이 결근하면 대체인력을 찾기가 쉽지 않다. 그러나 셀 방식은 작업자가 맡은 생산 라인만 가동을 멈추면 그만이다. 생산량을 줄여야 할 경우, 컨베이어벨트 방식은 불필요한 인력도 생산 라인에 투입해야 되지만 셀 방식은 전체 생산 흐름에 영향을 주지 않으면서 생산량을 축소 조정할 수 있다. 셀 생산 방식이 생산성의 획기적인 증대를 가져왔다기보다는 생산의 유연성을 확장했다고 표현하는 게 정확하다.

내가 셀 생산 방식의 작업장을 처음 본 곳은 1993년 삼성항공(현재 삼성테크윈)이라 불리던 창원 공장 카메라 조립라인이었다. 제법 큰 사각형의 컨베이어라인에서 7~8명이 한 조가 되어 카메라를 조립하던 광경이 지금도 기억난다. 물론 요즘의 셀 방식의 작업장과는 차이가 있다. 1996년경 인도네시아 자카르타 인근에서도 셀 방식의 작업장을 봤는데 바로 혼다의 엔진 조립라인이었다. 역시 현지인들 7~8명이 한 조가 되어 반제품으로 들여온 부품들을 조립했다.

지금의 셀 방식과 가장 비슷했던 생산 라인은 2001년경 파츠닉(과거 대우전자부품)의 정읍 공장에 있었다. 당시 나는 이 회사와 계열 부품회사의 홍보대행 컨설팅을 1년여 맡고 있었는데, 정읍 공장의 셀 방식 생산 라인은 앞의 두 공장과 판이하게 달랐다. 이곳에서는 작업자 혼자 독립된 단위의 제품 생산 공정을 제어했다. 직접 보지는 않았지만 신용카드 제조회사의 생산 라인 역시 셀 방식이라고 한다. 일부 회사는 광화문 프레스센터의 〈서울신문〉 지하실에 생산 라인을 갖고 있는 것으로 알고 있다.

구글은 저가 스마트폰 '아라'를 발표했다. 아라는 (자가) 조립식(모듈러) 스마트폰이다. 기타 여러 업체에서 모듈러폰을 발표할 계획이다. 모듈러폰은 카메라·액정·배터리와 각종 기능 모듈을 직접 조립해 만드는 스마트폰이다. 모듈러폰이 대중화될지의 여부는 불확실하지만, 시장에서 성공한다면 현재와 같은 장치산업적인 성격을 갖고 있는 생산 시스템에 대한 혁신적인 변화는 불가피해 보인다.

저가 전략도 필요하다

현재 삼성전자 IT모바일 부문은 더 높은 언덕으로 올라가기 전에 만난 '전환의 계곡'에 서 있다. 불교 초기 경전인 《아함경阿含經》에는 뗏목 이야기가 나온다. "강을 건넌 후 뗏목을 버려야 저 언덕을 오를 수 있다." 조계종의 대표 선승이자 학승인 학담 스님은 《아함경》 속에 나오는 뗏목에 대해 다음과 같이 해설한다.

"첫째, 뗏목은 그저 뗏목이니, 즉 아무리 멋있게 만들고, 쓸모 있게 만들었어도 운송수단에 불과하니 목적지에 도달했으면 과감히 버려야 한다. 아깝다고 등에 지고 갈 수는 없다. 둘째, 뗏목으로 이 언덕에서 저 언덕으로 건너간다. 하지만 저 언덕(彼岸)은 이 언덕과는 다른 세상임을 전제로 하는 것이므로 저 언덕에 도달한다는 게 말처럼 그리 쉬운 일은 아니다."

1995년 8월, 삼성 휴대전화는 당시 세계 1위였던 모토롤라를 누르고 국내 1위에 오르면서 애니콜 신화의 전기를 마련했다. '산악지형에 강하다'는 슬로건을 내걸면서 전국의 산에서 비교통화 실험을 한 결과였다. 2000년대 중반에는 슬림형 모델 '블레이드'로 시장을 견고하게 지켰다.

그로부터 20년이 흘렀다. 상당수 전문가들은 삼성 스마트폰의 강점을 기술 혁신보다는 마케팅에 둔다. 그러나 갤럭시는 세계 스마트폰 시장에서 1위 달성에 성공했으나 불과 3년여 만에 내리막길을 걷고 있다. 피처폰 애니콜과 블레이드의 성공 비결은 이건희 회장의 막대한 물량 지원이라는 마케팅에 있었다. 갤럭시의 성공은 그동안 구축해놓은 삼성의 물적·인적 시스템과 프로세스가 능력을 발휘한 것이다.

문제점은 정상에 오르기 직전인 2012년경부터 드러나기 시작했다. 삼성은 마케팅에 성공했음에도 불구하고 자신들의 제조업 DNA로 이겼다고 착각했다. 삼성의 브랜드는 '인텔 인사이드'처럼 반도체라는 내장 부품에서는 드러나지 않았다. TV의 성공이 스마트폰으로 이어진 것이다. 유럽이나 미국의 소비자들은 애플 아이폰을 어디서 만들었는지 신경 쓰지 않는 것처럼 삼성 갤럭시를 어디서 만들었는지 신경 쓰지 않는다.

삼성은 애플이 폭스콘을 통해 제품을 공동 개발하고 제조를 맡긴 것도 도외시하고, 샤오미의 OEM 생산 방식도 우습게 봤다. 제품을 매장에서 파는 것을 너무도 당연시했기 때문에 샤오미의 온라인 판매 방식에 대해서는 의식 자체를 하지 않았다. 대형 TV조차 이미 전자상거래를 통해 팔리고 있는 현실에 전혀 둔감했다. 대부분의 제품을 가전매장을 통해 팔다 보니 이러한 흐름을 제대로 읽지 못한 것이다. 그 결과 삼성은 오로지 제조 부문의 생산성 향상에만 골몰했다.

하지만 시장과 관계없는 제조업체의 공장은 그냥 창고일 뿐이다. 삼성은 제품을 팔기 전에 공장부터 지었다. 재고로 쌓인 제품을 밀어내기 위해서는 막대한 마케팅 비용이 들기도 하지만, 최근에 지은 베트남의 공장들은 가동하지 않으면 막대한 고정비가 발생한다. 억지로라도 시장을 만들어 공장을 돌리고 팔아야 고정비라도 건지는 것이 양산 제조업의 숙명이다.

삼성이 스마트폰 시장에서 살아남으려면 갤럭시라는 브랜드는 프리미엄 브랜드로 살려놓고, 세컨드 브랜드를 만들어 샤오미보다 더한 저가 전략과 짠돌이 전략으로 팔아야 한다. 더 근본적인 해결책은 물론 이동통신 시스템이다. 이동통신 시스템을 제대로 갖추지 않은 나라에서는 스마트폰을 팔 수 없다. 대신 통신장비를 팔아야 한다. 그런 면에서 통신장비를 제조하는 삼성전자 네트워크 사업부와 통신 기지국 안테나 제조 및 유지보수를 하는 삼성SDS와의 사업 조정도 고려해볼 수 있다. 방향을 명확하게 정하면 길은 보이기 마련이다. 길이 없으면 길부터 닦아놓아야 한다. 그래야 주력 사업이 진입할 수 있다.

혁신을 혁신하다

결국 애플이 목표다

스마트폰 전쟁의 승리자는 세계 IT 업계의 지배자다. 스마트폰 시장의 향배가 주목되는 이유다. 스마트폰은 현존하는 IT 제품 가운데 가장 작고 가벼우면서도 최고의 부가가치를 낳고 있다. 휴대전화, PDA, MP3 플레이어 그리고 인터넷 단말기의 모든 기능을 한데 모은 것이 스마트폰이다. 따라서 반도체, 디스플레이, 배터리, 카메라 등 각 분야의 최고 기술이 집약된 스마트폰을 장악하는 기업이 세계 IT 업계의 대장이다.

삼성은 애플을 이겼다고 생각했다. 그러나 과연 삼성은 애플을 이겼을까? 이철호 〈중앙일보〉 수석논설위원은 애플과 삼성을 다음과 같이 비교한다. "삼성이 스마트폰을 판다면 애플은 생태계를 판다. 삼성이 물고기를 쫓아다닌다면 애플은 가두리 양식 업체다. 아이폰 고객의 충성도가 그만큼 높다. 뒤집어 말하면 애플 생태계에 한 번 포획되면 좀처럼 빠져나올 수 없다는 의미다."

외신에서는 한때 애플과 알리바바의 모바일 결제 부문 협력 가능성에 대한 논의를 연일 보도했다. 알리페이는 온라인 지갑에 미리 돈을 충전한 뒤 결제하는 방식의 선불 전자결제 서비스다. 알리페이는 이미 국내에도 들어왔다. 최근 대한항공, 아시아나항공, 롯데면세점, 롯데닷컴, KG이니시스, KICC 등 400여 개 업체들과 제휴를 맺었다. 앞으로 삼성은 신수종 사업으로 삼은 스마트홈 시장, 헬스케어 시장은 물론 삼성에스원이 담당하고 있는 보안 경비업 부문에서도 애플과 경쟁자로 만나야 한다.

애플의 핵심 경쟁력의 중심은 CEO인 팀 쿡(Tim Cook)에 있다. 최근 팀 쿡은 미국 언론을 달궜다. 2014년 10월 30일, 스스로 동성애자임을 선언했기 때문이다. 이를 두고 미국 언론들은 '혁신의 아이콘'으로 불리는 애플의 새로운 진화로 해석하는 경향이 있다. 2011년 창업자 스티브 잡스가 사망한 후 '안정적 관리자'의 이미지를 가졌던 그가 커밍아웃을 통해 자신만의 이미지와 유산을 확립했다는 시각이다.

쿡은 그동안 조용하지만 확실하게 전진하며 자신의 색깔을 드러내왔다. 잡스가 생전에 한 번도 방문하지 않은 중국을 애플의 전략 시장으로 삼아 2014년 2분기에만 중국에서 59억 달러(약 6조 원)의 매출

/ 삼성의 몰락 /

을 올렸다. 잡스가 절대로 하지 않았던 자사주 매입과 배당에도 적극적이다. 그는 2014년 1분기 동안 180억 달러어치의 자사주를 사들였다. 이 기간 중 애플 주가는 25퍼센트나 올랐다. 아이폰6도 대화면 디자인을 채택하면서 잡스의 유산을 버렸다.

폭스콘의 부상

삼성이나 애플이나 현실에 안주하려는 관료주의, 기업충성도 약화에 기인한 개발 기술의 누출 등은 공통의 당면한 문제다. 애플의 최대 약점은 외주 정책으로 인한 하청업체의 열악한 노동 조건이다. 홍하이(鴻海)의 영어식 상호명인 폭스콘은 애플 제품의 조립을 전담하며 세계 500대 기업으로 급성장했으나 비인간적인 작업 환경으로 인해 수억 달러의 손실을 내며 위기에 몰려 있다. 이는 애플의 위기이기도 하다.

폭스콘의 궈타이밍 회장은 1950년 대만에서 태어나 군복무를 마친 뒤 선박회사에서 일하다가 홍하이를 창업해 TV 채널 손잡이 제조 등의 하도급으로 돈을 벌었다. 1990년대에는 1년 동안 발로 뛰어다니며 미국 내 32개 주에 있는 큰 회사들의 문을 두드려 IBM의 주문을 받는 데 성공한다. 이후 임금이 싼 중국으로 사업을 확장한 그는 1996년 컴팩에 염가의 컴퓨터를 제공한 덕분에 애플과 삼성 등으로부터도 주문을 받게 되었다.

폭스콘이 세상에 알려진 것은 2010년 아이폰을 1분당 약 90개씩 만들어내던 중국 공장에서 열악한 노동 환경에 절망한 노동자들이 잇달아 투신하면서부터다. 아이폰은 오직 폭스콘에서만 만들어낸다. 애플은 디자인과 마케팅만 담당하고 있다. 폭스콘은 이제 단순 하도급 업자가 아니다. 세계 12개국 25개 공장에 직원 120만 명을 거느린 거대한 회사다. 보유 특허만 3만 5,000개 이상을 갖고 있는 거대 기업이다. 문제는 폭스콘이 악덕 기업으로 낙인찍힌 데다 마진까지 줄고 있다는 점이다. 애플의 주가는 매년 상종가를 갱신하고 있으나 폭스콘은 5년 전의 주가 그대로다.

2010년 폭스콘은 아이폰의 주문을 맞추기 위해 100억 달러를 들여 중국 쓰촨성의 성도에 새 공장을 짓고 엄청난 투자를 했다. 그러나 애플만 140억 달러의 이윤을 남겼고, 폭스콘은 처음으로 2억 달러의 손실을 냈다. 공급망의 효율적인 통제와 저임금 유지가 불가능해졌기 때문이다. 500달러짜리 아이패드를 폭스콘에서 조립하는 데 드는 비용은 고작 12달러다.

폭스콘의 경영 악화는 결국 애플의 위기로 이어질 수밖에 없다. 막강한 하드웨어 기반을 갖고 있는 삼성은 애플이 지니고 있는 약점들을 집요하게 공략해야 한다. 애플이 아무리 뛰어난 소프트웨어를 자랑한다 해도 저임금 전략에 기초한 폭스콘에 목을 매고 있는 한, 폭스콘의 위기는 애플의 위기로 이어질 수밖에 없다. 전문가들 중 상당수가 애플의 앞날에 유보적인 견해를 밝히는 것도 바로 이 때문이다.

삼성전자가 베트남에 110억 달러를 투자하면서 삼성과 베트남 정부는 운명을 같이하는 듯 보인다. 삼성의 베트남에 대한 투자는 더욱 확대될 전망이다. 베트남을 새로운 생산기지로 선택한 삼성전자는 중국을 주요 생산기지로 택한 애플과의 경쟁에서 제조원가경쟁력 분야에서는 당분간 한발 앞선다. 삼성은 소프트웨어 분야를 포함해 독자적인 운영체제 등에 대한 과감한 투자를 서두를 필요가 있다.

모바일 결제 분야에서 삼성은 페이팔과 손을 잡고 반격 준비를 하고 있다. 하지만 편리한 스마트폰 결제 서비스에 관한 이미지는 이미 애플이 선점한 상태다. '삼성월렛'으로 안드로이드 기반의 전자상거래 기술을 검증받은 삼성전자는 국내 규제에 막혀 중국 시장 및 중국 고객을 겨냥하고 중국 유니온페이와 합작하는 우회 전략을 선택했다.

이런 분위기에서 2014년 9월 30일, 존 도나호(John Donahoe) 이베이 최고경영자는 이베이에서 페이팔을 정식으로 분리한다고 발표했다. 이는 삼성과 맺은 전략적 제휴가 틀어질 가능성을 시사한다. 이번 '독립'으로 페이팔은 삼성과의 제휴에 연연해하지 않을 가능성도 있다.

페이팔이 독립하는 중요한 이유 중 하나는 새로운 성장 동력을 찾기 위함이다. 일각에서는 페이팔이 삼성과 결별하고 애플과 손을 잡을 확률이 높다고 전망한다. 반면 페이팔과 삼성전자의 파트너십 체결은 안드로이드용 '애플페이'의 대체수단을 만들기 위한 것이라는 주장도 있다.

샤오미가 버겁다

〈파이낸셜타임스〉 아시아판 편집장 데이비드 필링(David Pilling)

은 삼성에게 애플과의 경쟁에 전념하지 말고 샤오미를 필두로 한 중국 업체들과 가격 경쟁에 나서라고 하지만 이것도 쉬운 일이 아니다. 1979년생으로 국립외교원 전임강사인 천리(陳莉)가 2014년 11월 30일 〈중앙선데이〉에 기고한 글은 중국인의 시각으로 샤오미와 샤오미의 고객에 대해 가장 정확하게 분석하고 있다. 요약본을 소개한다.

중국판 트위터인 '웨이보'는 10만 명 이상의 팔로어를 거느린 '파워 블로거'를 대량 양산했다. 중국인들은 사회적 이슈가 발생했을 때 이들 파워 블로거의 논평을 찾아본다. 중국 인터넷에서는 비교적 자유롭게 토론에 참여하고 자신의 목소리를 낼 수 있다. 스마트폰의 주요 고객인 2030세대는 치솟는 부동산 가격과 취업난으로 인해 태어날 때부터 불공정한 게임에 내몰린 세대로, 기성세대에 대해 불만을 갖는다. 이런 분위기를 제대로 파악하고 공략한 기업이 샤오미다. 샤오미는 좁쌀이란 뜻으로 '하찮은 존재'를 일컫는다. 레이쥔은 종종 '좁쌀과 보총(소총)'을 강조한다. 이는 항일전쟁 때 마오쩌둥이 외쳤던 '좁쌀 밥에 보총'을 그대로 빌려온 것이다. '비록 작고 보잘것없지만 아무리 강한 적이라도 결코 두렵지 않다'는 정신을 담고 있다.[*]

레이쥔은 이런 정신을 앞세워 젊은 고객들을 공략했다. 단순한 애국심이 아니다. 사회 계층 간 상대적 발탁감이라는 심리를 간파, 마케

---

[*] 〈중앙SUNDAY〉, 2014년 11월 30일.

팅에 응용한 결과다. 삼성이 매달렸던 현지 빅데이터로는 이런 분석이 나오지 않는다. 삼성의 정책 결정자들이 이런 소비자 집단과 삶의 경험을 공유하지 않는 이상 절대로 마케팅 전략을 내놓을 수 없다. 변화의 흐름을 꿰뚫은 샤오미의 성공은 우연히 얻어진 게 아니다.

샤오미와의 전선은 인도 시장으로까지 확대되었다. 샤오미는 발빠르게 중국을 넘어 떠오르는 거대 신흥시장인 인도로 들어가 전자상거래 업체인 플립카트와 제휴했다. 휴고 바라(Hugo Barra) 샤오미 부사장은 2014년 11월 중순 한 인도 매체와의 인터뷰에서 "나는 이들을 아마존과 같은 반열에 놓으며 나는 이들을 대다수 다른 전자상거래 업체들의 앞에 놓는다"고 치켜세웠다. 플립카트는 2007년 싱가포르 자본으로 뱅갈로르에서 설립되었다.

삼성은 샤오미를 의식하며 온라인 판매와 오프라인 유통업체 사이에서 복잡한 줄타기를 하고 있다. 삼성이 전자상거래에 발을 들여놓을 경우 오프라인 유통업체들이 반발할 가능성이 크기 때문이다. 삼성전자 신종균 사장도, 미래전략실 최지성 부회장도, 이재용 후계자도 1년여가 넘도록 세계 최대 시장에서 삼성을 이긴 이 업체에 대응해 어떤 판매채널 방식을 쓸지 아직도 의사결정을 내리지 않고 있다.

삼성이 소니의 전철을 밟는 게 아닌지 우려가 된다. 소니는 워크맨, 카세트플레이어, TV, 플레이스테이션 등 히트상품을 연달아 내놓으면서 세계시장을 석권했다. 트랜지스터라디오의 이부카 마사루(井深大), 워크맨의 모리타 아키오(盛田昭夫), CD의 오가 노리오(大賀典雄) 등은 일본 제일의 경영자로 불리는 인물들이다. 2001년 1월, 일본의 경제주간지 〈도요게이자이東洋經濟〉는 소니의 4대 회장인 이데이 노부유키(出井伸之)를 '21세기형 경영자'로 선정하기도 했다.

《소니와 삼성》의 저자 장세진 고려대학 교수는 소니 몰락의 핵심으로 CEO의 리더십 문제를 지적하며 경영권 승계 과정에서의 혼란을 소니 침체의 가장 큰 원인으로 꼽았다. 이데이 회장이 잦은 조직개편을 단행하고 소니를 느슨한 네트워크 체제로 전환하면서 경영의 효율성이 크게 떨어졌다는 것이다.

윤덕균 한양대학 교수는 "소니는 가전기기 부문으로부터 소프트웨어, 서비스 부문으로 사업의 무게중심을 옮기면서 음반, 영화 등 콘텐츠 부문을 강화했지만 원천적인 해법은 아니었다. 결국 소니의 몰락은 기술 개발의 핵심 역량 붕괴를 간과한 데 있었다"고 진단했다.

1995년에 취임한 이데이 회장은 디지털 시대에 발 빠르게 대응하지 못했다. 소니는 고성능 노트북 '바이오'를 내놨지만 저가 제품에 밀려 고전했다. 소니 침체의 시작이었다. 1997년 고화질 브라운관 TV '베가'를 시장에 내놓으며 다시 한 번 기술력을 집중시켰지만 세계시장은 이미 박막형 TV가 주도하고 있었다.

나는 2007년 처음으로 미국 디트로이트, 샌프란시스코, 산호제이, LA를 방문한 데 이어 2009년 10월에는 뉴욕을 방문했다. 화랑 사업을 하기 위해 세계 미술의 수도를 직접 보고 체험하고 싶었다. 그때 현지 화랑가를 안내해주던 독립 큐레이터가 '블랙베리'를 사용하는 것을 보았다. 블랙베리는 캐나다의 휴대전화 제조업체인데 현재의 이름으로 바꾸기 전까지 '리서치인모션(RIM, Research In Motion

Limited)'이라는 이름을 사용했다. 아이폰이 나오기 전까지 블랙베리는 이메일 기능이 있었고 보안이 뛰어나 인기가 있었다.

블랙베리는 2008년 2분기만 해도 가입자 수가 1,900만 명을 넘어 미국 스마트폰 시장점유율 1위를 자랑하기도 했다. 하지만 터치스크린 방식의 스마트폰 시장에 적응하지 못해 애플과 삼성전자에 추격당했고, 현재는 세계시장 점유율 1퍼센트 미만의 군소업체로 전락했다. 블랙베리는 최근 북미 시장에서 아마존과의 제휴로 공격적인 기기 보상 및 보조금 정책으로 시장점유율 회복을 노리고 있다.

소니와 블랙베리의 사례에서 보듯 경쟁사들이 새롭게 치고 올라오는데, 선발 업체들은 내부 문제나 경영 환경에 대한 인식 부족으로 기회와 경쟁력을 잃고 있다. 샤오미를 대하는 삼성을 보고 있으면 내외부의 문제가 혼재하는 것 같다.

한편 삼성전자는 2014년 11월 17일 미국 뉴욕에서 기업설명회(IR)를 갖고, 스마트폰 모델 수를 3분의 1에서 4분의 1가량 줄이겠다고 발표했다. 생산원가를 낮춰 샤오미 등 중저가 중심 업체들과 맞붙음으로써 시장점유율을 지키겠다는 전략이었다. 이날 이명진 전무는 "(샤오미가) 어디서 수익을 창출하는지 모르겠다"며 "(샤오미가) 인터넷으로 팔기 때문에 (비용을 낮춰) 잘하고 있는지는 잘 모르겠다"고 언급했다. 또한 그는 중국을 제외한 세계시장에서 똑같은 전략이 통할지는 의문이라고 밝혔다.

삼성이 그랬듯이 스마트폰 시장은 불과 6개월이면 승자가 바뀐다. 물론 샤오미는 삼성처럼 스마트폰 이전의 피처폰 판매를 하면서 쌓아온 월드와이드 네트워크가 갖춰져 있지 않다. 그러나 오프라인 중심의 판매 네트워크와 달리 온라인 중심의 판매 시스템은 공급 공장, 물류 창고 확보, 콜센터 구축 및 택배회사와의 제휴가 핵심이다. 샤오미는 중국에서의 성공 모델을 중국보다 교통, 물류 등 인프라가 잘 갖춰진 세계시장에 적용하고 있다. 그 확산 속도는 예상보다 빠를 수 있다. 삼성이 샤오미를 제대로 보고 있지 못한다는 우려를 갖게 하는 대목이다.

선도기업의 자만심을 버려라

스티브 잡스가 컴퓨터를 손 안의 스마트폰에 담아 MP3와 내비게이션 등을 무용지물로 만들면서 인간의 삶을 바꿨듯이 삼성도 혁신적인 일을 해야 하는데 그렇지 못하다. 테슬라의 CEO인 엘론 머스크(Elon Musk)는 노트북에 들어가는 작은 리튬이온 전지에 주목했다. 그리고 이 전지를 연결할 생각을 하게 되면서 노트북 전지 6,000개를 연결해 전기차를 만들었다. 테슬라가 가진 기술은 결코 첨단이 아니다. 발상 자체가 남달랐던 것이다. 스마트폰과 컴퓨터를 초월하는 파괴적인 혁신제품을 만들어내야 할 시기에 이건희 회장이 쓰러졌다. 이 역할을 이재용 부회장이 맡을 수밖에 없다. 현재 삼성에서는 리더십 문제가 혁신만큼 중요한 과제가 되었다.

삼성은 2009년 이래 중국에서 최고경영진이 참석한 가운데 제조 부문 회의를 열었고, 현지에서 제조 부문 혁신을 거듭해왔다. 그러나 결국 제조 부문 중심에서 벗어나는 관점의 혁신을 하지 못해 후발 중국 업체들에게 선두자리를 내어주고 있다.

"추격국(follower)이 기술 선도국(leader)을 따라갈 때 추격 기업은 높은 성장세를 보이게 된다. 그러나 기술 선도국을 따라잡아 기술의 경계선(technological frontier)에 도달하면 또 다른 후발 추격 기업에 의해 경쟁력을 잃게 되고 해당 국가는 저성장의 함정으로 빠져들게 된다. 이러한 저성장 국면에서 빠져나오기 위해 기업은 혁신을 해야 하고 정부는 혁신이 확산될 수 있도록 규칙과 제도를 개선해야 한다." 김정식 연세대학 교수는 신성장 이론의 대가 폴 로머(Paul Romer) 뉴욕대학 교수의 이론을 소개하면서 기술 인력 양성, 도시 근교에 고품질 산학클러스터 구축, 신기술 개발 금융 지원 확대에 대한 연차적 계획 수립 구체화 등 정부 차원의 신산업정책 수립이 필요한 시기임을 지적했다.

세계 정보통신기술(ICT) 시장의 혁신을 주도할 만한 세계 최초 기술을 개발해놓고도 세계화에 실패한 사례가 있다. 삼성전자는 지난 2003년 당시 무선사업부장이던 이기태 전 부회장의 주도로 세계 최초 윈도우 운영체제 기반 스마트폰 '미츠(MITS)'를 선보였지만, 시장 주도권을 애플 아이폰에 넘겨주고 말았다.

이와 같은 문제는 국내의 좁은 시장 탓도 있지만 이업종 기업 간의 '견제'가 주요 원인으로 지적되고 있다. 당시 이동통신사들은 삼성 미츠에 와이파이 기능을 제한했고, 정부가 피처폰용 국내 플랫폼 표준인 위피(WIPI) 탑재를 강제하는 바람에 스마트폰은 싹도 피우지 못했다.

미래를 내다보는 정부의 ICT 코리아 전략 부재도 근본 원인으로 지적되고 있다. 기업이 혁신기술을 개발했을 때 정부가 이를 인정해주고 세계적 기술과 기업으로 키울 수 있도록 체계적인 정책 뒷받침에 나서줘야 하는데, 이런 면에서 여전히 미흡하다는 게 전문가들의 지적이다.

이건희 회장은 제품의 조립 및 부품 소싱을 그룹에서 내재화하는 전략을 택했다. 현재 삼성전자 스마트폰에 탑재되는 주요 부품들 상당수는 계열사에서 생산하고 있다. 반면 이재용 부회장은 문호를 적극 개방하고 가능한 부문은 경쟁사와 협업을 추진하는 방안도 병행하고 있다.

삼성전자가 최근 내놓은 모바일 가상현실(VR) 기기인 기어VR이 대표적인 사례다. 기어VR은 미국의 벤처기업인 오큘러스VR과 협업해 만들어졌는데 이 회사는 페이스북이 인수한 업체다. 예전 같으면 개발자들이 밤을 새워서라도 자체 개발을 했겠지만 이제는 서로의 장점을 최대한 살려 재빨리 시장에 제품을 내놓는 전략을 택하고 있는 것이다.

삼성전자가 공식 문서작성 프로그램을 '훈민정음' 대신 MS워드로 대체한 것은 상징적인 사건으로 받아들여진다. 훈민정음은 삼성 소프트웨어의 자존심과 같은 존재였기 때문이다. 이 결정은 이재용 부회장이 2014년 9월, 사티아 나델라(Satya Nadella) 마이크로소프트 CEO를 만난 지 일주일 뒤에 발표되었다. 겉으로 드러난 것은 공식 문서작성 프로그램 변경뿐이었지만 두 회사 간의 보다 긴밀한 협력이 논의 되었을 것으로 관련 업계는 예측하고 있다.

삼성전자와 애플의 화해 무드 조성은 이재용 부회장이 주도하고 있다는 것이 업계의 정설이다. 삼성전자는 애플과 특허소송을 하면 서 아이폰에 탑재되는 애플리케이션 프로세서(AP) 파운드리 물량을 확보하지 못했다. 하지만 아이폰6에서는 다시 AP를 공급하는 것으로 알려졌다. 아이폰6에 들어가는 모바일 D램도 다시 공급하기 시작했 다. 그동안 삼성전자 영업이익을 떠받치던 스마트폰 실적이 무너지면 서 반도체가 다시 주목받고 있다. 스마트폰 사업을 재정비해야 되는 시점에서 애플과의 화해는 적절한 선택이었다는 긍정적 평가가 나오 고 있다.

과거 사례들을 보면 반면교사로 삼을 점이 많다. 동서양 대부분의 기업 역사가 보여주듯이 영원한 독주는 없다. 이러한 측면에서 기업 이 가져야 할 핵심적인 가치는 과연 무엇일까? 이남석 중앙대학 교수 가 이와 관련한 적절한 사례를 제시했다. 그는 2006년 한국인 최초로 영국 옥스퍼드대학에서 경영학 박사학위를 받았다. 10여 년이 지났 지만 그의 박사 논문은 많은 것을 생각하게 한다.

아이러니는 극심한 금융 부채로 문을 닫게 된 삼성자동차가 현재는 부채가 거의 없는 우량 회사로 다시금 태어나게 되었다는 점이다. 과 연 삼성자동차 사례는 삼성은 물론 대한민국 기업과 경제에 어떤 교 훈을 주는 것일까?

재무적으로 이익을 내는 것이 장기 사업 전략의 중요한 조건임은 논란의 여지가 없다. 다만 단기적인 재무 성과 측면만을 부각시키다 보면 장기적인 성장의 기회를 영원히 상실하는 우를 범할 수 있다는 것이다. 한때 영원할 것처럼 보이던 빅3의 위상이 흔들리고, GM의 파산이 임박했다는 예측마저 나오고 있는 배경을 보면 기업경쟁력의 원천이 결코 단기 재무적인 성과에만 달려 있는 것이 아니며, 기업 자체 경쟁력을 높이기 위한 노력을 게을리할 경우 경쟁 환경 변화에 따라 기업이 언제든지 몰락할 수 있다는 점을 암시해주고 있다 할 것이다.*

그는 도요타를 또 다른 사례로 든다.

오늘날 경쟁력의 상징으로 일컬어지는 도요타의 경우 경쟁력의 원천은 탁월한 재무적 관리 능력에 있기보다는 다른 기업들이 결코 쉽게 모방할 수 없는 그들만의 독특한 기업문화와 일하는 방식을 장기적으로 개발, 체화시켜왔다는 점이다. 즉 일시적인 감원이나 재무적인 처방이 단기적으로는 큰 효과가 있을 수 있으나, 장기적인 관점에서 보면 종업원의 사기 및 소속감, 성장 동력을 상실하게 되는 위험성도 수반된다는 점을 감안, 개별 기업은 물론 국가적인 산업정책이 수립되어야 하겠다.

----

*Lee, Nam S, "The Determinants of Effective Cooperation Processes in Int'l Joint Ventures: The Case of Renault-Samsung Motors, Unpublished Doctoral Thesis", University of Oxford (2006).

이철호 〈중앙일보〉 논설위원은 삼성에 대해 다음과 같이 경고한다.

삼성의 문제는 내부에 도사리고 있는지 모른다. 이건희 회장이 건재
했을 때 선제적인 위기의식과 헝그리 정신은 삼성의 트레이드 마크
였다. 예전 같으면 갤럭시 기어에 결제 기능을 넣기 위해 몸부림을
쳤을지도 모른다. 한 번 최정상에 올랐다는 자신감과 포만감 탓일까.
삼성에는 요즘 그런 헝그리 정신이 사라졌다.[*]

기업은 매일 혁신을 해야 한다. 기존의 사업 모델에 문제가 없는지
끊임없이 살펴봐야 한다. 이는 급변하는 시장에서 살아남기 위해 반
드시 필요한 것이다. 독특한 기업문화와 일하는 방식을 새롭게 만들
어내는 것도 또 다른 의미에서의 혁신이다.

---

[*] 〈중앙일보〉, 2014년 11월 3일.

2장

경영권 승계와
기업문화

3세 경영권 승계 본격화

삼성은 2014년 10월 27일 각 언론사에 보도자료를 배포했다. 이재용 부회장이 삼성그룹 영빈관인 이태원 승지원(承志園)에서 중국과 일본의 손해보험회사 CEO들을 초청, 만찬을 주재했다는 내용이 들어 있는 보도자료였다.

승지원은 1987년 이건희 회장이 창업자인 고 이병철 회장이 살던 한옥을 물려받은 뒤 집무실 겸 영빈관으로 개조한 곳으로, 창업자의 유지를 이어받는다는 의미로 지은 이름이다. 삼성 직원이면서 이건희 회장 한남동 집이나 승지원으로 출근하는 이들이 있는데, 이들을 통칭 '집사'라고 부른다. 승지원과 한남동 집은 계열사인 에스원 임직원들이 경비를 책임진다.

이날 이 부회장은 금융감독위원회에 삼성생명과 삼성화재 지분 취득을 위한 자격 승인(대주주 변경 승인)을 신청했고, 금융감독위원회는 10월 29일 이를 승인했다. 불과 0.1퍼센트에 불과한 지분이지만 그 상징성은 남다르다. 이 부회장이 최대 주주의 특수관계인이기 때문에 한 주라도 살 경우 지배 주주가 될 수 있어 최초 지분을 취득할 때 금융당국의 승인이 필요했던 것이다.

금융권에서는 이 부회장이 삼성생명과 삼성화재 지분을 취득한 이유를 삼성생명의 기업 분할과 이후 지주회사 전환 과정에서 현물출자 과세이연 적격 요건을 충족하기 위한 행보로 분석한다. 과세이연이란 기업의 원활한 자금운용을 위해 자산을 팔 때까지 세금 납부를 연기해주는 제도를 말한다. 즉 법인이나 개인이 기업 인적 분할과 분할 자회사 주식의 현물출자로 과세 특례를 적용받기 위해서는 법인이나 개인은 기업 분할 등기 당시 해당 기업의 지분을 보유하고 있어야 한다. 또 기업 분할 이후 현물출자를 통해 지주회사로 전환하는 경우에도 기업 분할 당시 해당 기업의 지분을 보유하고 있어야 조세특례제한법(조특법)상 과세이연 혜택을 받을 수 있는 것으로 알려져 있다.

이 부회장은 기업 분할 이전 삼성생명과 삼성화재 지분을 갖고 있지 않으면 향후 3년 동안 특수관계인 간의 거래에 제한을 받게 된다. 여기서 특수관계인 간의 거래란 제일모직, 삼성전자, 삼성생명 등의 특수관계 법인과 이 부회장 간 거래다. 이 부회장이 삼성생명 지분을 갖고 삼성생명 최대 주주의 특수관계인이 되어야 향후 벌어질 3개 회사 간 분할, 현물출자, 주식스와프 때 거래 제한을 받지 않는다. 부친으로부터 삼성생명 지분을 상속받은 후 거래에 나서면 시기를 놓치게 된다는 의미다.*

어쨌든 10월 27일 알려진 두 가지 소식은 이재용 부회장으로의 삼성그룹 경영권 승계가 본격화되었음을 알리는 신호탄인 셈이다.

늦어진 경영권 승계

2008년 전무 시절, 이재용은 우여곡절 끝에 순환출자 구조의 정점에 있는 삼성에버랜드의 최대 주주가 되었다. 하지만 경영권 승계와 관련한 이때의 조치는 "1996년 에버랜드 전환사채(CB) 발행 전으로 되돌아간 것 같다"는 평가를 받았다. 1996년 당시 전환사채 발행 편법 의혹으로 경영권 승계의 명분을 잃어버렸기 때문이다.

2006년 삼성에버랜드 전환사채 발행 건 재판이 있었다. 재판부가 이건희 회장을 소환한다는 얘기가 나올 정도로 심각한 상황이었다. 삼성에버랜드 전환사채 발행 건은 삼성가가 세금을 제대로 내지 않고 편법으로 재산을 물려주려 했다는 사회적 비난에서 자유롭지 못했다. 이는 이재용 삼성전자 전무 체제로의 경영권 승계를 어렵게 만드는 암초로 작용했다. 당시 삼성그룹은 에버랜드 전환사채 건으로

------

* 〈더벨〉, 2014년 11월 10일.

대외 명분, 기업 이미지 측면에서 심각한 타격을 입었다. 에버랜드 전환사채 발행 건 등이 오히려 경영권 승계 속도를 어렵게 했다는 분석도 있다.

한편 2008년 5월, 전략기획실 출신의 모 인사는 "이건희 회장의 업적은 삼성전자의 외형적 성장인데 그것 역시 오래가기 힘들다. (…) LCD, 휴대전화 등은 삼성SDI의 사업 부문 등을 옮겨와 일으킨 것인데, 제조 부문에서 얼마나 오랫동안 경쟁력을 유지할 수 있겠느냐. (…) 삼성이 확실하게 경영권 승계 구도를 이루는 유일한 방법은 금융 쪽이나 제조 중에서 하나를 버리고 하나를 선택해야만 가능하다. (…) 나라면 금융 쪽을 택하겠다"고 말했다. 제조 부문을 특화하고 있는 이 회장 일가를 겨냥한 이러한 언급은 시사점이 크다.

2008년 5월은 삼성이 스마트폰 사업을 시작하기 전이다. 당시의 이와 같은 전망은 스마트폰 사업을 시작한 삼성과 이전의 삼성을 극명하게 대비해 보여주고 있다. 이 인사는 "여하튼 경영권 승계의 가장 큰 변수는 이건희 회장의 건강"이라 언급한 뒤 "이건희 회장이 공식 직함에서 물러났고, 순환출자 구조에서 지분만을 보유하고 있으며, 삼성생명의 차명 주식을 돌려받음으로써 수조 원 단위의 돈을 가지고 있지만 건강이 중요하다. (…) 건강에 이상이 생기면 3세로의 경영권 승계는 요원할 수도 있다"고 말해 2014년 이건희 회장이 쓰러진 삼성의 현 상황을 어느 정도 예측했다.

그룹 사업 재조정 단행

이재용 중심의 경영권 승계를 위한 그룹의 사업 재조정 작업은 2013년에 들어와서야 본격화되었다. 2013년 10월에 이루어진 삼성 SDS와 삼성SNS의 합병 결의가 그 출발이다. 삼성에버랜드와 제일모직 합병, 삼성종합화학과 삼성석유화학 합병에 이어 2014년 9월에는 삼성중공업과 삼성엔지니어링의 합병이 발표되었다. 건설 부문의 추가 사업 구조조정 작업도 예상된다.

삼성SDS는 2014년 11월에, 제일모직(구 삼성에버랜드)의 상장은 12월에 이어졌다. 두 회사의 상장은 이재용 부회장에게 '그룹 승계 자금 확보'라는 의미를 갖는다. 제일모직의 현 최대 주주는 이재용 부회장(23.24퍼센트)이다. 2014년 12월 18일 유가증권시장에 상장된 제일모직은 공모가(5만 3,000원)의 두 배가 넘는 11만 3,000원으로 장을 마감했다. 제일모직 상장으로 인해 이재용은 약 3조 2,000억 원의 막대한 평가 차익을 거두게 되었다.

이 부회장은 삼성SDS 주식도 11.25퍼센트를 보유하고 있다. 시장에서는 상장 후 이 지분의 가치를 1조 7,000억~2조 원대에 이를 것으로 전망했으나 2014년 11월 14일, 상장 첫날 지분 가치는 2조 8,507억 원에 이르렀고 12월 초에는 3조 1,000억~3조 2,000억 원에 도달해 당초의 전망치를 뛰어넘었다. 제일모직 또한 공모주 청약이 마감되면서 이재용 3남매의 상장 차익 규모는 5조 9,000억 원에 이르렀다.

양사의 상장 전후 과정의 홍보는 미래전략실에서 주도하고 있는데, 삼성SDS의 경우는 당초 예상보다 주가가 너무 뛰어 이를 다운시키는 데 주력하는 듯하다. 두 회사의 상장으로 이 부회장은 당장 5조 원대 이상의 가용 현금을 확보했다. 이 현금을 신용으로 지분을 매각 하거나 비상회사일 때는 불가능했던 주식담보대출로 현금을 추가 융 통할 수 있다. 이를 상속·증여세 재원으로 활용해 이건희 회장이 보 유한 삼성전자 지분 3.38퍼센트와 삼성생명 지분 20.76퍼센트를 물 려받으면 경영권 승계가 완료된다.

이건희 회장의 삼성전자 지분(3.38퍼센트)의 가치를 최대치인 6조 원대로 평가할 때, 이를 상속할 경우 이재용 부회장, 이부진·이서현 사장, 홍라희 삼성미술관 리움 관장 등이 내야 할 상속세는 3조 원대 로 추정된다. 이 회장은 삼성생명 지분 20.76퍼센트(4조~5조 원 상 당), 제일모직 지분 3.72퍼센트, 삼성물산 지분 1.37퍼센트(1,500억 원)도 보유하고 있다. 기타 계열사 주식까지 포함했을 때 이 회장의 지분 가치는 얼추 계산해도 12조 원을 웃돈다. 삼성생명 지분 20.76 퍼센트의 가치는 약 4조 4,000억 원으로 추산된다. 이 부회장이 이 지 분을 모두 승계받았을 때 내야 하는 상속·증여세는 5조~6조 원으로 추정된다.

이들 주식 중 이재용 부회장이 이건희 회장으로부터 반드시 상속 받아야 하는 것은 삼성생명 주식 20.8퍼센트다. 삼성생명이 삼성전 자를 지배하는 수단이고 삼성생명을 지켜야 아버지 시대의 영향력을 그대로 유지할 수 있기 때문이다. 이 부회장은 삼성SDS·제일모직 상 장을 통해 이에 충분히 대응할 수 있다는 평가다. 부족한 자금은 세금 분납을 활용하면서, 매년 삼성전자·삼성생명의 보유 지분에 대한 주식 배당금으로 충당할 수 있다.

증여를 통해 상속받는 경우도 있을 수 있다. 이건희 회장 보유 지분을 공익재단에 증여하면 증여세를 면제받을 수 있다. 공익재단에 증여할 경우 세금을 줄인 뒤 이재용 부회장 등 지배 주주 일가가 다시 주식을 사오는 방안이 유력하다. 하지만 이 역시 매입 자금 마련이 숙제다.

이 회장이 사망할 경우 장남인 이재용 삼성전자 부회장으로 그룹 경영권이 승계됨과 동시에 장녀 이부진 호텔신라 사장, 차녀 이서현에게도 계열사 분할을 할 것으로 보인다. 그룹 경영권은 이 회장의 건강이 나빠진 지난해 이후 '도로 이재용' 중심 체제로 변경되었다. 옛 제일모직의 경우 소재 부문이 전자 사업군인 삼성SDI로 넘어갔고, 화학 사업군에 대한 이부진, 이서현 주식 비중이 이재용보다 더 컸으나 이 부회장 몫이 더 많아지는 등 이재용 중심으로 재편되었다. 이 부회장은 제일모직 → 삼성생명 → 삼성전자 → 삼성물산·삼성카드·삼성SDI → 제일모직의 순환출자 구조에서 제일모직을 지배하면 그룹 전체를 지배할 수 있다.

2014년 10월 30일, 삼성카드는 "제일모직 상장 과정을 통해 보유 중이던 제일모직 주식 4.99퍼센트를 처분하기로 했다"고 공시했다. 이렇게 함으로써 삼성카드와 제일모직 간 순환출자 구조는 사라질 전망이다. 그리고 이는 삼성그룹이 순환출자 해소에 착수한 것으로 해석할 수 있다.

금산 분리가 가장 큰 위험이지만 현 정부에서는 그 가능성이 낮아지고 있다. 삼성생명이 삼성전자 지분을 내다 팔지 않아도 된다면 이재용 후계 구도의 최대 관건은 이건희 회장이 보유한 삼성생명 지분 20.8퍼센트와 삼성전자 지분 3.4퍼센트를 무난히 물려받는 것이다.

2014년 4월 삼성종합화학이 삼성석유화학을 흡수합병함에 따라, 6월 9일 공시에는 삼성종합화학에 대한 삼성전자의 지분이 3.91퍼센트에서 5.29퍼센트로 높아졌으며, 제일모직은 0.88퍼센트에서 3.94퍼센트, 이건희는 1.13퍼센트에서 0.97퍼센트, 이부진은 4.95퍼센트를 새로 획득했다.

2014년 11월 26일, 삼성그룹은 삼성종합화학을 포함한 석유화학 계열사와 방산 업체인 삼성테크윈을 한화그룹에 매각하기로 결의했다. 국내 일부 언론에서는 이와 관련해 "이건희 회장과 달리 일감 몰아주기 논란을 감수하면서까지 모든 계열사를 끌고 가지 않는 성향"의 이재용 부회장은 "글로벌 경쟁력이 있는 계열사를 중심으로 지배 구조를 단순화하고 있다"고 평가했다.

나는 이 보도가 나오기 일주일 전 삼성 출신의 상장회사 대표를 지낸 분과 만난 자리에서 2014년 연말 삼성그룹 인사는 누가 하게 될지 물었다. 그분은 아무래도 이재용 부회장이 할 것으로 생각하는 듯했다. 그러나 현재 이 부회장이 인사 결정을 할 수 있는 실질적인 자격은 없다.

언론은 삼성그룹과 한화그룹의 거래에서 아직 공식 승계 절차를 거치지 않은 이재용 부회장을 삼성그룹의 회장으로 인정하는 분위기

/ 삼성의 몰락 /

다. 삼성과 한화의 거래는 와병 중인 이건희 삼성회장을 대신해 사실상 오너인 이재용 부회장과 김승연 한화 회장의 작품으로 보고 있다. 문제는 이들의 자격이다.

한화 김승연 회장은 지난 2월 배임 혐의의 유죄가 선고돼 현재 집행유예 기간 중이다. 상법상 등기이사를 맡을 수 없는 상태다. 상징적인 의미로 그룹 회장직은 유지하고 있지만 법으로는 회사의 공식적인 의사결정에는 관여할 근거가 없다. 이재용 부회장의 경우 사실상 오너이긴 하지만 공식 직책은 삼성전자 부회장에 불과하다. 등기이사도 아니다.*

2014년 12월 1일, 이러한 논의와 상관없이 발표된 삼성그룹의 인사는 삼성과 한화의 거래 성격을 명확히 해주었다. 삼성과 한화의 거래는 이건희 회장의 유고 이후 이재용의 유일한 실적인데, 인수합병의 성격상 어쩔 수 없었다 해도 매각 대상 기업의 경영진과 직원들을 철저히 배제한 점, 금융 당국 등 정부의 사전 승인을 얻지 못한 점은 문제점으로 지적된다. 또한 대학교수들을 앞세워 정부를 향해 사업 매각을 신속하게 승인해달라는 언론 기고문 게재는 너무 구태의연하며, 이번 매각을 얼마나 서둘렀는지를 되돌아보게 한다.

한편 2014년 7월 1일 삼성SDI의 제일모직 흡수합병으로 인해, 삼성SDI는 삼성종합화학에 대한 보유 지분이 9.15퍼센트에서 13.09퍼센트로 높아졌다. 이건희 회장이 쓰러진 이후 화학 그룹의 모태인 삼

---

* KBS 인터넷뉴스, 2014년 11월 28일.

성종합화학의 지분 정리는 그룹 차원의 사업 구조조정의 일환이었음이 드러났다. 삼성그룹 전체적으로는 비주력 사업 부문을 정리한다는 측면 외에도 중국의 석유화학 제품의 공급량 확대, 미국의 셰일가스 공급 확대 등에 따른 경쟁력 약화가 원인으로 꼽히고 있다. 그러나 재산 상속과 형제간 그룹 분할이 끝나지 않았는데 이부진 사장이 삼성종합화학에 대한 자신의 지분을 매각해야 하는 상황을 흔쾌히 받아들였을까 하는 의문이 든다.

한편 이날 이루어진 삼성전자의 제일기획 자사주 매입은 3남매로의 그룹 분할이 일반적인 예상과 다르게 전개될 수 있는 가능성을 시사해준다. 제일기획의 최대 주주는 12.64퍼센트의 지분을 가진 삼성물산이다. 2.61퍼센트의 지분을 가졌던 삼성전자가 무려 1,150만 주의 제일기획 자사주를 취득하면서 지분율은 12.6퍼센트로 높아졌다. 1대 주주와 불과 0.4퍼센트포인트밖에 차이가 안 난다. 약 6퍼센트의 나머지 자사주까지 삼성전자가 가져간다면 최대 주주가 바뀌게 된다. 이렇게 되면 이 부회장의 삼성전자가 제일기획도 지배하는 구도로 가게 되는 것이다.

이건희 회장이 사망하지 않은 상태에서 상속이나 형제간 그룹 분할은 이루어지기 힘들다. 또한 과거 삼성으로부터 신세계나 CJ그룹의 분가는 성공적이었으나, 새한그룹이나 한솔그룹처럼 실패했거나 경영난에 부딪히는 현실을 보면 이서현 제일기획 사장은 삼성그룹에서 분가하지 않을 가능성이 높다. 이부진의 호텔신라 역시 당장 그룹 분할은 쉽지 않아 보인다.

이서현의 남편인 김재열은 최근 삼성엔지니어링 사장에서 제일기획으로 전보되었다. 김 사장은 그룹 내 스포츠단을 통합 운영할 것으로 보이며, 장인인 이건희 회장에 이어 한국 스포츠계를 대표해 국제올림픽위원회(IOC) 위원 선임을 위한 실무 준비에도 들어간 것으로 알려져 있다. 앞서 삼성전자는 IOC와 2020년까지 협찬 스폰서의 지위를 유지하기로 계약했다. 하지만 국제적인 지명도가 있는 이건희 회장도 IOC 위원으로 피선되는 데는 두 번의 고배를 마신 적이 있다. 국제사회에서는 주니어급인 김 사장이 빠른 시간 내 IOC 위원이 되기는 쉽지 않을 것으로 보인다.

합병을 통한 지배구조 개편 시나리오

삼성그룹 지배구조의 핵심은 삼성전자 경영권 확보에 있다. 이는 삼성전자가 제조 관련 계열사 대부분의 지분을 소유하고 있기 때문이기도 하다. 삼성전자는 삼성중공업 17.6퍼센트, 삼성전기 23.7퍼센트, 삼성SDI 20.4퍼센트, 삼성SDS 22.6퍼센트의 지분을 보유하고 있다. 삼성가는 삼성전자와 아울러 삼성전자 지분 7.6퍼센트를 가지고 있는 삼성생명도 반드시 지배해야 하지만 보험업법 개정안이 통과되면 삼성생명을 통해 삼성전자를 지배하려는 구도가 빗나갈 수도 있다.

따라서 금융권에서는 삼성전자와 삼성SDS의 합병, 삼성물산과 제일모직의 합병 시나리오도 등장하고 있다. 이재용 부회장은 삼성SDS

지분 11.25퍼센트를 보유하고 있다. 삼성전자와 삼성SDS의 합병 과정에서 보유한 삼성SDS 주식을 합병 법인의 주식으로 교환받으면 삼성전자에 대한 지배력을 높일 수 있다. 이렇게 되면 이 부회장은 이건희 회장의 주식을 양도받지 않아도 삼성SDS 주식을 팔아 지분율을 높일 수 있다.

삼성가는 백기사인 KCC 지분 17퍼센트를 포함, 제일모직 주식 46퍼센트를 보유하고 있다. 삼성물산은 삼성전자 지분 4.1퍼센트를 가지고 있다. 제일모직과 삼성물산이 합병하면 대주주 일가는 합병한 제일모직이 보유한 지분으로 삼성전자에 대한 지배력을 높일 수 있다. 두 시나리오의 합병이 적격으로 인정받으면 대주주 일가가 지분 교환 과정에서 실제 매각될 때까지 양도소득세가 이연된다.*

삼성동 한전 사옥 부지 인수 실패

3세 경영인 이재용 체제 출범을 위해서는 획기적인 아이템이 필요하다. 서울 삼성동 한전 본사 사옥 부지 입찰 직전인 2014년 9월 16일, 국내 주요 언론의 1면에는 박근혜 대통령과 이재용 부회장, 강호문 전 삼성전자 대외담당 부회장의 사진이 실렸다. 9월 15일 대구에서 열린 혁신센터 행사 관련 사진이었는데 이건희 회장 부재 속의 삼성과 현 정권의 관계를 상징적으로 보여줬다. 지방 행사에 대통령이 참

---

* 〈매일경제〉, 2014년 11월 26일.

석한 건 흔치 않은 일이다. 이제 한전 본사 부지만 삼성이 가져오면 될 것처럼 보였다. 그러나 이재용 부회장이 역사의 무대에 등장할 수 있는 절호의 기회는 오지 않았고 따라서 무대 등장의 팡파르도 울려 퍼지지 않았다.

결과는 현대자동차그룹의 승리였다. 삼성동 한전 부지 옆 현대산업개발 사옥 부지는 당초 창업자 정주영 명예회장이 계동에 이은 현대그룹 본사 사옥으로 점찍은 곳이었지만 사전 상속 및 사후 계열 분리로 인해 동생인 정세영 현대자동차 명예회장의 몫으로 분리되어나갔다. 정주영 회장의 실질적인 장자인 정몽구 현대자동차그룹 회장은 현대산업개발 인접 부지를 인수함으로써, 자신이 현대그룹의 정통성을 이어받았다는 자긍심을 세우려 한 것으로 보인다.

의사결정권자인 정몽구 회장은 현대자동차서비스를 설립하면서 과장 시절부터 현업을 경험했으며, 삼촌인 정세영 회장이 자동차 경영을 책임지고 있는 상황에서도 현대자동차의 기술 제휴선인 미쓰비스자동차 SUV인 파제로의 기술을 도입해, 자신이 경영권을 행사하고 있던 현대정공(현재 현대모비스)에서 핵심 부품들을 조립 생산했고, 현대자동차서비스 판매망을 활용해 경기 북부 지역에서는 독자적인 판매망을 구축했다.

한편 현재 양재동 현대자동차그룹 본사 사옥 부지는 당초 농협 부지였는데, 2000년 농협의 구조조정과 정치권의 양재동 개발정책에 따라 정몽구 회장의 의지와는 상관없이 떠맡은 곳이다. 사옥 한 동을 추가로 건설하는 과정에서 일어난 불법 로비로 인해 정몽구 회장이 수개월간 영어의 몸이 되기도 했다. 이 과정에서 로펌을 비롯해 법조계에 자문료로 나간 돈이 100억~200억 원 정도로 추정되었다.

따라서 정몽구 회장은 그룹의 정통성 확보와 본사 사옥 마련 과정에서의 콤플렉스를 불식시키고자 과감하게 배팅한 것으로 분석할 수 있다. 언론계에서는 정몽구 회장이 삼성의 입찰 금액 정보를 알기 위해 직접 언론계 고위 인사들에게 전화해 의견을 물었다는 소문도 있다.

현대자동차그룹 컨소시엄의 주식 가치는 떨어졌다. 이들 회사 주주들에 대한 배당 역시 당초 예상보다 낮아질 것이다. 현대자동차그룹 역시 경영권 3세 승계를 앞두고 있다. 핵심 회사인 현대모비스 등에 대한 정의선 부회장의 보유 지분은 안정적인 경영권 승계를 위해서는 충분하지 않다. 현대자동차그룹의 한전 본사 부지 인수로 인한 주식시장의 반응은, 실제 인수 주체인 기업들의 주식 가치는 하락했지만 경영권 승계의 확실한 신호로 작용하면서 정의선 부회장이 34퍼센트로 최대 주주인 현대글로비스의 주식 가치는 올랐다.

마찬가지로 이재용 부회장 역시 다소 과감하게 인수 금액을 써넣어 인수자로 결정되더라도 이재용 부회장의 입장에서는 손해 볼 일이 없었다는 결론에 도달한다. 결국 삼성은 한전 본사 부지 입찰 과정에서 경쟁사 분석에 실패했을 뿐만 아니라 치밀한 경영권 승계 전략의 부재까지도 드러냈다. 정보 분석에서 가장 힘든 대상은 인물이다. 삼성은 상대 최고 의사결정권자의 과거 주요한 부동산 매입 시의 상황과 심리 상태 등을 전혀 고려하지 않은 것이다. 물론 여기에는 현대자동차그룹이 삼성의 경쟁 상대 업종이 아니라는 점도 작용했다.

2014년 11월 4일자 〈월스트리트저널〉은 삼성전자가 5,000~7,000명을 수용할 수 있는 100만 평방피트(9만 3,000평방미터) 규모의 사무실 공간을 확보하기 위해 최근 뉴욕의 부동산 관련자들과 접촉, 정보를 문의했다는 기사를 보도했다. 2013년 하반기만 해도 한전 주변에서는 삼성동 부지가 삼성에 매각될 것이라는 얘기들이 심심치 않게 나돌았다.

이런 과정들을 종합해볼 때 삼성의 제조, 판매, 연구개발 부문별 글로벌 전략 구도는 명확해 보이지 않는다. 삼성전자의 생산 거점이 해외로 이전하고 있는 흐름 속에서 핵심 역량인 연구개발 부문마저 슬금슬금 해외로 빠져나가면 삼성전자의 정체성은 심하게 흔들릴 수 있다.

서울 삼성동은 확장된 코엑스몰과 지하철 두 정거장 사이로 롯데월드몰, 123층의 롯데월드타워가 몰려 있는 곳이다. 인근은 부촌인 청담동과 중상층이 거주하는 대치동이 있다. 서울 강남 지주들 사이에서는 10여 년 전부터 압구정동이 재개발되면 뉴욕의 맨해튼처럼 고층 빌딩으로 변모할 것이며 인근 신사동, 논현동, 청담동은 배후 지역으로 바뀔 것이라는 전망이 있어왔다. 삼성이 한전 부지를 인수했다면 '삼성동(Samseong dong)'의 영문 지명 표기는 '삼성동(Samsung dong)'으로 바뀌었을 것이다.

한편 최근 싱가포르 마리나베이샌즈(Marina Bay Sands) 리조트가 106억 달러(약 11조 7,000억 원) 규모의 잠실운동장 복합 리조트 투자 계획을 발표해서 이채롭다. 이들의 투자 금액이 삼성의 베트남 북부 지역 투자 규모인 110억 달러와 근사치인 점 역시 흥미를 끈다.

정신적 대부(代父)

삼성은 시스템과 프로세스에 의해 움직인다. 오너, 미래전략실, 계열사 사장단의 3각 체제다. 경영권 승계라는 것은 후계자, 주식 양도와 같은 시스템의 이동만으로 이뤄지는 것은 아니다. 한국 사회에서는 재벌로 불리는 대기업군이 정치권의 영향을 직접적으로 받는다.

창업자 이병철 회장이 3남인 이건희 체제로의 승계 구도를 오랫동안 준비했음에도 불구하고 1980년 신군부가 들어서자 상황이 달라졌다. 신군부는 이병철의 장남인 이맹희와 친분이 있었다. 이들은 삼성의 경영권을 이맹희에게 넘겨주려 했으나, 삼성에는 신군부의 대부이기도 했던 신현확 전 국무총리가 삼성물산 고문으로 있었다. 신현확은 이병철에게 홍진기를 소개해준 인연이 있다. 이러한 인연으로 신현확이 외압을 막아주었다. 그러나 이건희 회장 취임 초기와 같이 현재 삼성그룹의 대부 역할을 해줄 수 있는 인물이 보이지 않는다.

1998년 김대중 정부가 들어섰을 때, 삼성은 공포의 도가니에 빠졌다. 삼성은 대통령의 이념적 지향성을 우려했다. 삼성은 이미 시스템과 프로세스에 의해 움직이는 기업으로 성장해 있었다. 특정인에 의해 좌지우지되는 기업이 아니었고, 정권 역시 삼성을 건드리기에는 부담이 되었다. 호남 정권의 정치적 고향인 광주에는 삼성이 1994년 자동차 사업 참여 시 가전 사업 부문 이전을 발표한 상태였다. 구조조정을 했어야 하는 기아자동차 계열 아시아자동차도 광주 경제에서의 높은 비중 때문에 기아자동차를 인수했더라도 아시아자동차는 그대로 존속시킬 수밖에 없는 입장이었다. 실제로 현대자동차도 기아자동차 인수 후 그렇게 했다.

이건희 회장의 장남 이재용은 호남의 대표적 기업인 대상그룹의 자제인 당시 대학 2학년생이었던 임세령과 전격 결혼을 발표한다. 삼성의 심리적 긴장도가 어떠했는지를 잘 보여주는 사건이다. 나는 이재용의 호남 기업 오너 자제와의 결혼이 삼성이 DJ 정권을 잘 견디게 해준 결정적인 요인이 되었다고 생각한다. 삼성의 사돈 기업인 대상그룹이 구체적인 사안을 가지고 정권 실세들에게 로비를 했다기보다는 그동안의 관계가 도움이 되었을 것이다. 오랜 야당 정치인으로 견뎌온 DJ가 호남 기업들로부터 수십 년간 물심양면으로 지원을 받았다는 것은 상식이다. 임세령의 어머니 박현주는 금호그룹 창업주의 딸이다. 그러나 이재용과 임세령의 결혼은 끝내 파경으로 끝났다.

아울러 '안기부 엑스파일' 사건에서도 알 수 있듯이 이 회장의 처남인 홍석현 〈중앙일보〉 회장, 이학수 전 구조조정본부장, 이 회장의 친구인 천신일 세중여행사 회장을 국내 정치권으로부터 삼성그룹을 방어해준 대부 역할자로 보는 견해도 있다. 내가 삼성에 재직하던 1990년대 중·후반 때만 해도 세중여행사는 태평로 삼성 본관 내에 입주해 있었다. 그리고 삼성그룹 내의 모든 해외 출장자들은 세중여행사를 통해 비행기 티켓을 끊어야만 했다. 천신일은 이건희 회장과는 유일한 술 친구였으며 이 회장의 뒤를 이어 대한레슬링협회 회장을 연임하기도 했다. 이명박 정부 때는 천 회장이 역시 친구인 이명박 대통령과 이건희 회장을 연결하는 핵심 고리 역할을 한 것으로 알려진다.

국내 정치권도 많이 안정되었다. 박근혜 정부의 임기는 만 2년이 지나지 않았다. 여야 권력의 축이 바뀔 수 있는 큰 선거도 2년 안에는 없다. 삼성은 현 정부는 물론 제1야당과도 특별한 갈등 관계에 있지 않다. 하지만 25여 년 전 이건희 체제에서의 신현확 고문과 같은 역할을 제대로 떠맡을 만한 인물이 없다. 박근혜 정권의 중·후반기 권력의 축으로 등장할 수 있는 친박 원로 정치인 H를 생각해볼 수는 있다. H가 삼성행을 택하려면 박근혜 정부에서 주요 보직을 맡지 않아야 한다. H는 이건희 회장과는 서울사대부고 동기동창이며, 일본 와세다대학에서 유학 중이던 이 회장이 서울에 오면 만나던 몇 안 되는 친구다.

그룹 전체를 대내외적으로 총괄하는 인사로는 이수빈 삼성생명 회장을 들 수 있다. 이수빈 회장은 1939년생이며, 삼성그룹 내 최고령 CEO다. 그는 2002년 삼성생명 회장으로 취임했으며 이건희 회장의 서울사대부고 선배로서 1991년부터 1993년까지 그룹 비서실장을 역임했다. 이수빈 회장은 1987년 이건희 체제 초기부터 1990년대 중반까지 이어진 그룹 분가 과정에서 매우 중요한 역할을 했던 사람으로 알려져 있다. 그는 이건희 회장이 직접 챙기기 힘든 분가 기업들의 애로사항을 해결하는 데 적임자였다. 예를 들면 이동통신 사업에 참여했던 이건희 회장의 누나인 이인희의 한솔그룹을 지원하기 위해 삼성전자에서 생산한 휴대전화 단말기를 무상으로 대량 공급하기도 했다. 이재용 부회장이 회장으로 승진하지 않았다고 해서 경영권 승계 작업이 주춤한 것은 아니다. 경영권 승계 시기에 이수빈 회장의 그룹과 범삼성그룹 간의 거중 관리자로서의 역할이 있을 것으로 전망된다.

한편 그룹의 해외 사업 비중을 고려해 해외 리스크를 견뎌낼 수 있는 원로들은 고문 역할을 할 수 있다. 이건희 회장이 아꼈던 정준명 전 삼성저팬 대표는 일본을, 양해경 전 유럽삼성 사장은 유럽을 맡을 수 있다. 삼성의 취약 지역인 중국을 맡을 인물은 마땅치 않다. 현대자동차 중국 사업의 성공은 서울 출신의 화교인 설영흥 전 중국 총괄 부회장이 있었기에 가능했다. 이재용 부회장이 시진핑 주석과 사진이나 같이 찍는 것으로는 삼성이 중국에서의 실제적인 사업을 성공으로 이끌 수 없다.

홍라희의 영향력

3세 경영권 승계를 앞두고 사업구조 재편과 더불어 이건희 회장의 부인 홍라희 집안과의 정리도 이루어졌다. 코닝정밀소재의 지분은 2013년 11월 이전 코닝이 49.4퍼센트, 삼성디스플레이가 42.6퍼센트, 홍석현 〈중앙일보〉 회장이 7.32퍼센트를 각각 보유했다. 삼성디스플레이는 2014년 1월 지분을 2조 135억 원에 코닝에 팔았다. 삼성은 대신 미국 코닝의 전환우선주를 사들여 7년 뒤 보통주 7.4퍼센트로 코닝의 최대 주주 자리에 오르기 위한 포괄적 사업 협력 계약을 체결했다.

홍석현 회장은 2013년 11월 코닝정밀소재의 중간배당도 하기 전에 지분을 정리했다. 그동안 홍 회장은 2010년 회기에 2,464억 원, 2011년 1,300억 원, 2012년 975억 원의 배당금을 받은 것으로 알려졌다. 삼성디스플레이의 코닝정밀소재 지분 43퍼센트의 매각 대금이 19억 달러인 점에 비춰볼 때 홍 회장 지분 7.32퍼센트 가치는 단순 계산으로만 3,400억 원대로 추산된다. 여기에 미처분이익잉여금(현금배당으로 인한 사외유출과 사내유보 적립금 등을 제외한 이익잉여금) 등을 받아서 많게는 6,000억 원의 현금을 확보했을 가능성이 증권가에서 제기되기도 했다.

코닝정밀소재 주식 처분은 자연스레 이건희 회장 쪽과 처남인 홍 회장 사이에 남아 있던 지분 관계가 정리되는 효과가 있다. 홍 회장으로서는 JTBC 등에 투자할 자금이 필요하고, 삼성으로선 후계 경영을 앞두고 지분 교통정리 의미가 맞아떨어진 것이다. 민법 및 상속법 상으로는 이 회장이 사망할 시 배우자 몫의 상속분 때문에 홍라희 관장이 의외로 그룹 경영에 관여할 수 있는 여지가 커진다.

법무부가 추진 중인 상속법 개정안의 주요 내용은 배우자가 사망하면 재산 중 50퍼센트를 배우자에게 먼저 배분하고, 이 선취분에 대해선 상속세나 증여세를 부과하지 않는다는 것이다. 자녀들은 나머지 50퍼센트를 배우자와 함께 다시 상속 비율에 따라 나눠 받는다. 부인 1.5(60퍼센트) 대 자녀 1(40퍼센트)의 비율로 배분되던 기존 상속 비율이 배우자가 더 많은 비율을 받을 수 있도록 개정된 것이다. 이 안대로 따른다면, 이건희 회장 사망 후 재산의 66퍼센트가량이 배우자 홍라희에게 넘어가게 된다.

뿐만 아니라 상속법 개정안은 배우자 선취분 50퍼센트 보장을 유언보다 우선한다고 정했다. 현행법으로는 재산의 16.7퍼센트만을 배우자가 받을 수 있다. 이재용 부회장으로 경영권이 넘어가더라도 홍라희 관장의 몫 때문에 이재용은 어머니의 영향력에서 자유로워질 수 없다는 의미다.

2007년~2010년경 홍씨 일가의 삼성 내 경영진들이 일제히 물러났다. 이재용 체제를 앞두고 홍씨 집안사람들이 그룹 내에 남아 있으면 불편하다는 이유만으로 홍씨 집안사람들을 내친 것이다. 하지만 이재용이 CEO가 아닌 지배 주주로만 남는다면 이들 홍씨 집안사람들이 다시 그룹으로 들어갈 가능성도 전혀 배제하지 못한다. 이들 스스로 전문경영인들이라고 자처하는 것이 그 명분이다.

홍라희 관장의 첫째 동생 홍석현은 〈중앙일보〉 회장이며, 둘째 동생 홍석조는 BGF리테일(비등기) 회장, 셋째 동생 홍석준 보광창업투자 회장은 2007년 8월까지 삼성SDI 부사장으로 재직했다. 넷째 동생 홍석규는 보광그룹 회장, 여동생 홍라영은 삼성미술관 리움의 총괄 부관장이다. 홍라희 관장의 사촌인 H는 2009년까지 삼성전자 북미 사업부 전무로 일했으며, 미국 뉴욕 현지에서 삼성의 스마트폰 사업 참여를 강하게 주장했던 실무자이기도 하다.

유언장의 실체와 재산 상속

이건희 회장의 유언장을 현재 시점에서 거론하는 것은 적절하지 않다. 삼성과 삼성가에 결례가 되는 일이다. 나 역시 전직 삼성맨으로서, 신앙인으로서 국가 경제에 절대적 영향을 미치는 이 회장이 회복하기를 간절히 바란다. 그러나 지금은 현실을 직시하는 것 또한 중요하다.

이재용 삼성전자 부회장으로의 삼성그룹 경영권 승계는 이 회장의 유고 또는 사망이 전제되어야 가능한 일이다. 우리 사회 어디에서도 이 회장이 식물인간이라는 발언은 없다. 그러나 직장인, 중소상공인들 누구나 모이면 이 회장의 현재 상황과 삼성의 미래에 대해 얘기한다. 삼성의 경영권 승계는 국민적 화두다. 이 화두는 이건희 회장 유언장의 실체와 내용에서 출발할 수밖에 없다.

이건희 회장이 쓰러진 초창기에는 이 회장의 유언장이 없다는 설이 유력했으나, 이 회장의 유고와 밀접한 관련이 있는 범삼성가 패밀리 내에서는 "유언장이 있긴 하나 그 내용이 상세하지 못하다"는 쪽으로 유언장에 대한 방향이 정리되고 있다. 2000년, 정상적인 의식이 없는 정주영 현대그룹 회장의 유언장 번복과 관련한 '왕자의 난'과 같은 상황은 피할 수 있어 다행이다.

유언장 내용이 이 회장의 장남인 이재용 삼성전자 부회장으로의 승계 중심으로 기술된 것이라면 큰 문제가 없으나 내용이 명확하지 않을 경우에는 이 회장의 부인 홍라희 관장의 영향력이 커지고, 이재용 부회장으로의 경영권 승계 과도기에서 자신의 몫을 십분 발휘, 그룹 전반에 영향을 미칠 가능성도 농후하다.

삼성그룹의 경영권 승계는 법적·제도적·사회적 규범의 영향을 받지만, 재산 상속이라는 지렛대의 유리한 지점을 쥐고 있는 홍라희 관장은 경영권 승계의 전 과정에서 이재용에게 힘을 실어주고, 이부진은 이재용과의 경쟁에서 밀려난 듯하다. 홍라희 관장에게 영향력이 큰 세력은 아무래도 홍석현 회장 등 형제들이지만, 이들 홍씨 일가는 표면적으로는 일절 드러나지 않고 있다.

경영권 다툼과 돌발 변수

이건희 회장의 승계 과정도 아주 매끄러웠던 것만은 아니다. 그러나 2세로의 승계는 창업자 이병철 회장의 생존 기간 중에 이루어져 큰 문제가 없었다. 이재용 부회장으로의 경영권 승계와 다른 자녀들의 재산 상속 역시 이건희 회장이 쓰러지기 전에 대강 구도가 잡혀 전문가들 사이에서는 큰 이견이 없다. 이재용과 이부진, 이서현 남매들 간의 우의 역시 문제될 것은 없다. 그러나 돌발 변수는 전혀 배제하지 못한다.

여러 가지 돌발 변수 중 가장 힘든 상황은 아이러니하게도 이건희 회장의 장기 생존이다. 즉 이 회장이 장기간 식물인간 상태로 생존해 법률적으로 상속이 이루어지지 않을 경우다. 이 경우에는 사망에 따른 상속이 이행되지 않기 때문에 부인과 자녀들의 상속에 따른 세금이 과세되지 않는다. 삼성그룹의 분할도 이루어지지 않는다.

이재용 부회장이 경영권을 장악하기 위해서는 부친의 사망 확정후 상속세를 내야 한다. 단기 차익을 노리는 외국계 펀드들을 제외하고 삼성전자의 경영권을 노릴 수 있는 사람은 누구일까. 이학수 전 부회장이 가능하다고 본다. 상장 후 약 1조 원 이상으로 평가되는 삼성SDS 주식을 처분하고 자신 소유의 빌딩들을 매각하여 삼성전자 주식을 인수하려 든다면? 재무팀 라인의 김인주, 최도석 등도 수천억 원대의 자산을 가지고 있다.

물론 이학수, 김인주가 갖고 있는 삼성SDS 주식 등이 이건희 회장의 차명이라는 추측도 나온다. 하지만 실상을 알고 있는 이건희 회장은 식물인간 상태다. 의식이 돌아와 자신의 권리를 주장한다는 것은 거의 불가능하다. 기적적으로 의식을 회복한다 해도 권리를 다시 찾기는 어려울 것 같다. 삼성 내 임직원들이 차명으로 보유한 주식과 관련한 몇 건의 재판 사례를 보면 차명 소유자들이 재판에서 이겼다. 60대 중반인 이학수는 자신의 명의로 되어 있는 주식이 상장되어 언제든 조 단위의 현금을 만질 수 있다. 그는 무엇을 할 것인가.

이학수 전 부회장이 보유한 현금, 부동산, 주식 등 드러난 것만 추정해도 2조 원대의 거부다. 상속세를 내야 이건희 회장의 주식을 양도받을 수 있는 이재용 부회장과 시장에서 현찰을 내고 소액의 증권거래세만 내면 삼성전자 주식을 살 수 있는 두 사람 간의 경영권 다툼이 과연 불가능하기만 한 일일까?

삼성SDS 상장 차익과 관련된 언론들의 집중 포화에도 김인주 삼성경제연구소 경영전략담당 사장은 끄덕도 하지 않고 있다. 김인주 사장은 삼성 오너가의 사람인가, 이학수맨인가? 의료 및 헬스케어 사업이 부상하면서 조인수 삼성전자 사장도 부상하고 있다. 조 사장은 삼성반도체를 이끌었던 이윤우 전 부회장 사람이다. 이 전 부회장과 이학수는 동시대 삼성그룹을 이끌었다. 이학수를 중심으로 삼성 전직 최고경영진들이 정신적·물질적으로 연대할 가능성은 전혀 없는가? 반삼성 동맹의 기치를 내건 애플의 파트너, 폭스콘의 모기업인 홍하이그룹은 이학수와 연대할 가능성이 없는가? 홍하이그룹은 SK C&C와 이미 전략적 제휴를 맺은 관계다.

또한 상속법상 사실상의 캐스팅보트를 쥐고 있는 이는 이건희 회장

부인 홍라희다. 홍라희 관장의 동생인 홍석현 〈중앙일보〉 회장과 이학수 간 연대 가능성은 전혀 없는가? 이학수와 홍석현 관계는 2005년 안기부 엑스파일 사건을 통해 유대관계가 드러난 바 있다.

삼성테크윈 등을 한화에 매각한 자금으로 이재용 3남매가 삼성전자 지분을 사들인다는 예측은 왜 나오는 걸까. 매각 결정 후 한화 측의 업황 불황으로 인해 자금 사정이 여의치 않은 것으로 알려지면서 최종 매각 성사 여부는 미지수다. 어쨌든 경영권 승계의 축인 미래전략실을 현재 이재용 삼성전자 부회장이 완벽하게 장악하고 있다고 보긴 힘들다.

그 이유는 이재용 부회장의 불안전한 그룹 내 포지셔닝 때문이다. 이 부회장은 삼성전자 등기이사가 아니다. 물론 이건희 회장도 등기이사는 아니다. 이건희 회장은 한때 정부의 책임 경영 종용으로 삼성전자 등기이사가 된 적이 있다. 현재의 미래전략실도 일부 기능이 삼성전자 회장실이라는 조직으로 존재했다. 하지만 이 회장의 주요 의사결정은 관례적으로 주주총회를 통해 추인받아왔다. 이재용에게는 이러한 관행이나 과정이 아직 없다.

또한 그룹 내 컨트롤타워인 최지성은 공교롭게도 야전 출신으로 전임 실장인 이학수처럼 그룹 사장단들이 자신의 라인으로 채워져 있지 않다. 미래전략실장의 힘은 온전한 오너가 권한을 위임했을 때 발휘된다. 공식적인 오너는 대외적으로 의사결정을 할 수 없는 상황이고, 후계자는 아직 안착하지 못했다. 과도기인 것은 분명하지만 제반 변수를 포함한 경영 환경 또한 예측이 불가능하다. 그래서일까. 외신들도 이 부회장에 대해 '차기 Chairman'이라 표현하지 않고 '잠재적 Chairman'이라 부르고 있는 형편이다.

이재용 부회장과 그룹 사장단들과의 관계도 애매하다. 최근 언론을 통해 이재용 부회장이 그룹 사장단 인사를 결재한 사실이 알려졌다. 이 부회장과 신임 사장단들과의 상견례는 2014년 12월 4일 인사 후 첫 사장단 회의가 끝난 뒤 이루어졌다. 사장단들이 서초 사옥 로비로 내려오고 사장단 회의에 참석하지 않은 이재용 부회장은 사장단들과 로비에서 인사하는 형식을 갖췄다. 이 부회장은 지하주차장에서 사무실로 바로 올라갈 수 있었는데도 불구하고 기자들이 지키고 있는 사옥 정문으로 들어가 로비에서 신임 사장을 포함한 사장단들을 조우했다.

물론 이들 전·현직 그룹 최고경영진들이 경영권 반란을 일으킬 가능성은 많지 않다. 설사 반란을 일으킨다 해도 한국 사회 전체의 동의를 얻어야 하는 문제가 남아 있다. 그러나 이재용 3남매와는 그룹의 사업구조 분할과 관련해 이학수의 자금 동원력이 협상의 툴로 작용할 수 있는 가능성을 전혀 배제하지 못한다. 전자 사업군과 비전자 사업군의 다양한 조합 및 분할을 통해 그룹의 경영권을 분점하는 형태를 예상해볼 수 있다.

이건희 회장이 법률적으로 사망하지 않은 상태에서 이재용은 형제간 불화를 방지하면서 그룹을 이끌어야 할 책임이 있다. 한편으로는 그룹에 영향력이 큰, 노회한 전·현직 최고경영진들의 각종 요구사항을 받아들이고 다독이면서 삼성을 이끌고 가야 한다. 2014년 11월

23일, 〈월스트리트저널〉에 신종균 삼성전자 IT모바일 부문 사장 거취 및 가전사업부와의 통합 기사가 나간 뒤 여론은 그러려니 하고 받아들이는 분위기였다. 그러나 2014년 11월 27일, 이재용 부회장은 일본으로 출국하면서 신종균 사장과 동행했다. 신 사장 측의 반발이 있었는지, 아니면 다른 변수가 있었는지는 알지 못한다. 중요한 것은 마지막에 인사 결정이 번복된 것만은 확실하다.

윤종용 전 삼성전자 부회장이 총괄 대표를 맡고 있을 때는 경영진 인사가 공식적으로 윤 부회장의 선을 넘지 않았다. 사업이 커진 것도 원인이지만 불안한 오너의 지위 때문에 오너의 고유 권한인 인사 문제마저 소신껏 펼치지 못하는 결과를 낳았다. 황태자에서 황제가 되는 길은 결코 쉬운 일이 아니다.

이처럼 이학수, 김인주가 삼성SDS 상장 후 약 1조 5,000억 원 이상의 자금력을 동원해 삼성전자의 주식을 사들인다는 가상의 시나리오를 전개해봤지만 현실은 만만치 않다.

최근 입법기관인 국회의원이 이학수, 김인주를 정확히 겨냥 아예 '이학수 특별법'으로 칭하고 입법을 추진하겠다고 나서 관심을 끌고 있다. 당사자는 새정치민주연합의 박영선 의원이다. 박 의원은 야당 원내대표를 지낸 중견 정치인이라 이러한 행위에는 정치적인 의미가 더해질 수밖에 없다. 그녀는 이와 관련해 2014년 11월 13일 라디오 방송에까지 나와 상세하게 입법 추진의 배경을 설명했다. 박 의원은 "신주인수권부사채(BW) 헐값 인수라는 원인 행위 자체가 불법이고, 삼성SDS는 80퍼센트 정도가 일감 몰아주기에 의해 부풀려진 회사이기 때문에 불법 행위로 회사가 컸다"고 언급하면서 "이렇게 불법적인 행위로 인해 발생하는 이득에 대해서는 국가가 환수를 하는 특별법을 만든 관례가 있다"고 지적했다. 박 의원은 법안까지 제출하겠다는 입장이다.

특별법이 만들어지면 적용 대상이 누구냐는 사회자의 질문에 "이학수 전 부회장과 김인주 사장은 당시에 이런 불법 행위를 주도한 사람이고, 이재용 부회장 3남매는 수혜자"라고 구분했다. 박 의원은 "이학수 전 부회장과 김인주 사장은 이미 유죄 판결을 받았기 때문에 당연히 환수를 해야 한다"고 구체적으로 언급해 시사하는 바가 크다.

물론 삼성에서는 박 의원의 국회에서의 대정부 질의에 대해 직접적인 대응은 하지 않고 관련 기사 보도를 최대한 막는 것에 주력했다. 그러나 박 의원의 발언은 향후 많은 파장을 낳을 것으로 보인다. 이재용 3남매 입장에서는 특정 정치인의 정치적 레토릭으로만 치부하기에는 부담스러울 것이다. '세월호 특별법'이 결의된 사회적 분위기도 불리하게 작용하고 있다. 이학수, 김인주의 움직임도 관심 대상이다. 박영선 의원은 당내에서 일정한 정치적 비중을 갖고 있어 삼성의 부담은 클 수밖에 없다.

한편 이 과정에서 주요 언론들이 이학수, 김인주를 겨냥한 칼럼과 사설을 게재하는 분위기가 이채롭다. 이들 언론사들이 삼성그룹 홍보라인들과 교감하고 있을 것이라는 점은 거의 상식에 속한다. 또한 언론사 출신들 일부가 삼성의 홍보 라인 핵심을 장악하고 있다. 그러나 이학수나 김인주에 대한 관심 제고가 결과적으로는 이재용 형제들에게도 불똥이 튄다는 것 또한 상식이다.

　야당의 삼성 때리기도 계속될 전망이다. 1997년 삼성과 적대적인 관계에 있던 김대중은 대통령에 당선된 후 삼성을 적대적으로 대하지 않았다. 물론 당시가 IMF 경제 체제이긴 했지만 정권이 국가 경제를 책임지면 정책 방향에 배치되는 기업이라도 끌어안게 되어 있다. 삼성의 자동차 사업도 김대중 정권이 포기하도록 압력을 넣은 것이 아니다. 사업성이 저하된 상황 속에서 사업 추진파가 이학수 중심의 반대파와의 파워 게임에서 패배한 결과다.

　그러나 야당 위치에 있으면 사정이 달라진다. 불법은 아니지만 야당은 삼성SDS와 제일모직 상장과 관련해 삼성가가 보유한 지분 차익에 대한 문제를 사실과 논리의 전개로 삼성을 계속 공격할 가능성이 높다. 삼성이 야당에 대해 로비를 아무리 열심히 해도 야당은 국내 정치공학적 측면에서 호재를 그냥 놓칠 리 없다. 다음 대통령 선거는 2017년에 있다.

갤럭시 기어 때문에 스위스행?

　휼렛패커드(HP)는 삼성의 오랜 제휴관계 기업이다. 그런데 2014년 11월 13일 HP의 CEO가 방한했을 때, 이재용은 전날인 12일 스위스로 출국해버렸다. 삼성을 잘 아는 인사들은 상식적으로 있을 수 없는 일이 벌어졌다고 촌평했다. 삼성은 스마트워치 제휴를 위한 명품시계 브랜드 회사들과의 협의 때문에 출국한 것이라고 보도자료를 돌렸다가 다음 날에는 제약회사와의 업무 협의라는 내용을 추가로 알렸다.

"아무도 이 시계를 사지 않을 것이며 사서도 안 된다."

〈뉴욕타임스*The New York Times*〉가 2013년 3분기 실적 발표 전 삼성전자의 신제품 갤럭시 기어에 대해 내놓은 평가다. 〈뉴욕타임스〉는 갤럭시 기어가 1980년대에 나왔다면 사람들은 뒤로 넘어갈 것이며, 신(神)이라 여겼을 것이라고 평했다. 하지만 많은 나무를 한곳으로 몰아넣는다고 해서 통나무집이 되지는 않는다며, 수많은 기능을 몰아넣는 방식으로는 '일관성 있는' 장비를 만들 수 없다는 것을 조만간 알게 될 것이라고 비판했다. 또한 갤럭시 기어가 사용자 편의성에서는 대재앙 수준이라고 주장했다. 우선 소프트웨어 디자인에 문제가 있다고 지적했다. 소비자가 갤럭시 기어를 접했을 때 직관적으로 사용하기 어렵다는 지적이다.

이재용 부회장이 갤럭시 기어에 대한 문제점을 해결하려면 이때 했어야 한다. 담당 상무급이 출장을 가도 되는 일을 해외 VIP가 방한하는 일정에 맞춰 출국한 것과 관련해 많은 해석들이 나왔다. 본인이 반드시 스위스를 가야만 하는 개인적인 일이 있었을 것이라는 분석이 나오는 이유다.

이 부회장의 스위스 출장과 관련해 재미있는 얘기가 있다. 1970년대 중반, 당시는 지금처럼 계열사 사장들의 해외 출장이 빈번하지 않을 때다. 이병철 회장은 출장 가는 모 계열사 대표에게 자신의 단골 양복점인 '장미라사'에서 양복을 한 벌 맞춰줬다고 한다. 또한 이 계열사 대표가 스위스 일정이 있었는데, 스위스 현지인이 대표를 마중 나와 달러를 쥐어주었다고 한다.

삼성맨들의 조직에 대한 충성도는 1997년 한국이 외환위기를 겪으면서 변한다. 위의 사례처럼 오너는 계열사 임직원들을 정을 주면서 대했고, 임직원들 역시 회사에 대한 충성도가 높았다. 그러나 외환위기 이후 삼성은 성과급 제도를 도입했다. 사업부별 1년 실적을 평가해 성과급을 주는 제도였다. 이는 신상필벌을 돈으로 다스리겠다는 서구적 사고방식에 기인하며, 많은 성과도 있었지만 그만큼 폐단 또한 많았다.

롯데그룹은 종종 삼성과 비교된다. 물론 롯데는 서비스 유통업이 주력 사업으로서 제조업 중심의 삼성과는 비교가 쉽지 않다. 롯데는 업종 특성상 연봉이 그리 후하지 않다. 최근에 많이 개선되기는 했지만 후생복리도 여전히 삼성에 못 미친다. 그러나 한 번 가족으로 받아들이면 스스로 그만두지 않는 한 웬만해서는 구조조정을 하지 않는다는 원칙이 롯데의 전통으로 자리 잡고 있다. 이러한 전통 때문인지 롯데 임직원의 조직 충성도는 돈으로 다스리는 삼성보다 훨씬 높은 것으로 알려져 있다.

중요하고 어려운 시기이므로 이재용의 문제 해결 방식에는 구구한 해석이 따를 수밖에 없다. 이를 감내해야 하는 게 삼성을 이끌어가야 하는 자의 운명이다.

여전히 불안한 경영 지배구조

이건희 회장이 식물인간이라 해도 법률적인 생존이 필요한 이유는, 삼성SDS와 제일모직의 상장으로 인한 현금 확보가 필요하기 때문이다. 이는 6조~7조 원에 이르는 상속세를 내기 위한 것이다. 향후 이재용 부회장과 홍라희 관장에 대한 임직원들의 충성 경쟁이 치열할 것으로 보인다. 그리고 이러한 과정에서 상속자들 또는 그 측근들 간 충돌 가능성도 배제하기는 힘들다. 이재용에게로의 경영권 승계가 완료되어도 여전히 오너의 경영 지배구조에 대한 불안은 지속될 수밖에 없다. 삼성의 경우 지분구조가 복잡하게 얽혀 있기 때문이다.

주력사인 삼성전자에 대한 오너가와 그룹의 지분율은 17.65퍼센트에 불과하다. 이 중에서도 금융 계열사인 삼성생명이 가장 많은 지분(7.21퍼센트)을 쥐고 있어 금산 분리 규제에도 취약하다. 당장 금융회사의 비금융회사 의결권 제한을 목적으로 하는 공정거래법 개정안으로 인해 2018년부터는 삼성화재 합산 7.33퍼센트의 의결권 중 5퍼센트를 초과하는 2.33퍼센트를 행사할 수 없게 된다.

보험사의 계열사 지분 보유 한도를 시가 기준으로 바꾸는 내용이 담긴 보험업법 개정안이 통과되면 삼성생명이 보유한 삼성전자 지분 대부분을 내다 팔아야 할 수도 있다. 물론 법이 통과되더라도 삼성이 받게 될 충격을 최소화할 수 있도록 5년 동안 순차적으로 초과 지분을 팔도록 규정하고 있다. 이 부회장으로의 경영권 승계가 무난히 마무리된다 해도 그룹 주력사인 삼성전자에 대한 경영권은 끊임없이 흔들릴 수밖에 없는 구조다.

디테일을 강조하는 기업문화

　삼성의 기업문화는 한마디로 정의 내리기 어렵다. 삼성은 한때 일본풍의 정교하고 예의 바르며 깔끔한 기업 이미지에 부합하는 조직문화를 가진 기업으로 평가되었다.

　1980년대 중·후반부터 시작된 사업 규모의 확대, 신규 업종의 진출 그리고 글로벌화가 진행되면서 기존 공채 중심의 인재 채용에서 경력직의 대거 유입으로 바뀌었으며, 이 과정에서 조직문화 자체가 구미풍의 실용주의 문화로 변모했다.

사내 커뮤니케이션

삼성은 새로운 프로젝트나 계열사가 론칭하면 사내 방송국부터 만든다. 사내 방송을 통해 아침 조회를 열고 그룹 내 소통의 시간을 갖기 위해서다. 2014년 2분기 실적 악화 사태 이후에도 삼성은 사내 방송을 통해 중국 업체들의 동향과 혁신을 화두로 제시해 조직 구성원들을 자극했다. 물론 사내 커뮤니케이션의 활성화로 불필요한 소문이나 궁금증 등을 발본색원하는 효과도 있다. 실제로 외국 기업들은 사내 커뮤니케이션을 노사 갈등 방지 수단으로도 활용한다. 삼성은 계열사 간 인트라넷인 '싱글'이 잘 구축되어 있다. 싱글은 업무 및 사내방송으로 커버되지 않는 그룹 내의 의사소통 연결망으로서의 역할을 하고 있다.

인터넷이 대중화되지 않았던 1980년대 중반, 도산 위기에 빠진 크라이슬러를 회생시켜 미국 대통령 후보로까지 거론되었던 리 아이아코카(Lee Iacocca)는 기업경쟁력의 핵심은 사내 소통에 있다고 봤다. 그는 전 세계에 흩어져 있는 각 연구소 디자이너 수백 명을 디트로이트 본사로 불러들여 4시간 동안 강의하며 크라이슬러의 디자인 정책과 철학을 분명히 전달한 바 있다. 조직이 공룡화되면 CEO의 경영철학이나 방향이 하부 구성원들에게 전달되기까지는 많은 시간이 걸리고 더러 왜곡되는 현상이 발생한다는 것을 아이아코카는 알고 있었던 것이다.

백남준은 김용옥과 1992년 서울 올림피아호텔에서 가진 대담에서 "원웨이(One-Way)의 TV는 독재다. 이에 반해 비디오는 쌍방향이다"

고 얘기했다. 쌍방향 방식의 문화가 형성되면 고객과의 접점이 확대되고 소통이 원활해진다. 사내 소통을 원웨이 방식으로 하는 삼성은 샤오미의 사용자 참여 방식을 정확하게 이해해야 할 필요가 있다.

삼성에 재직할 때 나는 일주일에 한 번씩 비서실 각 소그룹 조사 부문 회의에 수년간 참석했다. 각 소그룹별로 대외 경영 환경 정보를 보고하면 비서실은 그룹 정보를 하달하는 방식이었다. 비서실에서 손쉽게 현장 정보를 수집하기 위해서는 인센티브가 필요했는데 그것이 그룹 내 동향을 알려주는 것이었다. 한편 계열사 CEO들은 비서실에 자신들의 좋은 면들이 보고되기를 바랐다. 그러다 보니 비서실과 정기적으로 미팅을 갖는 내게도 CEO 주변에서 의도적으로 정보를 주었다.

당시 삼성자동차 서울 사무소가 있던 남대문빌딩에서 〈중앙일보〉 쪽 골목에는 허름한 음식점들이 즐비해 있었다. 나는 담당 총괄 임원으로부터 CEO가 직원들과 점심으로 3,500원짜리 칼국수를 즐겨 먹는다는 내용을 보고하라는 지시를 받았다. 비서실 보고용은 아니었지만, 내가 속한 부서의 서무 담당 직원이 자주 결근을 해 담당 임원이 알아보니 경제적으로 곤궁하다는 사실을 알고 도와준 적이 있었다. 이 사실을 보고받은 CEO는 우리 부서 전체를 광화문 프레스센터 중국 식당으로 초대해 그 직원에게 선행을 한 부서원 전체를 격려했다. CEO의 이런 행동들을 보며 조직 관리에 도움이 되고자 하는 의도를 읽을 수 있었다.

시스템과 프로세스

앞서 말한 것처럼 삼성그룹은 시스템과 프로세스에 의해 움직인다. 2009년 당시 삼성전자 최지성 정보통신총괄 사장은 2008년 세계 금융위기로 인해 유수의 글로벌 기업이 고전하고 있는 가운데 유독 삼성만 강한 이유는, 삼성에는 힘을 모아 올바른 방향을 찾아가는 자이로스코프(gyroscope)가 있기 때문이라고 했다. 또한 성장 궤도에 오르면서 석세스 포뮬러(success formula)도 작동 중이라고 덧붙였다.

자이로스코프는 무게중심을 고정해 어느 방향에서든 쉬지 않고 회전하는 회전체를 말한다. 석세스 포뮬러는 말 그대로 성공할 수 있는 법칙을 뜻한다. 결국 삼성은 스스로 움직이는 보이지 않는 힘을 갖고 있으며, 이미 성공을 경험해봤기 때문에 성공할 수 있는 방법을 알고 있다는 말이다. 여기서 말하는 자이로스코프는 시스템과 프로세스를 말한다.

그러나 이 시스템과 프로세스가 이 회장이 쓰러진 이후 심하게 흔들리고 있다. 그 대표적인 사례가 삼성물산이 시공하고 있는 서울지하철 9호선 공사장 인근에서의 연이은 대형 땅꺼짐(싱크홀) 발생 사태다. 잠실 지역의 초기 땅꺼짐 진원지로는 롯데월드타워 시공이 지목받았다. 그러나 연이은 땅꺼짐의 진원지가 삼성물산이 시공을 맡은 인근 지하철 공사 때문이라는 추측도 나오고 있다.

땅꺼짐 발생 지역인 송파구 일대의 주민들이 집값 하락을 걱정하는 등 사회적 파장이 심각한데도 삼성의 위기의식 및 대처 능력은 한심한 수준이다. 대언론 발표도 미등기 이사인 사업부장이 진행하는 등 전혀 사태를 파악하지 못하고 있다. 이 정도 사안이면 미래전략실이나 삼성물산의 건설 부문 대표이사가 나서야 될 일이지만 반응이 너무 늦다. 국회까지 싱크홀 TF팀을 구성했다면 그룹의 대외협력단이나 미래전략실 국회 담당 임원들이 직접 나서야 한다. 그러나 삼성은 여전히 각 대학의 토목공학이나 건축공학 교수들을 동원해 신문에 기고문을 게재시켜 발주부서인 서울시의 관리 책임을 묻는 쪽으로 여론을 조성하고 있다. 이런 모습들을 보면 삼성의 구태의연한 문제 해결 방식이 안타깝다.

2013년 7월, 삼성정밀화학 울산 현장에서 물탱크가 폭발해 근로자 15명이 사망하거나 다치는 사고가 발생했다. 사고를 보고받은 이건희 회장은 "있을 수 없는 일이 일어났다"며 격노했다. 곧바로 사고에 대한 책임을 물어 삼성엔지니어링 대표이사 사장을 전격 경질했다. 3년 연임을 보장받은 그 사장은 4개월 만에 쫓겨났다.

해외 사업장에서도 시스템에 금이 가는 소리가 들린다. 2014년 8월과 2013년 11월 이라크 현장에서 교통사고와 송전탑이 넘어지는 사고로 삼성엔지니어링 근로자가 사망했다. 오너의 지적에도 불구하고 안전사고가 연이어 터진 것이다.

유럽에서도 불미스런 사고 소식이 들려왔다. 잘 알려진 대로 이건희 회장은 자동차광이다. 정확히 말하면 대중에게 노출되기 때문에 자동차를 직접 운전하기보다는 컬렉션을 즐겨왔다. 경기도 용인의 삼성교통박물관은 자동차 컬렉션의 일단이다. 그러나 고가 자동차들은 국내에 들여오지 않고 해외에 따로 보관해두고 있는데, 전 삼성 독일 전략본부 관계자에 따르면, 최근 수년 사이에 독일 프랑크푸르트 인근에 보관되어 있던 이 회장의 자동차 50여 대가 사라졌다고 한다. 이 중에는 전 세계에 세 대밖에 없는 추정가 2,000만 달러짜리 클래식카도 포함된 것으로 알려져 있다.

이 밖에 독일 출신의 세계적인 작가의 작품을 비롯해 현지에 보관 중이던 고가 미술품들이 사라지고, 2014년 7월 7일에는 삼성전자 브라질 공장에 강도가 들어와 60억 원에서 360억 원대의 손실을 입히기도 했다.

삼성이 시스템과 프로세스에 움직인다는 말은 삼성전자 임원으로 재직하다 나온 사람들에게서 나오는 이야기다. 삼성의 시스템과 프로세스는 구성원의 엄격한 도덕성을 전제로 한다. 실제로 삼성전자의 구매부서는 협력 업체들과의 업무 협의 후 식사비를 반드시 자신들이 부담하는 원칙을 가지고 있다. 그러나 언제부터인가 종종 사고 소문이 들려왔고, 이러한 사고는 시스템과 프로세스가 제대로 작동하지 않을 때 발생했다.

모두가 그런 것은 아니지만 삼성에서 오랫동안 근무한 삼성맨 출신들은 삼성의 제도와 기업문화를 세상의 표준으로 아는 경향이 있다. 특히 삼성에서 벗어난 이후의 진로가 잘 풀리지 않을 때는 바깥 사회가 엉망이라는 생각까지 한다.

디테일

인사와 재무로 대표되는 삼성의 문화를 통칭해 '관리의 삼성'이라 표현한다. 신설 조직에서는 재무팀장이 관리팀장을 겸하는 경우도 있다. 그래서 삼성에서는 재무, 경리 등의 업무 경험을 관리라는 말로 통칭해서 부르기도 한다.

삼성에서는 두드려본 돌다리도 다시 두드리고, 그 돌다리의 돌조각까지 쪼개어 확인한다는 얘기가 있다. 20여 년 전 삼성중공업 자동차 TF팀에서 근무할 때의 일이다. 화장실에서 핸드타월을 꺼내 손을 닦고 있는데, 이를 보고 있던 인사팀장이 손 닦는 데는 한 장이면 충분하다면서 두 장을 쓰지 말라고 지적했다. 어느 날은 또 다른 팀장이 나의 와이셔츠 왼편 주머니에 꽂힌 볼펜 볼이 위쪽으로 되어 있는 것을 보고 볼펜심을 아래쪽으로 하고 뚜껑을 닫아야 필기할 때 부드럽게 잘 써진다고 지적하기도 했다.

20여 년 전의 그 인사팀장은 삼성SDS 인사담당 부사장을 지낸 후 현재 삼성SDS 출자 회사 고문으로 재직하고 있다. 또 다른 팀장은 삼성에서 23년을 근무한 뒤 타 기업으로 이직 후 계열사 대표 및 해외 지역 총괄 대표를 지낸 다음 지금은 그룹 계열사 고문으로 물러앉아 있다.

자동차 사업은 이건희 회장의 기대가 많았기 때문에 직원들의 업무 스트레스가 보통이 아니었다. 그러다 보니 부서 회식이 잦은 편이었다. 당시 대정부 업무를 담당하는 팀과 내가 속한 팀이 동반 회식을 한 적이 있다. 그때 정부 담당 임원이 내가 삼겹살 뒤집는 것을 보더니 질색을 했다. 여러 번 뒤집으면 고기가 마르니 뒤집지 말라는 것이었다. 그러고는 육즙이 살아 있는 고기를 맛보고 싶다면 양면을 한 번씩만 뒤집으라고 가르쳐줬다.

이상의 사례들은 개인들의 취향으로 볼 수도 있지만, 삼성에 근무하면서 이러한 생활과 업무 태도가 자연스럽게 몸에 밴 삼성맨들의 모습이기도 하다.

재무 마피아와 인사 마피아

삼성의 마피아 문화의 핵심은 삼성 출신과 비삼성 출신을 구분하는 데서 출발한다. 1993~1994년 삼성의 자동차 사업 TF팀 좌장은 현대자동차 출신의 정주화 부사장이었다. 1995년 3월 삼성자동차 출범 전까지는 정 부사장이 300여 명의 적은 인력을 통제하는 데 특별한 어려움이 없었다. 그러나 삼성자동차 출범 이후의 사정은 달랐다. 삼성 출신 임원들이 정 부사장의 지시를 거절하는 일까지 벌어졌다.

당시 삼성그룹에서 많은 임직원들이 차출되었는데 삼성자동차로 오기 위한 임원들의 내부 로비가 치열했다. 그러다 보니 1995년 말 무렵에는 사업 준비 조직이었음에도 50여 명의 임원이 포진해 업무 중복, 명령 계통의 혼란을 일으켰다. 급기야 초대 삼성자동차 대표이사였던 홍종만에게 모든 권한이 집중되었고, 홍 사장에게 줄을 서는 임원들 역시 자동차를 잘 모르는 삼성 출신들이었다. 초기 조직에서 가장 중요한 연구소장도 현대자동차 출신의 엔지니어가 배제되고 삼성 출신의 비엔지니어가 장악하는 일이 벌어졌다. 이와 비슷한 일들이 최근 삼성전자에서 일어나고 있다.

창업자 이병철 회장 시절 최장수 비서실장은 소병해였다. 소병해 실장은 성균관대학 출신이었으며 당시 성대 출신들이 그룹의 요직을 도맡아왔다. 이때부터 삼성 내에 소위 끼리끼리 모이는 마피아 문화가 자리를 잡았다고 말하는 사람들도 있다.

직능상으로는 재무 마피아와 인사 마피아가 유명하다. 재무 마피아는 이학수 전 구조조정본부장 중심으로 형성된 '관리의 삼성'으로 대변되는 재무팀 인맥을 말한다. 이들은 정기적으로 각 계열사 재무팀들과 모임을 갖고 그룹 내 주요 정보를 미리 공유하고, 각 계열사별로 현안들을 별도 수집하는 집단을 형성했다. 특히 비서실 재무팀을 거쳐 간 이들은 계열사로 전보되더라도 임원 위촉이나 승진 시 반드시 비서실에서 챙겨주는 전통이 있다.

지역적으로는 부산, 마산, 진주 출신 중심의 마피아가 막강하다. 이학수 전 구조조정본부장과 김인주 전 구조조정본부 재무팀장이 이에 해당한다. 이러다 보니 삼성 임원들 중 일부는 자신의 출신 지역을 때와 상황에 따라 옮겨 다니는 촌극도 벌였다.

미래전략실과 이전의 전략기획실, 구조조정본부의 기능은 이건희 회장 체제 유지와 홍보에 맞춰져 있었다. 그러다 보니 기업 운영의 본질에서 벗어나는 문제가 드러나는 일이 종종 발생했다. 오너의 권한을 전적으로 위임받은 이학수 부회장이 전략기획실을 장기 집권하자 각 계열사의 사장들 중 상당수가 특정 학맥, 지연 등으로 얽혔다. 전략기획실 내 특정 팀이 특정 인맥으로 구성되면 각 계열사의 특정 조직도 같은 인맥으로 구성되는 식이었다.

1990년대 중반만 해도 이 회장은 그룹 전무급 이상을 신규 채용할 때는 직접 채용 예정자 면접을 봤으나 이후에는 이학수가 대행했다. 삼성에서 출세하려면 이학수, 김인주 출신 지역인 부산, 마산, 진주 중 한군데여야 한다는 얘기가 나돈 지는 꽤 오래되었다. 이러한 일부의 패거리 조직문화가 삼성을 약하게 만들었다는 평가도 있다.

재무 마피아 못지않게 인사 마피아도 유명하다. 인사 업무만을 오랫동안 해온 미래전략실 인사팀과 각 계열사 인사팀 인맥을 통칭해 '인사 마피아'라 부른다. 이들은 특히 기수를 중시하는 대학 학군단 (ROTC) 출신들이 많아 결속력이 강한 조직으로 알려져 있다.

삼성전자는 1999년 글로벌마케팅실을 신설했다. 성별, 국적, 나이 등을 따지지 않고 외부 인사들을 영입했다. 많은 권한이 주어졌지만 이들 외부 인사들이 삼성 조직의 텃세에 견디지 못하는 경우가 왕왕 발생했다. 대표적인 사례의 인물은 2013년 말, 그룹 인사를 앞두고 휴직한 S 글로벌마케팅실장(부사장)이다. S 부사장은 삼성전자가 프리미엄 마케팅을 강화하기 위해 2006년 P&G에서 영입한 인사다. 그녀는 2008년 삼성전자 최초 여성 전무에 이어 2012년 첫 여성 부사장에 오른 상징적 인물로서 삼성전자의 글로벌 브랜드 전략과 마케팅 효과를 한 단계 끌어올렸다는 평가를 받았다. 그러나 결국 삼성의 마피아 문화에 부딪혀 한계를 느끼고 휴직을 명분으로 사실상 사직했다는 분석이 업계의 정설이다.

신마피아 등장 조짐

이재용에게로의 경영권 승계가 완전히 이루어지지 않았는데도 새로운 마피아가 서서히 등장하기 시작했다. 2014년 12월 그룹 인사에서 그 특징들이 뚜렷하게 드러났다. 서울대학 무역학과 출신들은 최지성 부회장을 비롯해 장충기 미래전략실차장, 2013년 말에 입사한 지 1년 만에 부사장으로 승진한 〈조선일보〉 부국장 출신의 삼성전자 커뮤니케이션팀장인 이준이다. 황영기 전 우리은행장은 삼성 비서실 인사팀장, 삼성증권 사장을 지냈으며 최지성과 같은 서울고, 서울대학 무역학과 출신이다. 육현표 사장은 미래전략실 기획팀장까지 하다가 삼성경제연구소 사장으로 갔는데 이례적으로 계열사 사장으로 복귀했다. 육 사장은 전통적인 기획통들과는 거리가 멀다는 것이 일반적인 평가다.

2014년 12월 인사에서는 비서실 인사팀 출신들이 약진했다. 현재 미래전략실 인사팀장인 정금용 부사장도 과장 시절부터 비서실 인사팀에서 임원 인사를 담당했다. 임원 인사 담당 직원들은 타 직원들과의 교류가 거의 없다. 보안 문제도 있지만 인사 청탁 등의 불필요한 외부 간섭에서 벗어나기 위해서다. 정 부사장은 육현표 사장과 같은 충남대학 출신이다.

상영조 삼성비피화학 대표이사(부사장)도 인사팀 출신이며, 삼성전자 무선사업부 개발실장인 고동진 부사장도 비서실 인사팀 출신이다. 삼성정밀화학 성인희 사장도 비서실 인사팀장과 인사지원팀장 출신이고, 삼성SDS 자회사인 임영휘 크레듀 고문도 인사팀 출신이다.

2013년 12월 삼성생명 박근희 대표(부회장)의 후임으로 삼성화재 대표에서 삼성생명으로 자리를 옮긴 김창수 사장 역시 비서실 인사팀 출신이다. 김창수는 1986년부터 1993년까지 인사팀에서 실무자로 근무했다.

삼성생명 부사장으로 승진한 심종극은 경영진단팀 출신이다. 미래전략실 인사지원팀장인 정현호 부사장, 한화그룹으로 매각되어 삼성그룹으로의 복귀가 불투명한 삼성테크윈의 김철교 사장도 경영진단팀 출신이다.

삼성증권 윤용암 사장, 삼성웰스토리 김동환 사장, 삼성전자 동남아 및 중국 총괄 김문수 부사장은 비서팀 출신이다. 비서실 출신들 중에서도 인사팀 출신들의 약진은 가히 눈부시다. 이학수 실장 때 비서실 중에서도 재무팀 또는 PK(부산·경남) 출신들의 독주가 과했는데, 이제는 비재무팀, 특히 인사팀, 경영진단팀, 비서팀, 비PK들의 약진이 특징이다.

세상 어디에나 끼리끼리의 문화가 있다. 삼성 역시 기업이면서도 개인 간, 사업 부문 간 끼리끼리의 문화가 끊임없이 새로운 권력과 소외되는 구성원들을 만들어낸다. 2014년 12월 그룹 인사에서는 이재용의 직접 인맥으로 하버드대학 유학 시절의 지원팀 출신인 윤용암 사장, 정현호 부사장 정도만 전면에 드러나고 있다. 이학수 전 부회장의 퇴진 뒤 그룹 내 마피아라 부를 정도의 뚜렷한 인맥이 형성되지 않다 보니 구 전략기획실과 구조조정본부, 비서실 인사팀과 비서팀이 과도기적으로 부각되고 있다. 향후 이재용 부회장이 얼마만큼 그룹을 장악하느냐에 따라 친위 조직의 윤곽이 점차 드러날 전망이다. 경영권 승계가 이재용의 의도대로 순조롭게 진행된다면, 3년 이내에 그룹을 장악할 것으로 전망된다. 이건희 회장처럼 미래전략실장에게 사실상 경영권을 위임한다면 또 다른 형태의 마피아가 등장할 수 있다.

어쨌든 특정 이익 집단의 패거리 문화는 기업경쟁력 약화로 이어진다. 삼성은 한국 사회의 오랜 폐습인 지역, 출신 학교보다는 직장생활을 하면서 형성된 출신 회사 및 프로젝트 공유 경험, 직능별 끼리끼리 문화가 강하다.

전무와 상무

대부분의 직장에서는 약 20년 가까이 큰 실수 없이 근무하면 임원으로 승진한다. 이들의 얘기를 들어보면 입사할 때 대리에서 과장으로 승진할 때가 가장 기억에 남는다고 한다. 부장에서 상무(보)로 승진한다는 것은 평범한 샐러리맨들에게는 신분이 바뀌는 것을 의미한다. 대부분의 사람들은 임원 자리에 오르지 못하고 중도 탈락한다. 임원으로 승진하면 차량이 나오고 자신의 책상에 별도의 칸막이 부스가 설치된다. 연봉도 1억 5,000만~2억 원 정도로 인상된다. 물론 계열사별로 차이가 심하다. 삼성전자에서도 사업부별 차이가 있다. 가장 큰 특징은 연봉에 대한 소득세를 회사에서 대신 지불한다는 점이다. 삼성 임원의 연봉이 타 기업 임원보다 월등히 많은 것은 세금 문제 때문이다.

2~3년 지나면 상무보에서 상무로 진급한다. '보'자를 떼지 못하고 탈락하는 사람들도 있다. 문제는 상무에서 전무로 승진할 때다. 전무부터는 최고경영진에 포함된다. 작은 계열사의 경우에는 대표이사 전무도 있다. 상무에서 머물다 퇴직하면 소위 먹고사는 문제로부터 완전히 해방되지 못한다. 노후도 보장되지 않는다. 그러나 일단 전무로 승진하면 3~5년 정도의 직급 연한을 채우고 1~2년 정도 자문역이나 고문을 맡기 때문에 특별한 일이 없는 한 평생 먹고사는 문제가 해결된다. 전무의 연봉이 최소 4억~6억 원은 되기 때문이다. 기사 딸린 차도 배정된다. 사무실 또한 비서 딸린 별도의 공간이 제공된다.

엄밀히 말해 상무와 전무는 하늘과 땅 차이다. 상무는 어떻게 보면 퇴직시키기 위해 승진시켜주는 경우가 많다. 부장의 연장선상이다. 그러나 전무는 말 그대로 최고경영진에 포함된다. 똑같은 임원이 아니다. 인간의 욕심은 끝이 없다. 기하급수적으로 늘어나는 연봉과 보너스로 주어지는 주식, 사회적인 명성 등등. 이때부터는 자리가 사람을 만든다. 과장, 부장 때는 별 볼 일 없던 사람이 마치 신기가 내린 사람처럼 일하는 경우가 대부분이다.

문제는 상무급에서 삼성을 나온 사람들이다. 과장, 부장급에서 나온 사람들은 사업을 하거나 전직할 기회가 있지만 상무급은 사회적으로 거의 아무것도 못한다. 나이는 대부분 50세를 넘어선 데다 다른 직장을 옮기려 해도 연봉이 삼성의 절반도 되지 않는다. 그나마 취업을 하면 다행이다. 사업을 하기에는 사회를 너무 모르고 리스크가 크다. 먹고사는 문제로부터 자유롭지도 않다.

2014년 12월에도 삼성그룹 2,000여 명의 임원 중 20퍼센트 정도인 400여 명이 삼성을 나왔다. 이들의 80퍼센트 이상은 상무급이다. 경기가 좋을 때는 중견 그룹으로 제법 많이 취업되었으나 지속되는 불경기에다 전직 임원들의 뚜렷한 성공 스토리가 없어, 사실상 일부 엔지니어 출신들을 제외하고 재취업이 막힌 상태다. 소수의 성공과 영광의 뒤안길에는 이제 막 성공의 맛을 느끼기 시작했으나 자신의 의지에 반해 퇴출된 삼성맨들이 있다.

역할 바꿈

20년 전 삼성중공업 자동차 사업 TF팀에서 근무하던 시절의 얘기다. 대정부 업무팀에서 쓴 대부분의 접대비 전표의 식당 주소가 정부 부처가 있는 과천이 아니라 삼성 본관이 위치한 태평로 인근으로 되어 있어, 이를 이상하게 여긴 관리팀장이 업무팀장을 불러 그 이유를 물었다. 업무팀장은 자신을 포함해 대부분의 팀원들이 업무 경험이 없어 계열사 업무팀들을 접대하면서 일의 노하우를 묻고 다니는 중이라는 답을 했다. 삼성은 갑의 위치에 있었던 직원들을 공무원을 상대로 을의 역할을 해야 되는 업무팀에 배치한 것이다. 이 팀은 팀장을 포함해 상당수 직원들이 삼성전자에서 오랫동안 구매 업무를 하던 이들이었다.

물론 담당 임원은 각 계열사에서 오랫동안 대정부 업무를 하던 사람에게 일의 책임을 맡겨 부서 내 조화를 이루도록 했다. 삼성자동차에서 공무원들을 상대로 을의 역할을 하던 업무팀장은 1998년 12월, 그룹의 자동차 사업 포기 후 삼성전자로 전보되었다가 다시 구매부서로 복귀한 뒤 연간 수조 원의 구매를 담당하는 임원으로 승진했다.

삼성카드 대표는 삼성전자 인사팀장 출신인 원기찬 사장이다. 1984년부터 2013년까지 삼성전자 인사 부문에서만 근무해왔다. 인사 전문인 원 사장이 취임 이후 한 일은 정보기술과 유통 등 다양한 분야의 전문가들을 영입한 것이다. 원 사장은 해외 지역 전문가 과정에도 다녀왔다.

윤주화 제일모직 패션 부문 사장은 삼성전자 '인사통'으로 최고재무책임자(CFO) 출신이다. 군대에서도 장군은 원칙적으로 소속 병과가 없다. 대령까지는 보병, 포병, 정훈 등 주특기 분야에서 경력을 쌓는다. 삼성 역시 대표이사급으로 성장하는 임원들은 전무급부터 자신이 경험하지 못한 분야에서 성과를 내야 된다. 자신이 잘 아는 분야에서는 느슨해지기 쉽다. 그러나 새로운 분야에서는 긴장하는 가운데 자신의 경험과 일에 대한 열정이 더해져 새로운 시너지를 내게 된다.

책임 부재

2014년 9월, 삼성그룹의 주력 분야인 스마트폰 사업의 3분기 글로벌 실적이 발표되면서 최지성 미래전략실장이 스마트폰 사업을 직접 챙기기 시작했다는 얘기가 흘러나왔다. 그렇다면 이전에는 최 부회장이 스마트폰 사업을 직접 챙기지 않았다는 말일까? 알려진 대로 최 부회장은 휴대전화 마케팅 전문가다. 최 부회장이 그룹 핵심 전략 사업을 직접 챙길 수밖에 없는 이유는 그만큼 그 사업이 어려움을 겪고 있기 때문이다.

삼성은 1998년 12월 7일, 청와대 정·재계 간담회를 통해 대우와의 전자 및 자동차 사업 부문 빅딜에 합의함으로써 자동차 사업을 포기했다. 당시 비서실 지승림 기획팀장은 사업 실패에 대한 책임을 지고 미국 연수 길에 올랐다. 자동차 사업은 이건희 회장의 강력한 의지로 이루어진 것이기 때문에 사업 실패의 책임은 오너에게 물어야 했다. 하지만 오너 경영체제에서 이루어진 것이기 때문에 전문경영인 누군가는 십자가를 져야 했고, 비서실 과장 시절부터 자동차 사업 업무를 맡아왔던 지승림 부사장이 책임을 지는 것은 당연해 보였다.

책임을 진다는 것이 반드시 자리에서 물러나는 것을 의미하진 않는다. 야구에서 타자가 친 공이 공중 볼이 되어 외야수와 내야수 중간 애매한 자리에 떨어질 땐 누군가 확실하게 '마이 볼!'이라고 크게 외쳐야 한다. 책임 소재가 불분명하면 아웃되어야 할 공이 상대팀에게 주자를 진루시키고 점수까지 내주는 안타가 되어 게임에서 패하게 되는 결과로 이어진다.

신상필벌, 단기성과 치중

"성과 있는 곳에 보상 있다."

삼성전자의 인사 시스템을 대표하는 문구다. 삼성전자는 성과에 대한 확실한 보상제도를 통해 임직원의 사기를 진작시키는 회사로 잘 알려져 있다. 그러다 보니 연구개발 부문도 단기성과 위주로 조직화될 수밖에 없다. 삼성전자의 연구개발 부문은 사업 부문을 중심으로 산하에 개발팀과 중장기 기술(3~5년)을 연구하는 연구소로 이뤄져 있다. 이와 더불어 10년 먹거리를 위해 만든 핵심 연구센터인 삼성종합기술원이 있다.

삼성전자 연구개발 부문의 인력 변화 중 눈여겨볼 대목은 연구개발 인력의 증가와 소장급 책임자의 잦은 교체다. 연구를 총괄하는 수장의 잦은 교체는 글로벌 IT 업체와 차이가 나는 대목이다. 삼성전자의 연구개발을 책임지는 삼성종합기술원 원장의 임기는 2009년 이후 2년 남짓에 불과했다. 이와 같은 연구개발 인력의 잦은 변화는 성과주의의 한 단면이라는 분석이 있다. 성과 위주로 조직이 운영되다 보니 장기적인 전략을 가지고 인력을 운영해야 하는 연구개발 부문마저 성과에 따라 인사이동이 잦다는 설명이다.

결국 장기 전략의 부재가 현재 스마트폰 위기를 자초했다는 지적도 나왔다. 이미 2011년부터 지나친 스마트폰 의존에 대한 경고음이 있었지만, 경영진들이 성과주의에 빠져 이를 외면했다는 견해다.

이재용 삼성전자 부회장의 첫 번째 과제는 연구개발 역량 강화라는 의견이 많다. 이병철·이건희 회장이 패스트팔로어 전략을 통해 지금의 글로벌 삼성전자를 만들었다면, 이 부회장은 삼성전자만의 플랫폼을 만들어야 한다는 주장이다. 구글이나 애플 같은 삼성전자만의 생태계를 구축하기 위해선 삼성종합기술원을 비롯한 삼성전자 연구개발 부문의 연속성을 보장해야 한다.

"기한을 정해놓고 무조건 새 스마트폰을 만들어내라는 주문만 내려오고 있다. 이런 상황에서 획기적이고 혁신적인 아이디어가 나올 리 만무하다."

삼성전자 내부의 목소리다. 성과주의가 워낙 강조되다 보니 신상 필벌이 과하다 싶을 정도로 엄격하다. 이는 새로운 시도에 대한 두려움으로 이어질 가능성이 크다.

삼성전자는 단기성과에 치중해 휴대전화 액세서리와 주변기기 등 중소기업들의 밥그릇 빼앗기에 나서고 있다고 비난을 받고 있다. 심지어 언론은 각 분기별 전자 사업 부문장들의 누적 연봉을 기사화하고 있다. 삼성은 숫자로 귀결되는 모든 평가에 예민하다. 이러한 의사결정 과정상의 심리적 요인은 마케팅 전략을 그때그때 변화시킨다. 임직원들의 단기성과에 대한 평가는 영업 현장에서도 그대로 드러날 수밖에 없다.

갤럭시S5는 출시 첫날부터 유럽 일부 지역에서는 공짜폰으로 풀렸고 미국 일부 지역에서는 원플러스원 덤핑으로 팔리는 현실에 직면해 있다. 백인 사회, 영어권 나라에 대한 삼성의 마케팅은 제품력만으로 승부할 수 없는 한계를 가지고 있다. 특별한 판촉 전략을 선택할 수밖에 없지만 이는 브랜드 파워 하락이라는 악순환만을 가져올 뿐이다.

지역 전문가 제도

삼성의 '지역 전문가' 제도는 일본의 종합상사 시스템을 본받아 시행되었다. 부분적인 문제점이 있었음에도 불구하고, 지역 전문가 제도는 20여 년 동안 삼성의 글로벌 경쟁력을 강화하는 제도로 자리 잡았다.

1995년경 신차 출시에 앞서 동남아시아 시장조사차 인도네시아 자카르타를 방문한 적이 있다. 당시 일본 경제를 이끌었던 종합상사들은 이미 경쟁력을 상실해가고 있었다. 지역 단위의 상사 조직 경쟁력을 강화하기 위해 일본 정부는 현지 여성과 결혼한 일본 상사 주재원에게는 비공식적으로 월 200만 원 가까운 인센티브를 지불한다는 얘기를 들었다. 이와 마찬가지로 삼성의 지역 전문가 제도는 가급적 독신 직원들을 업무에서 배제한 채 해당 국가의 주요 도시에서 일상생활을 경험하도록 하는 프로그램이었다. 파견 국가의 물가 수준을 감안하기는 했으나 연봉을 제외하고 연간 5만 달러 정도의 경비를 별도로 지불했다.

그러나 최근 중국 시장에서의 부진과 관련해, 삼성이 그동안 키워낸 수백 명의 중국 지역 전문가들을 제대로 활용하지 못한다는 비판의 소리가 있다. 삼성의 중국 지역 전문가 중 가장 유명한 이는 중국에서 중저가 화장품 체인점 100여 개를 운영하고 있는 '카라카라(KALAKALA)'의 이춘우 사장이다. 특히 국내 중국통 언론인들과 유대가 강한 이춘우는 제일제당이 삼성에서 분리되기 전인 1992년 한중 수교 직후 지역 전문가로 중국에 파견됐고, 지역 전문가 제도를 마친 1년 후 CJ 베이징지사가 설립되면서 5년여 동안 주재원 생활을 했다. 그는 2000년 삼성전자로 이직했고, 중국 전략팀에서 일하다 2003년 사업을 위해 퇴직했다.

이춘우는 중국 고위층과의 꽌시를 위해 상당한 투자를 한 것으로 알려져 있다. 시진핑이 주석에 취임하기 훨씬 이전, 모 그룹은 이춘우를 통해 시진핑 누나의 방한을 성사시키기도 했다. 그러나 당시 초청 주체는 이춘우의 공을 가로채고 합당한 대가도 지불하지 않았다고 한다.

약 7억 달러 규모의 석유화학 프로젝트를 진행했던 국내 모 그룹은 당시 중국 중앙정부 실력자의 친인척이 운영하는 법률사무소에 약 50억 원의 대가를 지불하면서 지방정부의 인가를 받아내는 로비 통로로 활용했다. 국내 에이전트에게는 1년간 자문료만 지불했을 뿐이다. 국내 기업들이 현지 중국인과 컨설팅 업체에게는 어마어마한 돈을 쓰면서 중국 주재 한국 전문가들에게는 적합한 대가를 지불하지 않는 풍토는 고쳐져야 한다.

최고경영진이 반드시 중국통이어야 할 필요는 없다. 그러나 삼성은 그룹 내 산재해 있는 중간 간부급 이상의 중국 지역 전문가들을 제대로 활용해야 할 것이다.

엄격한 사내 교육

직급별, 직능전환별 직무 교육은 전 직원에게 필수다. 인사고과를 할 때 업무 성과도 중요하지만 의무적으로 이수해야 될 직무 교육을 받지 않은 사람은 승진에서도 누락되는 등 삼성의 사내 교육은 엄격하기로 유명하다.

용인 연수원에는 10주짜리 어학 집중 교육 과정이 개설되어 있다. 기혼자들은 주말이면 집에 가지만, 미혼자들은 연수원에 머물면서 자습을 할 수 있어 교육에 대한 집중도가 높은 것으로 알려져 있다. 어학 코스를 마친 이들은 "바보가 아닌 이상, 10주 교육만으로 단독 해외 출장 등 업무를 처리하는 데 전혀 이상이 없다"는 평가를 한다. 중장기 교육으로는 성균관대학과 카이스트(KAIST) 등에 석사 수준의 위탁 교육이 있다. 이는 해외 장기 주재원들에게 적용되는데, 지금 삼성의 사장급에서부터 시행되어온 교육이다.

삼성의 10주간 언어 교육은 학습하고 난 뒤 실전에서 갈고 닦으면 업무하는 데는 전혀 지장이 없는 것으로 알려져 있다. 이는 언어는 교육 노하우에 달려 있는 것이 아니라 학습할 때 얼마나 집중적으로 하느냐가 관건이라는 것을 시사해준다.

박동건 삼성전자 대외담당 사장은 1983년 삼성반도체 제품기술팀에 입사한 정통 삼성맨이다. 입사 후 10년 만에 회사에서 해외 연수자로 뽑혀 UC버클리에서 박사학위를 받았다. 박 사장은 귀국 후 삼성전자 메모리사업부와 반도체연구소에서 연구 업무를 주로 맡았다. 그 후 2011년 삼성전자 LCD사업부 제조센터장을 맡으면서 디스플레이 분야에 발을 딛게 되고, 2012년에 출범한 삼성디스플레이의 초대 대표이사가 되었다. 박 사장과 같은 장기 해외 연수는 삼성 엔지니어들의 꿈이기도 하다.

미래전략실 정현호 인사지원팀장(부사장)도 해외 연수자로 뽑혀 하버드대학에서 MBA 과정을 마쳤다. 이부진 호텔신라 사장과 이혼 절차를 밟고 있는 임우재 삼성전기 부사장은 매사추세츠공과대학(MIT)에서 석사학위를 받았고, 윤용암 삼성증권 대표는 MIT 유학을 다녀왔다. 정 부사장과 윤 대표는 이재용 부회장과는 특별한 관계에 있는 것으로 알려져 있다. 미국 유학 중이던 이재용을 측근에서 지원했기 때문이다. MIT는 한때 삼성가와 특별한 인연을 맺었던 MIT 교수로 인해 유학 과정이 개설되었다.

막강한 감사팀

삼성의 감사는 정부 감사원의 기능보다도 더 뛰어나다는 평가를 받는다. 그러나 이러한 평가의 배경에는 불법적인 관행으로 고착화된 시스템이 있었다. 우선 미래전략실 경영진단팀은 각 계열사 감사팀 회의를 정기적으로 소집하고 각자 조사한 정보를 공유한다. 회계전표 작성 등 정기적인 업무 감사 외에도 부정기 감사에서 이들 조직은 제 역량을 발휘하는데, 오래전에는 삼성그룹과 거래하는 모든 시중은행에서 삼성 직원들의 계좌를 열람할 수 있게 해주었다고 한다. 삼성전자의 부회장을 지낸 인물도 부장 시절에 감사팀에 적발되어 곤욕을 치렀던 것으로 알려져 있다.

홍종만 전 삼성자동차 사장, 박근희 삼성사회공헌위원회 부회장,

정현호 미래전략실 인사지원팀장이 경영진단팀장 출신이다. 박 부회장과 정 부사장은 상고 출신이라는 공통점이 있다.

대표 기업의 자부심

삼성은 주요 계열사들마다 독특한 기업문화가 존재한다. 삼성전자는 자신들이 삼성그룹을 먹여 살린다고 주장한다. 이들은 강력한 중앙집권적인 그룹 체제에서도 가끔 그룹의 이해와 충돌하기도 하고 지시를 거부하기도 한다.

삼성그룹의 역량이 삼성전자에 쏠리기 전인 1990년대까지만 해도 삼성생명의 그룹 내 위상은 절대적이었다. 그러나 2000년 이후 삼성그룹의 역량이 삼성전자에 쏠리면서 삼성생명을 중심한 금융 사업 부문이 위축되었다. 한편으로 15여 년간 글로벌 금융 부문은 엄청난 변화가 있었으나 삼성생명을 중심으로 한 삼성의 금융 사업은 인재 및 업무 역량 축적 등이 원활하게 이루어지지 못했다. 특히 금융자산 운영 부문은 최근에 와서야 겨우 해외 쪽으로 눈을 돌리고 있다.

삼성생명의 자회사인 삼성SRA자산운용은 최근 독일 프랑크푸르트에 있는 실버타워 인수를 위한 매매 계약을 체결했다. 계열사인 삼성생명과 삼성증권이 투자자로 나섰다. 빌딩 인수 가격은 대략 6,217억 원에 달한다. 삼성SRA자산운용은 삼성자산운용의 부동산 펀드를 인수해 2012년 11월에 설립되었다. 오종섭 대표이사는 미국 3대 부동산컨설팅 회사인 CBRE에서 부사장을 지낸 해외 부동산 전문가다.

국내 부동산에 집중된 삼성생명의 부동산 투자자산을 다변화하는 데 주력할 것으로 보인다.

삼성생명은 텃세가 심하기로 유명하다. 삼성생명에서는 그룹 공채 출신으로 신입사원 때부터 삼성생명에서 커온 사람들만이 버틸 수 있는 특유의 문화가 있다. 이들의 자부심은 그야말로 대단하다. 1960~70년대부터 활약해온 소위 보험 아줌마들이 없었다면 오늘의 삼성은 없다고 말한다. 실제로 삼성전자로 대표되는 삼성은 삼성생명 보험 아줌마들의 피땀 어린 노력으로 오늘날의 기반을 닦았다. 삼성전자가 반도체에 투자할 수 있었던 자금도 삼성생명에서 나왔다.

향후 삼성의 중국 시장 공략을 위한 신수종 사업은 삼성생명의 보험상품과 서비스다. 이건희 회장은 박근희 중국삼성 사장을 불러들여 중국 시장 공략을 준비시켰으나 불과 2년여 만에 삼성생명에서 전보되었다. 박 사장은 부회장으로 승진했으나 퇴진 수순이 분명해 보인다. 삼성그룹과는 다른, 삼성그룹의 모태 역할을 했던 삼성생명의 기업경쟁력이 중국 시장에서 어떻게 구축될지 궁금하다.

여론 조성

삼성에서는 홍보 업무를 하는 부서를 과거에는 전략홍보팀이라는 명칭을 붙였다. 홍보 업무는 단순히 기업 외부의 고객, 단체, 언론사들과의 채널 역할에만 한정하지 않고 기획성 대외 협력 업무도 포괄시켰다.

미래전략실 기획팀은 오너의 경영권 지배구조와 관련해서는 홍보팀의 협조를 받아 직접적으로 광범위한 여론 조성 작업에도 관여한다. 최근 삼성은 그룹의 순환출자 구조를 합리화하기 위해 산업 자본의 금융 자본 지배를 제한하는 소위 금산 분리를 강하게 비판하고 있다. 정책 결정자들을 타깃으로 하는 여론 조성 작업은 신문의 사설을 활용하는 방법과 외부 대학교수들의 기고나 칼럼을 언론에 게재하는 방식으로 이루어진다.

여론 조성 작업의 사전적 조치로는 논리 개발이 필수적이다. 이를 위해 각 계열사의 대외 접촉 부서를 상대로 주관식 또는 객관식 보고서 양식에 작성하는 오피니언 리더들에 대한 모니터링이 수시로 실시된다. 유명 대학의 교수들은 이러한 삼성의 의도를 알기 때문에 이에 잘 응하지 않을 때도 있다. 그러면 삼성은 이 교수들을 사내 세미나 초청 강사로 초대하든가, 수천만 원대의 관련 용역을 발주하기도 한다. 이외에 비교적 삼성이 쉽게 제어할 수 있는 지방대학이나 마이너 사립대학의 젊은 교수들을 필진으로 활용하기도 한다.

언론을 병행해서 활용하는 방법은 이들 교수들이 속해 있는 대학이나 부설 연구소에 각종 국제 심포지엄 개최 비용을 지원해, 심포지엄의 토론 내용이 언론에 게재되도록 하는 방법도 있다. 신문사 소속 논설위원들을 섭외해서 여론화하는 방법은 고전적인 여론 조성 작업의 일환이다.

대외 협력

과거 삼성에서는 주요 의사결정권을 가진 단체나 개인(정부나 국회 등)을 상대로 하는 대외적인 업무를 섭외라고 불렀다. 이후에는 대외 협력 또는 업무라는 용어로 통칭하고 있다. 삼성의 대외 협력 업무에는 특징이 있다. 삼성의 이해와 관계되는 오피니언 리더에게는 절대로 많은 돈을 써서 우군화하지 않는다. 잦은 대면 접촉과 작은 선물, 오랜 기간의 인간적인 교류를 특징으로 한다. 수년 전 중앙의 모 경제 부처를 오랫동안 담당했던 임원이 그룹에서 퇴사했다. 이 임원은 부처의 500여 명 직원들 중 여직원을 포함한 300여 명에게 전화를 걸 수 있다고 말했다. 즉 삼성 대외 협력의 특징은 전문화다.

모든 대외 협력 업무의 기본은 입법화 단계에서 삼성 입장을 반영하는 일이다. 국회를 전문적으로 출입하는 임직원들은 주요 상임위원회 간사와 위원들을 주요 공략 대상으로 삼는다. 정기국회 국정감사 기간 중 주요 상임위원회 동향을 모니터링하는 것은 각 계열사별로 담당하는 일상적인 일이다. 청와대, 정부, 국회를 대상으로 하는 삼성의 대외 협력 업무는 미래전략실 기획팀에 집중되어 있다. 실질적인 책임자는 장충기 사장이다.

1993년 초창기 자동차 사업을 총괄한 사람은 삼성중공업 경주현 부회장이었다. 경 부회장은 당시 보기 드문 현장형 경영자였으며 마초적인 스타일의 리더였다. 그런데 당시 경제부처 관료들이 자신들과 마인드가 맞지 않는다며 삼성에 다른 경영자를 요구했다. 경 부회장은 휘문고 출신이었고 당시 관료들은 서울고 출신이 많았다.

1994년 12월, 정부 인가가 난 후 삼성의 자동차 사업 TF팀은 '21세기기획단' 간판으로 잠시 활동했는데 이때 삼성은 서울고 출신인 이필곤 회장을 단장으로 선임했다. 그 뒤 이필곤 회장은 1995년 3월 출범한 삼성자동차 회장이 되었다. 이필곤 회장은 상가에서 몇 시간이고 앉아서 문상 온 사람들을 붙잡아두는 능력을 가지고 있었다고 한다.

언론에 대한 지나친 의존

삼성은 기업 역사를 통해 언론의 도움을 받기도 하고 비판을 받기도 하면서 성장해왔다. 언론은 여론의 선도자이며 여론을 대변한다. 그러나 언론 자체도 선은 아니다. 자체 생태계를 갖고 생육하고 번성해야 된다. 그러다 보니 우리 사회 전반의 빅브라더가 돼버린 삼성에 대한 비판 기능은 점점 약해지고 있고, 비판을 하더라도 언론사의 이익을 반영한 제한된 기능만이 작동한다. 삼성이 의지를 갖고 언론을 통제하지 않아도 언론 스스로 삼성이 만든 생태계에 정착해 들어가는 형국으로 변해버린 것이다.

삼성의 직접적인 언론 사업 참여의 역사 또한 길다. 1960년대에

〈중앙일보〉와 동양방송(TBC)에서 시작해, 현재 〈중앙일보〉와 JTBC로 대표되는 중앙미디어그룹을 거느리고 있다. 삼성은 또한 〈한국경제신문〉의 2대 주주로 사업 참여를 하고 있다.

삼성의 언론사와의 분쟁은 1990년대 〈조선일보〉와의 〈중앙일보〉 지국 분쟁 건이 도화선이 된 충돌이 대표적이다. 한 달여간 계속된 충돌 과정에서 〈조선일보〉는 약 900여 건의 삼성 관련 기사를 보도했다. 결국 〈중앙일보〉를 포함한 삼성그룹이 〈조선일보〉에 항복하는 모양새로 이 분쟁은 종결되었다. 이때만 해도 삼성이 권력을 창출해낸다고 자부하는 〈조선일보〉에는 굴복할 수밖에 없었다.

삼성이 점점 커지고 언론사의 사업 환경이 나빠지면서 언론사에 대한 영향력은 독보적인 수준이 되어갔다. 최근 〈전자신문〉과의 6개월간 분쟁이 대표적인 사례로 꼽힌다. 분쟁과 관련된 〈미디어오늘〉의 사설 중 일부를 옮겨본다.

전자신문이 삼성전자 갤럭시S5의 부품 조달 문제를 제기했던 자사의 보도에 대해 6개월이 흐른 지난 9월 25일 사실상 오보였다며 정정 보도를 냈다. 오보가 아니라며 삼성의 요구를 거부하던 전자신문은 항복 선언한 꼴인 반면, 삼성전자는 한 언론사를 돈으로 굴복시킨 모양새가 되었다. (…) 삼성전자가 해당 보도 직후 광고를 끊고 기자를 상대로 거액의 소송을 제기하는 등 돈의 힘을 과시하는 과정이 이어졌기 때문이다. 법리나 소통이 아닌 돈의 위력으로 한 언론사를 굴복시킨 결과를 낳았다는 점에서 언론계 전체에 상처를 안겼다.

그 효과는 오롯이 삼성전자의 몫이 될 것이라는 사실도 알아야 할 것이다.*

　언론의 본질적인 기능은 권력에 대한 견제다. 세계 언론을 통틀어 전자 산업 전문 매체가 일간으로 발간되는 사례는 흔치 않다. 한국 섬유산업 발전기에 섬유 산업 전문 매체가 있었으나 산업의 퇴보와 함께 매체의 영향력 역시 미비해졌다. 삼성전자와 〈전자신문〉 간에 벌어진 6개월간의 대립 때문에, 전문지만이 들여다볼 수 있는 시각으로 삼성전자가 감추고 싶어 하는 많은 문제점들이 노출되었다. 이유야 어찌되었든 막강 권력 삼성에 대한 언론의 견제는 삼성에게는 자신들을 되돌아보게 하는 사건이었고 오히려 축복일 수도 있다. 삼성은 이 분쟁에서 자신들이 이겼다고 생각하는 순간, 또 다른 비극을 맞이할 수도 있다는 것을 잊지 말아야 한다.

　그러나 삼성이 만든 '프리즘'과 '프레임'은 언론 산업 구조뿐 아니라 일부 기자들의 의식구조까지도 변화시키고 있다. 약 10여 년 전부터 주요 언론사에는 '삼성 장학생'이라는 표현을 넘어 '삼성 고정 간첩'이라는 우스갯소리까지 등장했다. 삼성 장학생 문제는 어제 오늘의 일이 아니다. 삼성 장학생은 언론뿐만 아니라 행정부, 입법부, 사법부, 시민단체에 이르기까지 광범위하게 퍼져 있다.

　포털 사이트의 영향력 증대, 인터넷 매체와 종합편성채널의 등장

* 〈미디어오늘〉, 2014년 10월 1일.

으로 기존 언론사 입장에서는 갈수록 경쟁 환경이 나빠지고 있다. 언론사들의 전통적인 수익 창출 통로인 광고 수주가 날로 어려워지고 있기 때문이다. 광고주 입장에서도 수많은 매체들을 공평하게 대우할 수는 없는 입장이다.

그러다 보니 광고시장에서 절대 왕자인 삼성과 언론사 간의 새로운 채널이 나타났는데 그것이 바로 협찬이다. 광고는 타 매체들의 견제로 광고주가 견뎌내질 못한다. 그러다 보니 타 매체들이 인지하지 못하는 협찬이라는 방식이 등장한 것이다. 삼성이 미디어그룹별로 제공하는 협찬은 계열 광고 대행사인 제일기획을 통한다. 이 과정에서도 삼성이 집행하는 광고비와 동일한 대행료 15퍼센트를 제일기획이 거둬간다. 삼성은 이러한 눈에 보이지 않는 협찬을 통해 언론사를 더욱 자신들의 의지대로 움직이려고 하는 경향이 있다.

언론사 출신 기자들의 삼성으로의 전직 또한 문제가 되고 있다. 직업 선택은 개인의 자유다. 언론인은 공무원이 아니다. 전관예우의 규제 대상도 아니다. 그러나 삼성 담당 기자나 데스크, 언론사 고위 간부가 상당 기간 삼성으로의 전직을 염두에 두고 취재, 보도, 방송을 한다면 문제가 된다. 각 언론사의 경영진이 편집국이나 편성국에 삼성 관련 보도에 영향을 주는 발언이나 행위를 한다면 이것 또한 문제가 된다.

이번 경영권 승계 과정에서 삼성은 언론에 지나치게 의존하고 있다. 삼성테크윈을 비롯한 4개 계열사 매각을 공식 발표하지 않고 사전에 언론에 흘려 대응하는 방식을 취했다. 삼성SDS 상장 차익과 관련해 김인주 삼성경제연구소 경영전략담당 사장이나 이학수 전 전략기획실장과 직접 대화하지 않고 언론을 통해 몰아붙이기식 비난을 했다. 김 사장의 경우에는 언론에 보도된 경기도 남양주 별장의 불법 공용 부지 점유 보도를 근거로 삼성선물 사장에서 삼성경제연구소로 2선 퇴진했다는 논리를 펼치고 있다. 또한 삼성전자 IT모바일 사업부와 가전사업부의 통합 및 이에 따른 인사를 외신에 흘려 여론을 떠보기도 했다.

적정 수준에서의 언론 플레이를 넘어서는 게 눈에 보일 정도다. 언론 자체의 자정 기능도 있긴 하지만 삼성 관련 모든 뉴스를 삼성이 쥐고 있는 상황에서 언론은 따라가기에 바쁘다. 그러다 보니 삼성전자 베트남 공장에서 칼럼과 기사를 쓴 언론사 간부가 불과 수개월도 지나지 않아 동일 칼럼난에 이학수와 김인주를 비난하는 칼럼을 게재하는 일이 벌어지는가 하면, 김승연 한화 회장과 김인주 사장을 싸잡아 비난하는 칼럼을 게재한 매체는 삼성과 한화 간 거래에 관련해서는 김 회장의 상법상 부적격을 논할 수 없게 만든다.

삼성이 주요 언론에 끌려다니는 측면도 있다. 언론은 양날의 칼이다. 삼성의 홍보 라인들은 경영권 승계라는 일생일대의 과제를 수행하기 위해 혼신의 노력을 기울여야 하지만 부작용과 폐단, 후유증도 걱정해야 할 때다. 홍보는 경영 활동의 여러 수단 중 하나일 뿐이다. 홍보가 재무, 인사, 기획을 앞서는 역할을 하면 반드시 문제가 발생한다.

한편 삼성의 재산 상속과 경영권 승계 과정에서 언론의 역할이 무엇보다 중요한 가운데, 중앙일보미디어그룹과 사주인 홍석현 회장의 향배가 중요해졌다. 삼성의 미래전략실, 삼성전자 커뮤니케이션팀은 국내외 언론 관계 실무를 도맡고 있다. 하지만 주요 언론사의 삼성 보도 관련 큰 논조는 홍 회장이 조율할 것으로 예상된다. 홍 회장의 국내 주요 미디어그룹 사주들과의 친분이 그 바탕임은 말할 것도 없다.

특히 2013년 손석희를 JTBC 사장으로 영입한 이후, JTBC는 같은 미디어그룹인 〈중앙일보〉 기자들로부터 좌파 방송이라는 비난을 받고 있다. 홍석현은 좌우 논조를 포괄하는 스펙트럼을 갖춘 유일한 언론사 사주로 등극한 것이다. 2014년 11월 삼성 계열사 4개사가 한화그룹으로 매각된 직후 〈중앙일보〉가 한화그룹의 취약한 재정 상태를 크게 보도한 것은, 홍 회장이 삼성의 사업 조정과 향후 경영권 승계 과정에서 자신의 미디어를 통해 영향력을 행사하겠다는 의사로 비쳐진다.

3장

JY, BJ의 시대

이건희의 경영 스타일

이건희 회장은 1987년 회장 취임 이후 세 번의 결정적인 위기를 맞았다. 첫 번째 위기는 일명 '베이징 발언' 때문에 왔다. 이 회장은 1995년 베이징에서 한국 특파원들과 만난 자리에서 "우리 정치는 4류, 우리 정부는 3류, 우리 기업은 2류"라고 말한 적이 있다. 이로 인해 삼성은 김영삼 정부로부터 상당 기간 동안 어려움을 당했다.

베이징 발언 이듬해인 1996년 이 회장은 전두환·노태우 비자금 사건으로 재판을 받았다. 당시 삼성그룹은 이 회장의 법원 출두를 막기 위해 총력전을 펼쳤다. 심지어 담당 판사의 대학 동문을 찾아 법정 앞자리에 앉혀놓는 심리전도 펼쳤다. 이 사건 이후 삼성은 법무 조직을 강화하고 법조인들을 영입하기 시작했다. 삼성그룹 비리를 폭로했던 김용철 변호사도 이러한 일련의 흐름 속에서 영입한 인물이다.

두 번째 위기는 일명 '안기부 엑스파일' 사건 때문에 왔다. 2005년 언론 보도로 폭로된 안기부 엑스파일에는 1997년 연말 대선을 앞두고 이학수 당시 삼성그룹 비서실장과 홍석현 〈중앙일보〉 회장이 만나, 돈을 건넬 특정 후보와 검찰 고위 간부들의 이름과 액수 등을 논의하는 대화 내용이 담겨 있었다. 검찰은 불법 도청이라는 '형식'을 앞세워 공익적 중요성이라는 '내용'을 강조한 언론인들을 통신비밀보호법 위반 혐의로 기소했다. 이 사건으로 삼성이 정·관계 인사를 어떻게 관리하는지가 적나라하게 드러났다. 이 일로 이 회장은 2006년 2월, 8,000억 원 사회 헌납 등을 포함한 대국민 사과문을 발표해야 했다.

세 번째 위기는 2007년 삼성 임원인 김용철 변호사의 비자금 폭로로 이어진 삼성 특검이었다. 2007년 10월 29일, 김용철 변호사와 천주교정의구현사제단은 삼성의 50억 원 비자금 차명 계좌 등 의혹을 폭로했다. 이로 인해 삼성 특검이 실시되었다. 사법부는 선대 회장이 물려준 재산이라는 삼성의 해명을 그대로 받아들여 조세 포탈 혐의로만 기소했다. 삼성은 2008년 4월 이 회장의 경영 퇴진 등 10개항의 쇄신책을 내놓았다.

이러한 사건들이 있은 후 이 회장은 더 내향적으로 바뀌어갔다. 심지어는 '은둔의 경영자'라는 별칭까지 붙었다. 다른 한편으로는 은둔으로 인한 방임의 경영, 믿고 맡기는 신뢰의 경영이 오히려 삼성을 성장시켰다는 평가도 있다. 그러나 2010년 이 회장은 경영 복귀를 선언한다. 경영 복귀의 직접적인 요인은 믿고 맡겼던 이학수 전략기획실장의 비리를 접한 것이 결정적이었다는 분석이 유력하다.

2010년 4월, 영국 〈이코노미스트The Economist〉는 이건희 회장의 경영 복귀와 한국 정부의 재벌정책을 강도 높게 비판하며 '어려운 재벌 문제'라는 논평과 '군주의 귀환'이라는 분석기사를 통해 이 회장의 복귀 배경과 문제점 등을 분석했다. 논평의 핵심은 "한국이 잘나가고 있지만 막강한 권력을 지닌 재벌을 봐주는 것은 이제 중단해야 한다"는 내용이었다.

이 잡지는 2009년 세계경제의 위축에도 불구하고 한국 경제가 경제협력개발기구(OECD) 국가 가운데 가장 빠른 속도로 성장한 것은, 정부의 대규모 부양책에 따른 내수 증가와 재벌의 수출 역량 때문이라 분석했다. 그러나 "재벌들은 현재의 계급적 경영구조와 왕조적 소유구조로는 대처하기 힘든 새로운 경쟁에 직면해 있다"고 지적했다.

〈이코노미스트〉는 이어 "얼마 전 이명박 대통령은 조세 포탈 혐의로 유죄 판결을 받은 이 전 회장을 특별 사면해 그가 삼성전자 회장으로 복귀하도록 했다"면서 "재벌의 금융회사 소유를 용이하게 만들 금융지주회사법을 완화하길 바란다"고 충고했다. 이 잡지는 "이명박 대통령이 누군가를 지원하고 싶다면 도울 대상은 한국의 약자들, 즉 재벌에 의해 짓눌려진 중소기업들"이라며 "재벌들은 매우 성공적인 자본가임을 스스로 입증했기 때문에 그냥 내버려둬야 한다"고 주장했다.

또한 별도의 분석기사에서는 "제2차 세계대전 이후 최악의 무역

침체를 훌륭하게 이겨내면서 한국인들은 재벌기업과 왕족처럼 사는 불가사의한 재벌가에 대해 상당한 신뢰를 보내게 되었다"며 꼬집었다. 아울러 "이사회의 승인도 거치지 않은 이 회장의 복귀는 서구식 기업 거버넌스 도입을 거꾸로 되돌리는 것으로 보인다"고 비판했다.

〈이코노미스트〉는 마지막으로 "도요타의 가족 오너십이 장점이 될 수도 있지만 엄청난 단점이 될 수도 있다는 최근의 교훈을 외면하고 있는 것 같다"며 제왕적 경영의 위험성을 경고했다. 이는 삼성 측이 이 회장의 복귀 명분을 도요타 사태에서 찾은 것과는 정반대의 논리인 셈이다.

이 회장의 경영 복귀는 비판적인 시각의 국내 언론 보도가 시작될 무렵 '천안함' 사건이 터지면서 전 국민의 관심에서 벗어났다. 경영 복귀 후 이 회장은 4년여 활동했으나 2014년 5월 11일 쓰러지면서 사실상 이건희의 시대는 끝이 났다. 어쨌든 삼성은 3세 체제로의 직접적인 경영권 승계를 목전에 두고 있다.

창업자 이병철은 강력한 카리스마로 기업을 세웠고, 혼신의 힘을 다해 인간의 능력 안에서 세부적으로 모든 경영 현안을 챙겼다는 평가를 받고 있다. 1987년 이병철 회장의 사망으로 2세 경영 체제를 연 이건희 경영의 특징은 무엇이었을까. 이병철 회장은 경제 단위 규모가 작은 사업 환경에서 직접 디테일한 부문까지 챙기는 '관리의 경영'이라는 전형을 제시했다. 삼성그룹의 글로벌 기업의 토대가 되었던 반도체 사업 역시 창업자가 론칭시켰다.

한편 이건희 회장은 자동차 업계의 극심한 반대에도 불구하고 자동차 사업 진출을 성사시켰다. 자동차 사업의 핵심은 품질이었다. 삼성은 결국 자동차 사업에서 철수했지만 그 영향력은 지대했다. 삼성의 품질 위주의 자동차 사업은 현대자동차그룹이 이후 품질 경영을 모토로 삼게 한 직접적인 자극제가 되었다. 이는 한국 사회에 이건희 회장이 남긴 뚜렷한 족적이기도 하다.

홍종만 전 삼성자동차 사장은 삼성이 자동차 사업에 참여한 두 가지 목적을 최근 삼성자동차 OB모임에서 언급했다. "첫째는 교역 규모가 큰 자동차를 생산해 국가의 무역수지에 기여하고 싶었고, 둘째는 연간 2만 명 가까운 교통사고 사망률을 줄이는 교통 문화를 개선하고 싶었다"고 말했다.

이건희 회장은 1993년부터 신경영이라는 자기만의 정체성을 주장해왔으나 자동차, 영상, 유통 등 신사업이 실패로 돌아가면서 신경영 역시 크게 평가받지 못했다. 스마트폰 사업을 비롯해 삼성전자의 주요 사업 아이템은 '씨 흩뿌리기' 경영 방식의 결과로 보는 견해가 우세하다. 즉 대다수의 신규 프로젝트가 실패해도 한두 개의 성공한 사업이 실패한 사업들을 보완해주는 방식이었다는 것이다.

2003년 1월, 일본판 〈이코노미스트〉는 이 회장이 그룹 회장에 오른 뒤 보여준 경영 능력에 대해, 삼성을 양적 성장 체제에서 질적 성장 체제로 바꾸었다고 평가했다. 특히 이 잡지는 이 회장의 경영 스타일에 대해, 항상 미래를 내다보는 준비 경영을 강조해온 리더라고 높이 평가했다. 이 회장의 준비 경영은 삼성전자가 지난 1990년대 말 세계 IT시장의 불황에도 불구하고 사상 최대의 매출과 영업이익을 기록하면서 새삼 주목을 받았다.

이 회장은 그룹 총수에 오른 지 6년 뒤인 1993년 독일 프랑크푸르트에서 아내와 자식을 빼고는 다 바꿔야 한다고 주창하며 신경영에 들어갔다. 신경영은 당시 재계뿐 아니라 사회 전반에 큰 반향을 일으켰으며 삼성그룹의 경영 체질을 한 단계 도약시키는 발판을 마련했다.

삼성전자의 휴대전화 사업 책임자였던 오정환은 이 회장의 프랑크푸르트 발언 당시 회의 참석자였다. 이건희 회장의 그룹 임원들에 대한 질타는 욕설과 막말도 섞여 있었다고 한다. 성격 급한 오정환은 휴식시간에 회의장을 벗어나 사표를 썼다. 자신은 잘못한 게 없는데, 단체로 이 회장에게 야단을 맞는 상황에서 월급쟁이로서의 자존심이 한계에 달했다고 한다. 후배 임원들이 그를 말렸고 그는 사표를 거두었다.

이 회장은 신경영 2기의 핵심 과제로 삼성 브랜드 가치의 업그레이드와 '천재 경영론'을 내놓았다. 2003년 6월, 이건희 회장은 삼성 신경영 선언 10주년을 기념해 천재 경영을 선언했다. 이는 천재 1명이 10만 명, 20만 명을 먹여 살리고 창조적 인재가 국가의 경쟁력을 좌우한다는 지론이었다.

이 회장은 천재 경영에 대해 "미래를 책임질 수 있는 뛰어난 인재를 찾아내고 키우는 것"이라고 밝혔다. 천재의 대표적인 사례로는 미국의 빌 게이츠를 꼽았다. 빌 게이츠가 소프트웨어 하나를 개발해내면 1년에 수십억 달러를 손쉽게 벌어들이고 수십만 명에게 일자리를 제공한다는 것이다. 천재 경영의 축약 개념은 '핵심 인재론'이다. 삼성이 생각하는 핵심 인재란, 21세기의 새로운 사업을 주도할 수 있는 인재다. 다시 말하면 지금까지 존재하지 않았던 새로운 사업 아이템을 만들고, 그 아이템으로 수요를 창출하며, 산업 전체를 이끌어갈 수 있는 인재이자 변화와 혁신을 주도할 수 있는 인재다.

삼성은 이건희 회장 개인의 능력보다는 시스템과 프로세스에 의해 사업을 발굴하고 의사결정을 하며 사업을 추진해온 기업으로 평가받고 있다. 삼성그룹이 자동차 사업에서 철수한 2000년부터 이건희의 삼성은 없고, 삼성의 기업문화만 존재했다는 평가도 있다. 역설적이게도 이건희 회장의 자유방임주의가 오늘의 삼성을 키웠다는 평가다.

"이 회장이 한 게 뭐가 있나?" 이것이 이 회장 개인에 대한 또 다른 평가이기도 하다. 그러나 장하준 케임브리지대학 교수는 2014년 6월 시사주간지 〈시사인〉과의 인터뷰에서 이건희 회장에 대해 다음과 같이 긍정적으로 평가했다.

"대단한 일을 해냈다. 물론 세습받아 조금 더 키운 것 아니냐고 폄하하는 분들도 많다. 그러나 이건희가 상속받았을 때 삼성은 해외 거대 기업들로부터 하청받은 물품을 만드는, OEM 업체에 불과했다. 그랬던 삼성전자가 지금은 휴대전화·반도체·텔레비전 등 세계 전자산업의 여러 부문에서 1위를 차지하고 있다. 더욱이 삼성전자는 세계시장에서 첨단 제품들의 필수 부품을 독자 생산할 수 있는 업체다. 어떤 통계에 따르면, 애플이 아이폰 한 대 생산할 때(그 부품 생산과 조립을 대부분 다른 나라에 위탁하는데) 가장 많은 돈을 버는 나라가 한국이다. 삼성이 애플에 파는 부품 덕분이다."

장 교수는 삼성의 과오에 대해서도 언급했다. "잘못한 일이 많다. 삼성은 대다수 국민의 희생으로 성장했다. 이후 삼성은 오히려 시민의 삶을 더 힘들게 하는 경제정책을 만드는 데 영향력을 행사했다. 관계·학계 등에 삼성 장학생을 심고 악착같이 무노조를 고수했으며, 산업재해에 대해서도 계속 발뺌하고 상황을 악화시켰다. 1990년대 이후엔 '노동의 외주화'를 확대했다."

이 회장 재임 기간 중 삼성이 발전했다는 것은 숫자가 말해주고 있다. 흔히 2세는 창업 세대를 뛰어넘기 힘들다고 말한다. 창업 세대는 말 그대로 아무것도 없는 상태에서 만들어내는 세대다. 동일선상에서 비교하기는 어렵지만 2세 체제로 넘어가서 성장은커녕 무너지는 기업들도 많다. 이 회장은 의욕적으로 활동했던 1990년대와는 달리 2000년대 이후에는 은둔, 방임의 경영을 해왔다. 여기에는 건강상의 문제도 있었다. 선천적으로 폐질환이 있어 겨울이면 수개월씩 해외에 나가 있곤 했다.

대부분의 인간에게는 100년 미만의 시간이 주어진다. 학습과 노년의 기간을 빼면 실제로 활발하게 활동할 수 있는 기간은 30~40년에 불과하다. PC, 인터넷이 등장한 시대에 경영자로서 이만하면 성공적인 삶이었다고 평가하고 싶다. 문제는 3세 체제다.

이재용(JY) 삼성전자 부회장

최근 모 일간지에서 이재용 삼성전자 부회장 관련 기사를 쓰면서 서브타이틀 중 이 부회장을 JY로 표기하는 것을 보고 깊은 생각에 빠졌다.

50대 이상의 세대들은 정치인 김영삼, 김대중, 김종필을 잘 안다. 이들이 신문 정치면에 등장할 때는 영문 이니셜로 YS, DJ, JP로 표기된다. 이재용 부회장을 지칭하는 JY 이니셜은 삼성 직원들 사이에서 쓰였다. 그런데 이재용 부회장을 지칭하는 이니셜이 사회 전반에까지 일반화된 것을 보면 삼성이 일반 대중들에게도 깊이 각인되어 있음을 실감하게 된다.

보통 사람들은 최근의 경기 부진이 1998년 이후 약 2~3년간 지속되었던 실물경제에서의 단기 충격보다도 더 힘든 상황이라고 말한다. 특히 서민들이 느끼는 체감 경기는 더 말할 필요가 없다. 실물경제를 경험한 삼성 CEO 출신들은 경기 흐름에 민감하다. 이용순 전 삼성정밀화학 대표는 최근 삼성자동차 OB모임에서 "일본은 양적완화를 계속하고 있고, 셰일가스 생산국인 미국과 석유 생산국인 중동, 러시아는 치킨게임에 들어갔으며 중국은 석유화학, 철강 등에 남아도는 돈을 활용해 무시무시할 정도의 대규모 투자를 감행하고 있다. 미국 또한 2015년부터는 금리 인상을 단행해 국제 자금이 미국으로 몰릴 것이다"고 경영 환경을 진단했다.

홍순직 전 삼성SDI 부사장(현 전주비전대학 총장)은 "GM대우에 학생들을 취직시키기 위해 군산을 방문해보니 공장이 온통 붉은 플래카드로 가득했는데, GM이 한국에서의 상여금을 통상 임금에 포함한 대법원 판결을 보고 2년 내 한국을 떠나 이전한다고 한다. 그 옆의 두산인프라코아도 공장 가동률을 40퍼센트 수준으로 줄였으며, 또 다른 회사는 아예 공장 문을 닫았다"면서 국내 실물경제의 심각성에 대해 얘기했다.

이러다 보니 삼성의 경영권 승계를 둘러싼 논란이 사회적 이슈에서 뒤로 밀려나는 듯하다. 이재용 부회장 입장에서는 나쁘지 않은 분위기다. 대신 경영 실적이라는 현실적인 문제로 사회의 관심이 이동하고 있다. 단기성과를 낼 수 있는 특별 신수종 사업이 없는 이재용 부회장 입장에서는 스마트폰 사업 책임자인 신종균 사장에게 하부 조직의 사장들을 축소하면서까지 권한을 몰아줄 수밖에 없는 상황에 직면해 있다.

JY, 대어를 놓치다

외국인 주주들이 50퍼센트를 넘는 삼성전자에 대한 외신들의 관심은 각별하다. 경제지와 통신사 중심의 서구 언론들은 삼성 및 오너 그룹에 대해 개요 정도의 취재만 하지만, 일본 언론의 취재는 상당히 구체적이다. 일본 기업들이 흘리는 고급 정보도 상당하다. 2013년 9월, 일본의 〈니혼게이자이신문日本経済新聞〉은 '삼성 프린스의 오산… 일본은 어렵다'는 제목의 기사를 내보내 샤프와의 합작법인 설립 무산을 이 부회장 탓으로 돌렸다.

〈니혼게이자이신문〉에 따르면, 2013년 7월 5일 이재용 부회장은 도쿄 중심 가스미가세키에 있는 경제산업성을 방문했다. 방일 목적은 샤프와 협의 중인 복사기 합작법인 설립을 도와달라는 것이었다. 이 부회장 입장에서는 1년 가까이 공을 들인 비밀 프로젝트 성사를 눈앞에 둔 마지막 통과의례였다.

삼성이 샤프 복사기 사업에 관심을 가진 것은 "10년 뒤 지금의 주력 사업이 하나도 남지 않을 수 있다"는 이건희 회장의 말 때문이었다. 삼성은 새로운 수익원 발굴에 나섰고 안정적인 매출이 가능한 B2B 시장에서 기회를 엿봤다. 그 가운데 복사기 사업에서 가능성을 발견한 삼성은 경영난에 허덕이는 샤프를 타깃으로 정했다. 삼성은 신중하고 치밀했다. 곧바로 복사기 합작을 제안하지 않고 자금 지원과 샤프로부터 LCD 패널 구입이라는 사전 포석을 깔았다. 당시 샤프는 심각한 유동성 위기에 빠져 있었다.

이 부회장은 2012년 12월 말 오사카 소재 샤프 본사를 방문해 가타야마 미키오(片山幹雄) 회장과 오쿠다 다카시(奧田隆司) 사장을 만났다. 이 자리에서 샤프는 삼성에 자금 지원을 요청했고 이 부회장은 1,000억 원 이상을 출자하기로 결정했다. 게다가 가동률이 떨어진 가메야마 공장에서 TV용 32인치 LCD 패널도 대량 공급받기로 약속했다.

〈니혼게이자이신문〉은 삼성의 파격적인 제안을 복사기 사업을 포함해 샤프와 끈끈한 제휴를 맺으려는 의도로 풀이했다. 삼성 동의 없이 다른 회사에 복사기 사업을 매각할 수 없다는 우선거부권도 받았다. 〈니혼게이자이신문〉은 이 부회장의 전략을 '주쿠시(熟杮, 익은 감)'라고 표현했다. 이는 감이 익기를 묵묵히 기다린다는 의미다. 자금 지원과 제품 구매라는 선물을 주고 복사기 합작의 때를 기다렸다는 말이다.

그러나 착착 진행되던 복사기 합작법인 설립은 결국 무위로 돌아갔다. 이 부회장이 전권을 갖고 일본의 반대 정서를 감안해 출자 비율을 50퍼센트 미만으로 낮추고 판매 이외의 개발에 당장은 관여하지 않겠다는 의지까지 밝히는 등 최대한 양보했지만 협상은 결렬되었다. 〈니혼게이자이신문〉은 이 부회장이 두 가지 오판을 했다고 분석했다. 하나는 교섭 상대의 변화이고 다른 하나는 샤프 안팎의 반발이다.

이 부회장 협상 상대이던 가타야마 회장과 오쿠다 사장은 샤프 경영 부진으로 물러났다. 갑자기 대표이사로 발탁된 다카하시 고조(高橋興三) 사장과는 안면이 없었다. 더욱이 다카하시 사장은 복사기 사업에서 잔뼈가 굵은 인물이다. 이 부회장의 제안이 복사기 사업 합작에 맞춰져 있음을 간파한 다카하시 사장은 협상을 접었다. 상대 회사 지배구조와 경영진 변화라는 가장 중요한 정보를 이 부회장이 놓쳤던 것이다.

이 부회장은 삼성을 바라보는 샤프와 일본 경제계의 반발도 간과했다. 〈니혼게이자이신문〉은 "어느 정도 각오는 했겠지만 세계 LCD 시장에서 치열하게 경쟁하는 삼성을 바라보는 일본의 감정은 매우 좋지 않았다"고 평가했다. 일본 정관계의 '안티 삼성' 분위기도 만만치 않았다고 이 신문은 전했다. 여기에 삼성이 뛰어들면서 안정적인 시장이 깨지길 원치 않은 미국 가전 유통업체의 부정적 견해까지 더해졌다.

〈니혼게이자이신문〉은 결국 모든 사전 정지 작업을 잘 이뤄놓고도 대어를 놓친 이재용 부회장이 '역시 일본은 만만치 않다'고 통감했을 것이라 분석했다. 삼성의 새로운 먹거리를 찾는 중요한 프로젝트 무산으로 이 부회장의 경영 능력은 물음표를 남겼다.

일본통의 부재

일본과의 사업에서는 인맥이 크게 작용한다. 1994년 삼성그룹에 대한 닛산자동차 기술 공여의 결정적 배경에는 당시 프로젝트 책임자였던 현대자동차 출신의 삼성자동차 정주화 부사장에 대한 닛산 측의 개인적인 신뢰가 크게 작용한 것으로 알려져 있다. 2006년 이남석 중앙대학 교수에 따르면, 박사 논문을 준비하기 위한 인터뷰에서 정주화는 "닛산이 삼성에 기술을 주기로 한 것은 당시 나카무라 히로카즈(中村裕一) 미쓰비시자동차 회장의 추천에 의한 것"이라고 밝혔다.

정주화는 현대자동차 재직 시에 현대자동차에 대한 기술 공여자인 미쓰비시자동차의 나카무라 회장과 같이 뉴데보니아 공동 개발 프로젝트를 진행한 적이 있다고 밝혔다. 삼성으로부터 기술 제공 요청을 받고 고민하던 당시 닛산자동차의 쓰지 요시후미 사장이 평소 친분이 있던 미쓰비시의 나카무라 회장에게 이와 같은 사실을 털어놓자, 나카무라 회장이 삼성 측 프로젝트 책임자가 정주화 부사장이라면 전혀 문제가 없다고 해서 닛산은 삼성에 대한 기술 공여를 결정할 수 있었다고 한다.

이건희 회장과 이재용 부회장은 둘 다 일본에서 수학했다. 이 회장은 1년에 수개월씩 일본에 머물렀다. 이 회장의 집은 도쿄에서도 부촌으로 유명한 시나가와였다. 이 회장이 오키나와에 머물 때도 시나가와 차량 명판이 달린 차량은 현지로 공수되었다. 이 회장은 일본 사회와 일본 재계를 꿰뚫고 있었다. 그래서 일본 기업과의 협력 사업은 대부분 성공적이었다. 창업 이래 일본과 수많은 협력 사업을 했고 성공 스토리도 가지고 있음에도 불구하고 이런 실수를 한 것이다. 그러나 이재용 부회장의 개인 능력 부족만으로 돌리기에는 석연치 않은 구석이 있다.

일본 사업의 경우에는 시스템과 프로세스보다는 경영자의 개인 기량과 인맥이 참으로 중요하다. 이병철, 이건희 세대와는 다르게 일본에 깊은 뿌리가 없는 이재용은 삼성 내 일본통의 도움을 받았어야 했다.

동경에 있는 삼성저팬은 서울 비서실과 별도로 동경 비서실을 운영한다. 삼성저팬의 대표는 전통적으로 삼성 비서실 비서팀장들이 이어받았다. 2004년 삼성인력개발원 상담역으로 현직에서 물러난 정준명은 1987년 이건희 회장 취임 시 비서실 비서팀장, 삼성전자 동경 지사장, 삼성저팬 전무·부사장·사장을 지낸 삼성의 일본통을 대표하는 인물이다.

정준명은 동경 비서실장을 겸했다. 삼성자동차 시절에는 삼성자동차 내 닛산 사무국을 동경으로 옮겨 대닛산 창구 역할도 했다. 2002년에는 이형도 삼성전기 부회장 후임으로 삼성전기 대표이사 자리를 노렸으나 홍라희 삼성미술관 리움 관장의 인맥인 강호문 전 삼성전자 부회장에게 밀려 좌절을 맛보았다.

정준명은 유명한 메모광, 독서광이며 술 한잔 먹지 않고도 좌중을 즐겁게 하는 재능을 지녔다고 한다. 비서팀장 재임 시에는 이건희 회장이 출근을 제때 하지 않자 "정시에 출근하셔서 정시에 퇴근하셔야죠"라며 직언을 한 사람으로도 유명하다. 이건희 회장은 이런 정준명을 발탁해 삼성전자 동경 지사장으로 내보내 삼성의 대표적인 일본통으로 키웠다.

정준명은 디지털가전 부문의 세계적인 흐름을 읽어낼 줄 알며 일본어를 한국어보다 잘하는 인물이다. 한마디로 일본의 전자와 자동차 업계의 인맥을 꿰뚫고 있다. 이재용 부회장의 실적과도 관련 있는 샤프 합작 사업의 실패는 삼성 내에 정준명 이후 일본을 책임질 만한 일본통이 부재함을 역설적으로 보여주고 있다.

JY의 경영 교사들

2006년 하반기, 이 부회장의 당시 경영 교사로 알려진 윤종용 삼성전자 부회장이 이건희 회장에게 이재용 부회장으로의 그룹 경영권 승계에 반대하는 소신을 개진했다는 설이 파다했다. 이 소문의 근거는 이 부회장(당시 전무)이 윤 부회장의 반대에도 불구하고 2조 7,000억 원 규모의 8세대 LCD 공장 건설을 소니의 원로 경영진들에게 휘둘려 관철시켰다는 데서 나오기 시작했다. 삼성전자와 소니가 50 대 50으로 합작한 'S-LCD'는 충남 탕정 단지에 들어서는 프로젝트였다.

소니는 과거 세계 TV 시장을 석권했으나 LCD TV 보급 이후 세계 시장에서의 주도권을 삼성에 빼앗겼다가 삼성으로부터 LCD 판넬을 공급받은 소니 브랜드 브라비아가 2005년 가을에 출시된 후 정상의 자리에 다시 올라섰다. 북미와 유럽 등 선진국 시장에서 소니 LCD TV 판매는 견조하게 상승해 소니 부활의 일등 공신이 되었다.

이 부회장은 S-LCD에 2004년 등기이사로 등재했으나 2008년 사퇴했다. 이전에도 이 부회장이 직접 관여한 사업은 2000년 전후 e삼성 등 인터넷 사업이 있다. 이 사업들은 당시 구조조정본부 재무팀이 이 부회장의 경영 능력을 대외적으로 가시화하기 위한 목적으로 운영해왔으나 벤처 거품이 꺼지면서 대부분 실패했고 리스크는 계열사들이 짊어졌다. 그러나 e삼성 사업이 다 부진한 것은 아니었다는 얘기도 있다. 몇몇 사업에서는 상당한 이익도 얻었으나 재무팀에서 서둘러 덮어버렸다는 설도 있다.

윤종용 부회장은 1997년 삼성전자 CEO에 오른 이후 삼성전자를 휴대전화와 가전 부문에서 노키아, 소니 등 세계적 기업들에 필적하는 회사로 성장시킨 인물로 국내외적으로 평가되고 있다. 윤 부회장이 삼성전자의 CEO로 전면에 나선 것은 1997년 1월이다. 당시 메모리 반도체 가격의 장기적인 하락으로 삼성전자의 경영 환경은 그리 좋지 않았다. 윤 부회장은 조직과 사업 구조조정에 과감히 메스를 대어 사업구조를 반도체, 디지털미디어, 정보통신으로 3 : 3 : 3 균등 분할했고, 향후 반도체 시세라는 외부 경영 환경에 절대 흔들리지 않는 기반을 구축했다.

2001년에는 삼성전자의 사업 포트폴리오를 홈네트워크, 모바일 네트워크, 오피스 네트워크, 핵심 부품 등 4대 전략 사업군에 집중시켜, 경영의 근원을 고객과 시장에서 찾는 마켓 드라이브 컴퍼니(Market Driver Company)로의 변신을 시도하면서 브랜드와 기업 가치를 극대화해나갈 계획을 세웠다.

2001년 4월, 윤 부회장은 〈포브스〉와의 인터뷰에서 5년 안에 일본 소니보다 강력한 브랜드를 만들겠다고 밝혔다. 당시 삼성의 브랜드 가치는 43위, 소니는 18위에 랭크돼 있었다. 그는 비용 절감, 사업구조 혁신 등으로 디지털 혁명 시기에 가장 적합한 고수익 사업 체제를 구축했다는 평가를 받고 있다. 윤 부회장은 평소 전자 산업의 생명은 기술이라며 자력으로 신제품을 개발할 능력이 없으면 살아남기 어렵다고 강조한다. 그는 디지털 시대에는 시장을 선점한 1등만이 살아남고 2등은 영원한 꼴찌나 마찬가지라고 단언한다.

삼성은 이제까지 3세 체제로의 경영권 승계 용납에 대한 사회 여론 형성에 주력해왔다. 이 부회장과 참모진들은 성공적인 경영권 승계를 이루기 위해 사회적인 합의와 더불어 새로운 비전 제시를 통해 이건희 회장을 뛰어넘는 독자적인 리더십 구축이 필요하다는 인식을 해왔다. 새로운 비전은 현재 삼성의 최대 이슈인 스마트폰을 뛰어넘는 미래 성장 동력의 창출과도 맞물려 있다.

여전히 삼성 계열사 최고경영자의 상당수는 옛 구조조정본부 출신들이다. 이들은 안정을 중시하고 신사업에는 보수적인 이학수 전 부회장과 궤를 같이해왔다. 이렇게 된 데는 이학수 전 부회장을 강력히 신뢰했던 이건희 회장의 책임도 있다.

이재용 부회장의 최대 문제는 모든 사고가 전자 사업 중심이라는 것이다. 이학수 부회장 책임 하에서 참여 경영을 한 이 부회장은, 이학수가 짠 스케줄대로 이학수가 소개하는 인물들로부터 학습되어졌다. 자신의 목소리가 높았고 카리스마가 있는 윤종용 부회장을 비롯한 몇 안 되는 전문경영인을 이학수는 이건희 체제 유지라는 명분으로 견제했다. 삼성전자만 떼어놓으면 이재용이 경영을 잘할 것이라는 평가가 있는 것은 이런 이유 때문이다.

황영기 전 우리은행장 역시 이재용의 경영 교사 역할을 했다. 그는 이학수 라인의 재무팀들이 유보 자금을 활용하지 않고 쌓아놓은 것을 보고 "저건 재무가 아니다. 경리다"고 비판해 한때 이학수와 대립 각을 세우기도 했다. 황영기는 삼성생명 자산운용본부장을 지내는 등 삼성의 대표적인 금융통으로 성장할 수 있었으나 독립적이고 자유분방한 그의 성향이 삼성과는 맞지 않았다. 이재용은 전자 사업과 더불어 금융 사업을 신수종 사업으로 특화할 계획이다. 이재용과 대화가 되고 삼성 금융 조직을 장악할 수 있는 황영기가 삼성으로 돌아올 가능성도 점쳐지는 이유다. 황영기는 최근 한국금융투자협회장 출마를 위해 준비 중에 있다.

황영기 외에 삼성 바깥에서 이재용의 측근을 꼽는다면 이재용의 하버드대학 유학 시절 가정교사 역할을 한 사람으로 알려진 연세대학의 장진호 교수가 있다. 장 교수는 서울대학 사회학과 출신으로 미국에서 공인회계사가 된 후 하버드대학에서 박사학위를 받았다.

JY의 감춰진 이야기들

최근 이재용 부회장의 인간적인 면모가 새롭게 드러나고 있다. 그의 인간적인 면모가 삼성그룹 경영 책임자로서 적합한가의 여부는 두고 볼 일이다. 이재용은 서울대학 동양사학과 87학번이다. 이후 삼성전자에 입사한 서울대학 동양사학과 동기생들은 세 명이었으나 두 명은 퇴직하고 한 명만이 고위직 임원으로 남아 있는 것으로 알려져 있다.

이병철 회장은 손자 이재용이 서울대학에 들어간 것을 삼성의 3대 경사로 여겼다. 그런데 서울대학 학생이 된 이재용이 1학년 1학기 중간고사 때 선배인 85학번 R에게 국민윤리 시험을 대신 봐달라고 했다가 R에게 대단히 혼이 났다고 한다. R은 2012년경 사적인 자리에서 내게 "시험 대신 봐주는 일이 별로 어렵지도 않았는데 봐줄걸 그랬다. 친해질 수 있는 좋은 계기를 놓쳤다"면서 씁쓸하게 웃었다.

서울대학의 역사 관련 학과는 동양사학과를 비롯해 서양사학과, 국사학과 등이 있는데, 동양사학과는 전통적으로 소수 인원(20명 내)을 유지해와 타 역사 관련 학과에 비해 많은 졸업생을 배출하지 못했다. 동양사학과의 교과 과정이 재미있는 것은 한국사를 가르치지 않는다는 점이다. 따라서 동양사학과 출신들은 따로 공부하지 않는 한 한국사에 대해 무지몽매할 수밖에 없다.

이재용 부회장도 중국을 포함한 동양역사에 대해서는 잘 알아도 한국사는 잘 모른다. 동양사학과가 중심이 된 동양사학회는 1980년대 서울대학 운동권의 이론적 구심 역할을 했다. 1987년 민주화 시위 당시에도 83, 85학번들이 중심에 있었다. 이재용은 당시 삼성의 철저한 단속으로 시위에는 일절 관여하지 않은 것으로 알려져 있다.

이재용은 20대 초반 국내에서 열린 국제승마대회에 나가 금메달과 은메달을 목에 걸었다. 1990년 삼성국제마장마술경기대회에선 금메달을 땄고, 1989년 열린 제2회 아시아승마선수권대회에서는 장애물 단체 종목에 참가해 은메달을 따냈다.

이재용은 일본 게이오대학에서 석사학위도 받았다. 당시 비서실 기획팀에 근무하던 자동차 부품 업체 박 모 대표는 상사의 지시로 이재용의 석사논문 작성에 상당한 도움을 주었다고 한다. 이재용은 처음부터 하버드대학 경영대학원에 들어간 것이 아니라 비교적 입학하기 쉬운 케네디스쿨에서 먼저 공부했으며, 당시 삼성 비서실에 근무하던 런던정경대학(LSE) 출신인 황영기 전 우리금융지주 회장과 하버드대학 출신인 경희대학 박 모 교수의 도움을 받은 것으로 알려져 있다.

이재용은 하버드대학에서 코스워크를 마칠 때까지 성적이 우수했다고 한다. 공부를 그만둔 것은 이 회장이 1999년 말 텍사스의대 엠디앤더슨암센터(MD Anderson Cancer Center)에서 폐암 치료를 받은 것이 계기가 된 듯하다. 물론 닷컴 버블기에 벤처 사업에 관심이 컸던 것도 영향을 미쳤다.

동생 이윤형이 미국에서 죽었을 때 이재용은 서울 혜화동 원불교당을 찾아 깊은 슬픔에 잠겼다고 한다. 인간으로서 외롭고 쓸쓸한 것은 누구든 감당할 수 없는 것을 어쩌랴. 어떻게 보면 대기업 총수에게 장점일 수도 있는 그의 인간적인 면모가 삼성이라는 후계 구도에 접맥되면서 창업자인 이병철 회장과 2세 이건희 회장과 달리 강단이 부족하고 나약하다는 평가를 받게 된 것인지도 모른다.

이재용 부회장에게 꼬리표처럼 따라 다니는 것이 있다. 이재용은

2000년 5월, 자본금 100억 원으로 e삼성을 설립했다. 2000년 말 이재용의 인터넷 사업은 e삼성을 중심으로 개인적인 투자회사를 포함해 16개사에 달했다. 이재용 당시 상무가 인터넷 사업에 나선 배경 중 하나는, 경영권 승계를 위한 사전 정지 작업의 일환이라는 시각이 있다. 당시 증여 의혹 등으로 이재용에 대한 여론이 좋지 않았는데 이를 반전시키기 위해서는 경영 능력에 대한 객관적 입증이 필요했고, 인터넷 사업이 성공하면 비판 여론을 잠재우는 효과가 있을 것이라 판단했기 때문이다.

1995년 당시 이재용은 비상장 기업이던 에스원과 삼성엔지니어링 주식을 매입하는 것을 시작으로 비상장 계열사 주식과 유가증권을 매입하는 과정에서 절차상 혹은 인수 가격 등의 문제가 불거져 참여연대를 비롯한 시민단체로부터 거센 공격을 받았다.

JY의 불안정한 리더십

2008년에는 에버랜드 전환사채 사건이 터졌다. 삼성은 에버랜드 전환사채 관련 재판이 진행되는 가운데에도 이재용 삼성전자 전무에게 경영권을 승계하는 작업을 계속해왔다. 이 전무는 2007년 상무에서 전무로 승진했고, 최고고객책임자(CCO)로 임명되었다. 이는 외풍과는 무관하게 그가 삼성그룹의 정상 자리로 가고 있음을 보여준 징표다.

이 전무는 부친인 이건희 회장의 경영권 승계 때와는 달리 그룹 경영에 직·간접으로 관여하는 참여형, 개방형 경영 수업을 받았다. 당시부터 이재용 체제가 사실상 출범했다고 보는 사람도 있다. 실제로 그가 속해 있는 삼성전자 CCO 직할 조직 외에도 전략기획실 각 팀장들이 그에게 그룹 현안을 보고하고 삼성경제연구소에서 이 전무 주재로 회의가 열리곤 했다.

2007년 초 삼성은 홍보팀장이었던 이순동 사장이 전략기획실장 보좌역으로 물러나면서 신구 홍보 라인 간 불협화음으로 인해 대언론 관계가 매끄럽지 못하다는 평가도 나왔다. 때맞춰 이 전무의 대학 같은 과 선배이기도 한 이인용 전 MBC 앵커가 삼성전자로 영입된 것도 이재용 체제 출범과 관련이 있다는 것이 재계의 대체적인 분석이었다.

이재용 부회장은 부친인 이건희 회장 체제에서 경영을 익힌 경영자이지만, 이 기간 동안 이 부회장이 독자적으로 책임을 지고 경영 성과를 내었다고는 보지 않는다. 이재용 부회장에 대한 끝없는 의구심은, 그가 잘못된 의사결정을 내려 잘못된 결과가 나올 경우 삼성그룹과 한국 경제에 미치는 악영향이 너무도 크기 때문에 이를 우려한 데서 나온 것이다.

다음은 2014년 삼성전자와 불협화음을 가졌던 시기에 〈전자신문〉에 실렸던 이재용 부회장에 대한 기사 중 일부다.

이 부회장이 삼성전자 최고경영자가 되면 단기성과에 급급해 위험부담이 큰 다수의 프로젝트를 추진할 것이라는 이유에서다. 최근 역점을 두고 진행 중인 중국 시안 반도체 팹 프로젝트가 일례로 꼽힌다. 반도체 핵심 기술 중국 유출 우려가 강하게 제기되고 있지만 오히려 이 부회장은 시안 프로젝트에 더 힘을 싣고 있다. 지금은 거대 중국 시장 공략이라는 장밋빛 전망으로 포장되지만 향후엔 자칫 우리 반도체 산업을 위협하는 부메랑이 되어 돌아올 것이라는 우려가 높다.*

중국 시안 프로젝트에 대한 내 의견은 유보적이다. 중국의 대형 프로젝트는 진출도 어렵지만 철수하기도 어렵다. 모든 사업 부문이 마찬가지이지만 지금 중국을 빼놓고 할 수 있는 사업은 거의 없다고 해도 과언이 아니다. 중국은 2000년 이후 기술 없이 시장만을 내어줄 수 없다는 정책을 고수하고 있다. 다음은 시안 현지를 다녀온 〈머니투데이〉 송기용 특파원의 분석이다.

기술 유출 우려에도 불구하고 삼성이 이 같은 결단을 내린 것은 글로벌 IT 기업들의 생산 거점이자 세계 낸드플래시 수요의 50퍼센트를 차지하는 중국에서 승부를 걸겠다는 판단에서다. 스마트폰과 TV, 백색가전 완제품 시장을 놓고 중국 업체들과 경쟁하는 한편 토종 업체들보다 기술력에서 앞서 있는 메모리반도체, LCD 패널 등 IT 핵심 부품 부문을 강화하려는 전략이다.

---

* 〈전자신문〉, 2014년 6월 27일.

투자 적기를 놓치지 않겠다는 삼성전자의 전략적 판단도 작용했다. 두 분야(완제품과 핵심 부품) 모두 대규모 장치 산업인데 2000년대 들어 일본이 투자를 머뭇거리는 사이 선제적 투자로 한국이 글로벌 최강자로 올라선 경험이 있다. 일본을 반면교사 삼아 중국의 대규모 투자 공세에 물러서지 않고 맞대응하겠다는 것이다. 한국 IT 기업들이 자신들이 밀어낸 일본 기업의 전철을 밟지 않기 위해서는 이처럼 시장선점 효과를 극대화하는 전략이 필요하다. 이렇게 '차세대 기술'을 확보해 기술 장벽을 높게 치는 전략이다. 아울러 판을 흔들어놓을 창조적 제품의 개발도 필수적이다. 제조원가에서 세계 최강이라는 중국 IT 기업들은 새로운 제품을 개발하는 능력이 떨어진다는 약점이 있기 때문이다.[*]

　나는 이 책을 집필하는 도중에 강한 의문이 들었다. 이미 삼성은 세계 최대 스마트폰 시장인 중국에서 경쟁력을 상실해가고 있다는 것을 느낄 수 있었다. 송 특파원의 의견에 전적으로 동감한다. 삼성의 중국 전략은 삼성의 최대 강점인 반도체 중심의 핵심 부품 위주로 재편되고 있다. 이재용 부회장이 애플과의 특허 소송을 마무리하면서, 애플에 핵심 부품 공급을 재개하려는 화해의 제스처를 보이는 것도 이런 맥락에서 이해될 수 있다.
　이재용 부회장은 사업 전략, 인사, 경영권 승계 과정에서 자신의 철

---

[*] 〈머니투데이〉, 2014년 6월 19일.

학 확립 등 확실한 자기 색깔을 내지 못하고 있다. 주변에 휘둘리는 정황이 눈에 보인다. 대표적인 것이 삼성그룹의 삼성전자화다. 그룹 전체 사업에서 전자 사업 비중이 절대적이다 보니 자전거(전자)에서 내리면 안 되는 상황이 계속 전개되고 있다.

문제는 삼성의 경영을 책임질 이재용 부회장이 균형적인 시각을 갖지 못한 그동안의 제한된 사업 참여 경험과 주변 인맥군의 한계다. 이 부회장이 GE에서 배운 제조 및 금융 부문 사업 간 균형감각을 잃어버린 지는 이미 오래되었다.

현대자동차는 20여 년 전 합자 방식으로 중국에 진출했다. 당시 중국의 사회주의 체제는 중국 파트너가 20퍼센트만 가져도 경영권을 확실하게 행사할 수 없는 구조였다. 현대자동차의 중국 진출의 책임자는 고 정세영 회장이었다. 2000년 왕자의 난 이후 현대자동차의 경영권은 정몽구 회장이 이어받았다. 이어 정몽구 회장은 사위인 정태영에게 금융 사업을 맡겼고, 정태영은 GE로부터 10억 달러의 투자를 유치하는 데 성공했다.

자동차 사업은 자동차 할부라는 금융 사업에서 꽃핀다. '연간 800만 대 판매'라는 글로벌 톱4 자동차 기업이 된 현대자동차그룹은 중국 사업을 확장하고 있다. 현대캐피탈이 이를 지원하고 있음은 물론이다. 중국은 신용카드 시장을 개방하는 등 금융시장을 확장 개방하고 있다.

하지만 삼성은 삼성전자 중심으로의 역량에만 집중하는 바람에 글로벌 금융시장에서의 전문 인력을 양성하거나 업무 역량을 구축해놓지 않았다. 삼성전자가 중국 시안을 비롯해 곳곳에 수백억 달러를 투자해, 미국 〈타임Time〉이 황제로 칭한 시진핑 주석과 삼성 이재용이 아무리 우호적인 관계를 유지해도 현지에서 부품을 안정적으로 판매하는 명분 외에는 대형 투자에 걸맞은 협상력을 발휘하지 못하는 한계에 이르고 있다.

중국과 한국의 국가 간 경쟁은 사실상 의미가 없다. 도시 간, 지방자치단체 간, 기업 간 경쟁이 남아 있을 뿐이다. 중국과 홍콩의 일국양제 체제가 언제까지 갈지도 모를 일이고 수십 개의 소수 민족으로 이루어진 중국 정치 체제가 경제성장으로 인해 언제까지 통합된 국가 체제를 유지할지도 의문이다. 사회학자들은, 혁명은 절대적 빈곤감에 있을 때보다는 상대적 박탈감이 팽배할 때 발생한다고 말한다.

중국 정부는 이런 상황에 대비하기 위해 10여 년 전부터 내륙 개발에 박차를 가하고 있다. 따라서 삼성의 내륙 깊숙한 시안에서의 첨단 투자는 중국 정부로부터 열렬한 응원을 받을 수밖에 없다. 다만 생산라인은 현지에 유지한다 해도 핵심적인 연구개발센터만큼은 국내에 유지하는 것이 바람직하다.

1997년 미국 디트로이트를 방문했을 때 GM의 관계자로부터 들은 얘기가 있다. 당시 GM은 20여 년간 중국 시장 진출을 노렸으나 차일피일 미루다가, GM이 중국의 7개 성에 공과대학을 설립해주는 조건으로 중국 내 현지 합작 공장 설립을 인가받았다는 것이다.

장쩌민(江澤民) 전 주석은 1950년대 장춘제일기차에서 엔지니어로 일했다. 중국 지도자들을 '테크노크랏(전문관료)'이라고 부르는 이유의 출발이기도 하다. 자동차와 자동차 산업을 아는 중국 정치지도자들은 해당 산업을 아무런 준비 없이 완전 개방했을 경우에 닥칠 폐해를 생각한 것이다. 어떤 산업에서든 시장을 무방비로 내어주지 않는다. 선진 기업들은 거기에 상응하는 기술 이전의 대가를 치러야 한다.

폴크스바겐이 중국 내 40퍼센트의 시장점유율을 오랫동안 유지하는 이유는 1960~70년대의 냉전시대에 미국으로 진출한 폴크스바겐이 미국 시장에서 실패하고 소형 승용차 생산 라인을 중국으로 이전했기 때문이다. 중국은 오랜 친구에 대해서는 기득권을 인정한다. 상해기차가 쌍용자동차 경영권을 인수했을 때도 마찬가지다. 국내에서는 기술 유출 논란이 있었지만 중국은 기술 이전 없이 시장만을 내어주지 않는다는 원칙을 예외 없이 적용했다. 당시 쌍용자동차가 가진 기술은 메르세데스벤츠로부터 배운 생산 조립 기술이다.

JY 개인 이미지 관리의 문제점

이재용 부회장에 대해서는 경영권 승계를 염두에 두고 10여 년 전부터 PI 전담팀이 있었다고 한다. PI는 'President Identity'의 약자로 개인 이미지 관리를 목적으로 한다. 마이크로소프트의 빌 게이츠나 노벨평화상을 받을 때 DJ의 국제적 위상을 높이기 위해 글로벌 전문 홍보 대행사에서 특정 사람에 맞춘 것과 같은 홍보 전략을 전개하는 것을 말한다. 마이크로소프트나 김대중 대통령은 글로벌 홍보 대행사인 에델만(Edelman)이 맡았다.

이재용 부회장 PI 전략의 핵심은 권력이나 경영권의 정통성을 확립한 외국 정치인이나 경영자들과의 대응 교류에 있다. 이 부회장은 2014년 10월 1일에 방한한 베트남 최고지도자 응웬 푸 쫑(Nguyen Phu Trong) 당서기장 일행을 서울 서초 사옥에서 맞이하며 협력 방안을 논의했다. 서초 사옥에 국가원수급 인사가 방문한 것은 이때가 처음이었다.

이 부회장은 G2 정상을 영접하기도 했다. 2014년 4월에는 버락 오바마 미국 대통령을, 7월 초에는 시진핑 중국 국가주석을 직접 맞이해 삼성의 혁신 제품과 중국 내 주요 사업 현황 등을 설명했다. 기업인으로는 래리 페이지(Larry Page) 구글 CEO, 마크 저커버그(Mark Zuckerberg) 페이스북 CEO 등 경영자들과의 만남에 포커스를 맞추고 있다.

그러나 홍보 전문가들은 이재용 부회장에 대한 무리한 PI 전략을 지적하고 있다. 홍보는 목적이 분명해야 한다. 목적에 따라 전략과 전술이 달라지기 때문이다. 또한 목적에 따라 M(Marketing) PR과 C(Corporate) PR로 구분된다. 삼성의 기업 이미지는 통상 C PR 방식을 채택한다. 사회 공헌도 C PR의 일종이다. M PR은 구체적으로 제품을 팔 때 사용하는 방법이다. 스티브 잡스의 아이폰 신제품 론칭 쇼는 M PR이다. 이는 중국 샤오미 등이 따라하고 있는 전략이다. 미국 국제가전박람회(CES, Consumer Electronic Show)도 양산 직전의 콘셉트 제품을 발표함으로써 시장을 선점하겠다는 의미가 강하다.

자동차 업계도 신차를 발표할 때는 CEO가 직접 나선다. 이재용에 대한 이미지 메이킹은 제품 따로, 기업 이미지 따로다. 어떻게 보면 IT 업계나 국제 정치계에 발을 들여놓으려는 안타까움으로 보이기도 한다. 이재용 부회장과 삼성의 대외 홍보 전략은 바뀌어야 한다.

갤럭시 신제품 발표장에 이 부회장이 직접 등장해 판매에 적극적으로 기여해야 한다. 자신이 CEO로 있는 회사 제품에 대해 "갤럭시로 말씀드릴 것 같으면~"이라고 말할 수 있어야 한다. 빌 게이츠처럼 어린아이를 들어올리는 포즈도 취할 수 있어야 한다. 에델만 같은 홍보 대행사는 여자아이로 할지 남자아이로 할지, 왼쪽 팔로 들어올릴지 오른팔로 들어올릴지만을 조언한다.

현재 이재용 부회장에 대한 홍보 행태는 삼성 후계자 포지셔닝이라는 홍보 목적에 부합한다고 말할 수 없다. 벤처에서 성공한 미국 IT 업계 신동들과 어울린다는 이미지 메이킹, 중국과 베트남 국가 지도자와의 어색한 사진찍기 등은 이제 그만둬야 한다. 하루라도 빨리 기업의 총수=장사꾼이라는 본래의 영역으로 돌아와야 한다. 이병철 회장이나 이건희 회장은 장사꾼의 이미지를 가지면서도 사회의 영향력 있는 지도자로 자리매김했다. 지금의 홍보 행태는 거저 얻어 탄, 무임승차자의 이미지가 너무 강하다.

샤오미의 핵심 성공 요인 중 하나로 CEO인 레이쥔이 정부 공무원들의 부정부패와 심한 빈부격차로 희망을 잃어버린 중국의 2030세대인 스마트폰 주요 고객층들을 대상으로 그들과 같은 입장에 있다는 메시지를 반복하며 소통했다는 분석이 있다. 향후 삼성에서 발생하는 리스크는 기업 본래적인 것보다는 사회 정서에서 발생할 가능성이 많다. 삼성의 부회장이나 회장 자리가 거저 얻은 것이 아니고 갖은 노력을 기울이며 고생해서 얻은 것이라는 사회적 논리, 과정, 인식이 있어야 한다.

논리와 과정이 시원찮은데 이미지 메이킹마저 잘못되면 이재용의 경영권 승계는 위기에 부딪혀 혼란의 도가니로 빠질 수 있다. 이재용은 이건희 회장보다 적은 지분으로 그룹 경영에 참여해야 한다. 이 회장 시절의 북경 발언, 안기부 엑스파일, 내부 직원의 정·관계 로비와 비자금 폭로사건 같은 수준의 대형 위기가 발생하면 지금과 같은 이미지 포지셔닝으로는 한국 사회의 저항을 견뎌내지 못한다.

삼성의 승지원은 삼성을 방문하는 외국 VIP들의 접견 장소로 쓰이는 곳이다. 승지원을 배제하고 사옥을 외국 수반이 직접 방문하도록 한 것에 대해 국제적 결례라는 지적이 있다. 이재용 부회장이 그만큼 급했다는 얘기가 된다. 베트남 당서기장이 이재용 부회장을 먼저 만난 뒤 청와대를 방문하는 웃지 못할 촌극도 벌어졌다.

국가 수반은 통상적으로 해당국이 초청하는 형식의 국빈 방문이다. 베트남 정부가 삼성과 우호적인 관계를 유지하고 있다 해도 그 정부를 대표하는 당서기장은 한국 정부의 손님이다. 한국 정부가 먼저 응대를 한 뒤 기업 등 경제 단체가 만나는 것이 국제적인 관례다. 베트남 측의 요청이 있었다 해도 이는 대단히 잘못된 일이다. 이러한 자연스럽지 못한 이재용 부회장의 이미지 메이킹의 배경에는 e삼성 실패와 리더십 부족이라는 트라우마가 있다. 이를 극복해야 된다는 지적이 많다.

해외 부문과 국내 부문을 따로 구분할 것은 없지만 이재용에 대한 일련의 PI 전략은 해외를 겨냥한 것으로 볼 수 있다. 그런데 해외 언론은 본질적으로 이 부회장에 대해서는 부정적인 보도만 한다. 왜일까? 그것은 전략이 잘못되었다는 것이다. 이재용 부회장은 해외 언론에 특별히 잘못한 것이 없다. 해외 언론들의 이러한 평가는 이 부회장 PI에 문제가 있다는 것을 의미한다.

해외 유수의 언론은 자신들만이 가진 정통성과 논조가 있다. 미국, 유럽 언론들이 볼 때 삼성의 3세 경영권 승계는 쉽게 이해되지 않는 것이다. 록펠러, 카네기, 포드 등 어느 대기업 집단도 삼성과 같은 경영권 승계의 모습은 없었다. 한국 사회에서 3세 경영권 승계까지는 허용된다 하더라도 국제사회를 대하는 삼성의 수준이 높아지지 않는 한 국제사회의 동의는 받지 못할 것이다. 단순하게 광고나 협찬, 그동안 습득한 홍보 테크닉만으로 대응하는 데는 한계가 있다.

눈에 보이지 않는 이 부분을 제대로 극복하는 게 어찌 보면 백인사회에 갤럭시를 대중화시킬 수 있는 방법일지도 모른다. 대우그룹이 1990년대 세계 경영을 펼치면서 전자 업체 톰슨이나 벤츠의 SUV 주문 생산업체인 오스트리아 소재 슈타이어 인수에 실패한 것은 재무적인 요인 때문이 아니다. 자신들의 자존심이기도 한 기업들을 돈만으로는 팔지 않겠다는 백인사회의 저항 때문이다.

이부진 호텔신라 사장은 의도적이든 아니든 가정 형편이 어려운 택시기사, 제주도 음식점 등 낮은 계층을 겨냥한 소통 전략을 전개하고 있다. 향후 대중적인 지지도를 확보하는 데는 이재용 부회장보다 훨씬 탁월한 선택을 하고 있다.

'맛있는 제주 만들기'는 호텔신라 임직원들이 2013년 10월부터 시작한 재능 기부형 사회공헌 활동이다. 제주도 내 소규모 음식점을 운영하는 영세 자영업자들에게 조리법·손님 응대 서비스 등의 컨설팅을 해주고 있으며, 주방 설비·식당 외관 등도 개선해주고 있다. 서울 장충동 호텔신라 정문을 파손한 80대 택시기사 경우 어려운 가정 형편을 고려해 책임을 면책시켜줘 시민들에게 많은 지지를 얻었다.

최근 국내 대기업들의 홍보와 관련되어 가장 특징적이고 성공적인 사례는, 최태원 SK그룹 회장의 차녀인 최민정이 해군장교로 입대하는 전후 과정이었다. 군 입대는 개인의 선택이긴 했지만 결과적으로 SK와 개인 비리로 수감되어 있는 CEO에 대한 최고의 홍보 전략이었다. 나도 "딸을 보아 최 회장 그만 풀어주라"고 댓글을 달았으니 말이다. 여론과 민심은 그렇게 얻어지는 것이다.

여론과 민심이 반드시 타당해야 되고 법치적이며 논리적일 필요는 없다. 이재용 부회장에게 주주나 이사회에서 부여하는 상법적인 권리 획득은 너무나 당연하다. 한국 사회가 각 지도자들에게 바라는 것은 정서적인 공감대다. 알고 보면 인간적인 면모가 많은 이재용 부회장에게서 느껴지는 이미지가 불행하게도 아주 메마른 로봇, 충무로 CJ 사옥 앞에 서 있는 신치현 작가의 조각 작품 〈걸어가는 사람〉처럼 느껴지는 것은 나만의 생각일까.

이건희 회장 역시 일반 대중에게 비쳐진 이미지는 구름을 타고 다니는 손오공이었다. 그런데 그 아들마저 제2의 손오공으로 비쳐진다면 대중은 삼성을 외면할지도 모른다. 스마트폰의 주 타깃층은 일반 대중이다. 인간적인 면모가 많은 이재용을 여과 없이 오픈하고 대중들과 소통하도록 해야 한다. 이것이 삼성전자의 지분율을 높이는 것보다 삼성가 3세의 경영권 승계를 사회적으로 인정받는 더 현실적인 방법일 수 있다. 물론 구체적인 대안을 고민하는 것은 삼성의 몫이다.

'땅콩 회항'과 삼성 경영권 승계

최근 한진그룹의 오너가인 대한항공 조현아 전 부사장의 '땅콩 회항' 사건에서 보듯이 기업과 기업 오너의 평소 이미지는 돌발적인 위기 상황의 전개 방향을 결정지을 수 있다. 이 사건은 자칫 이재용 부회장의 경영권 승계 문제로 불똥이 튈 수도 있다. 한국 사회에서 조현아 전 부사장의 사건은 '재산 상속과 경영권 승계는 별개'라는 사회적 공감대를 만들어내는 계기가 되었다. 땅콩 회항 사건은 검찰의 수사와 재판 과정을 거쳐 삼성을 포함해 재벌 3세들에게 새로운 숙제를 던져주고 있다.

삼성의 홍보 라인들은 땅콩 회항 사건과 관련해 사회의 시선을 돌리기 위해 CJ와 SK가 언론에서 자주 언급되기를 바랐다. CJ와 SK는 경제 활성화를 위해 총수들에 대한 형 집행 정지 및 사면 조치를 취해주기를 바랐고, 경제신문들은 앞다퉈 이와 관련된 내용들을 1면 톱으로 다뤘다. 결과는 삼성의 의도대로 되었다. 하지만 삼성은 자신들과는 아무런 관계가 없는 땅콩 회항 사건을 위기로 인식하고 있는 듯하다.

이재용 부회장이 창업가의 후손이고 기업의 대주주이지만 주식시장에 공개된 기업의 소수 지분만으로 오너라 할 수 없다. 이재용의 경영 능력이 탁월해 경영권을 승계받는 것은 납득하겠지만 오직 (소수 지분을 보유한) 오너이기 때문에 경영권을 승계한다면 사회적 공감대를 얻기 힘들다. 삼성은 땅콩 회항 사건에서 촉발된 이러한 시선들이 자신들에게 향할까 봐 몹시 불편해하고 있다.

이러한 돌발적인 변수 때문에라도 진정한 의미에서 이재용 부회장이 삼성그룹의 경영권 승계자로 인정받는 총체적인 PI 작업이 필요하다. 당연히 이제까지의 홍보 테크닉만으로는 한계가 있다.

1997년 4월 어느 날, 내가 근무하던 팀으로 입사한 지 한 달여밖에 되지 않은 김 모 과장이 현대그룹에 근무하는 자신의 전 직장 선배에게 기아자동차의 경영난과 관련한 보고서를 검토해달라고 팩스를 보냈다. 보고서 제목은 〈자동차 산업의 구조 개편 필요성과 지원방안〉이었다.

그런데 어찌 된 일인지 이 보고서가 언론에 보도되면서 금융권에서는 기아자동차에 빌려주었던 자금들을 회수하기 시작했고, 기아그룹은 어려움에 빠져들었다. 다급한 상황에 정부 당국이 개입하여 부도 유예라는 법에도 없는 조치까지 취했다. 결과적으로 의도하지 않았지만 이 보고서가 기아그룹을 무너뜨린 결정타가 되었던 것이다.

삼성이 기아자동차를 인수할 의지가 있던 시기에 김 모 과장의 행위가 뜻하지 않게 이해관계에 맞아떨어지자, 담당 총괄 임원은 "김

과장이 결과적으로 효자 역할을 했다"며 흡족해했다. 이 일은 당시 큰 파장을 낳았다.

이 사건은 어떤 해프닝이나 실수가 법률적으로는 처벌할 수 없어도 상대에게 심대한 손상을 입힐 수도 있다는 사례로 남았다. 땅콩 회항 사건은 삼성에게 일종의 시그널이다. 무엇인가를 암시하고 있다. 이러한 암시는 의도하지 않은 우연한 사건이 사회적으로 큰 파장을 일으킨 경우 당사자는 스스로 책임을 져야 한다는 사실을 말해준다.

이부진(BJ) 호텔신라 사장

BJ의 남다른 발상과 분석력

이부진 호텔신라 사장은 2001년 기획부 부장으로 입사한 후 2005년 상무로 승진하면서 호텔 경영을 사실상 지휘했다. 호텔 경영에 대한 결정권을 쥐게 되면서 그녀가 제일 먼저 한 일은 호텔 회원인 그룹 원로들에게 주던 혜택을 과감히 없앤 것이었다. 이로 인해 호텔을 이용하는 그룹 원로들의 원성이 자자했다.

2006년경, 호텔 홍보팀에서는 호텔의 개선과 실적 향상 등이 모두 이부진 상무의 취임 이후 이루어졌다는 내용의 보도자료를 내보냈다. 당시 이부진은 홍보팀장을 불러 "어떻게 다 내가 한 거냐, 보도자료

회수하고 기사를 수정한 각 언론사 편집대장까지 가져오라"고 지시했다. 홍보팀은 이 기사를 막느라 한바탕 홍역을 치렀다.

이때부터 호텔 직원들 간에는 이부진을 경외감이 느껴지는 이니셜 코드 BJ로 호칭하기 시작했다. 그녀는 삼성 3세 중 외모뿐 아니라 성격, 경영 스타일도 이건희 회장과 가장 많이 닮은 자녀로 평가받는다. '리틀 이건희'라는 별명이 붙을 정도로 사업 추진력도 강하고 카리스마가 있어 부친 이건희 회장의 신임이 두텁다. 전무 직함을 단 지 23개월 만인 2010년 말, 부사장을 건너뛰고 바로 사장으로 승진해 부친의 신임을 증명했다. 경영 수업 기간이 상대적으로 긴 삼성에서는 쾌속 승진이다.

이 사장의 추진력이 드러난 대표적 사례로 2010년 명품 브랜드 루이비통을 인천국제공항 내 신라면세점에 입점시키는 데 성공한 것을 들 수 있다. 까다롭기로 소문난 루이비통모엣헤네시(LVMH)그룹의 베르나르 아르노(Bernard Arnault) 회장을 설득하기 위해 이 사장이 직접 나선 일화는 업계에서 유명하다. 아르노 회장과 이브 카셀(Yves Carcelle) 당시 루이비통 사장은 루이비통을 공항 면세점에 입점시키지 않겠다는 원칙을 고집했다. 이 사장은 아르노 회장이 2009년 한국을 방문했을 때부터 만나 그를 설득했다.

2010년 4월에는 한국에 온 아르노 회장을 공항까지 직접 마중 나가기도 했다. 그를 집무실로 초청한 롯데그룹과는 대조적인 행동이었다. 이 사장의 이런 노력과 열정으로 업계 1위 업체인 롯데면세점을 제치고 신라면세점은 루이비통을 입점시킬 수 있었다. 550평방미터

(약 166평) 규모의 인천공항 신라면세점 루이뷔통 매장은 입점 후 1년 동안 1,000억 원의 매출액을 기록했다.

이 사장은 남다른 발상과 분석력으로 호텔신라 면세점의 혁신과 성장을 주도해왔다는 평가를 받고 있다. 고객구조를 개선해 수익률을 높였고, 면세 사업의 고급화와 MD 개선 등을 통해 호텔신라 면세점을 세계적인 면세 사업자로 성장시켰다.

호텔신라는 연평균 23퍼센트의 매출액 성장률을 보여 삼성그룹에서 지난 5년간 매출액 성장률 1위를 기록했다. 특히 면세점 사업 실적의 향상은 괄목할 만하다. 2013년 호텔신라 매출액 2조 2,970억 원 가운데 면세점은 90.8퍼센트인 2조 864억 원에 달한다. 회사 영업이익이 865억 원인데, 면세점 영업이익이 963억 원이나 된 것이다. 호텔 사업부에서 낸 214억 원의 적자까지 면세점 부문이 메울 정도였다. 이 사장은 호텔 부문의 적자를 메우기 위해 비용절감에 최선을 다하고 있다. 그러다 보니 현장 직원(주방과 식음료 서비스 등)들 사이에서 업무 환경이 점차 악화되고 있다는 불만의 소리도 들린다.

신한금융투자는 2014년 7월 발간한 〈두 배 성장 가능성의 현실화 기대〉라는 보고서에서 신라면세점이 2016년까지 매출액 114퍼센트(두 배) 성장도 가능하다고 전망했다. 2013년 기준 신라면세점의 연 매출액은 약 2조 원으로 세계 9위 수준이다. 국내에서는 롯데면세점(3조 2,000억 원, 세계 4위)에 이어 2위를 기록하고 있다.

이부진은 승부사적 기질도 갖췄다. 신라면세점은 2013년 세계 1위 면세 업체인 DFS를 꺾고 싱가포르 창이공항 면세점의 시계 매장 운영권을 획득했다. 신라면세점이 운영권을 따낸 시계 매장은 창이공항 3터미널에서 유일한 시계 브랜드 편집 매장으로, 7월 공개 입찰 당시 DFS 등 6개의 글로벌 면세 업체들이 참여한 것으로 알려졌다.

책임 경영 또한 이 사장의 강점이다. 이재용 삼성전자 부회장이 이건희 회장 옆에서 경영 수업 차원의 경영 참여를 한 것과 달리 이부진 사장은 직접 호텔신라의 주요한 의사결정을 했다. 이 사장은 삼성 총수 일가 중 유일한 등기이사로, 연봉 공개의 대상이 되기도 했다. 이 사장은 2011년 2월 호텔신라 대표이사로 선임된 이래로 2012년에서 2014년 3월까지 3년 연속으로 정기 주주총회에서 직접 의사봉을 잡았다. 이는 다수의 재계 오너들이 등기이사를 맡지 않는 경향과는 대조적이다. 이 사장의 이 같은 태도는 주주들에게 신뢰를 주고 있다. 총수 일가인 대표이사가 회사의 법적 책임을 맡고 있기 때문이다.

호텔신라의 면세점 사업 부문은 전체 매출의 90퍼센트를 차지한다. 면세점 사업 부문의 확장은 이부진이 주도했다. 2002년 인천공항 면세점이 처음 문을 열 당시 신라면세점은 다른 업체보다 입찰 가격을 두 배가량 높게 써낸 뒤 수익이 남지 않을 것으로 예측되어 사업권을 포기했다. 그러나 2007년 재입찰 시에는 이부진 당시 상무가 지휘한 호텔신라 면세점이 입찰에서 낮은 가격에 수익이 가장 높은 사업 권역인 화장품과 향수 권역을 따내면서, 전체 매장 면적 대비 평당 낙찰가를 롯데면세점의 절반에 불과한 수준으로 낙찰받는 결과를 가져와 경쟁자인 롯데를 잠시 앞지르기도 했다. 하지만 얼마 뒤 롯데면세점이 애경그룹의 AK면세점을 인수하면서 매출 순위는 뒤집혔다.

호텔신라는 2012년 매출 2조 원을 돌파했다. 전년 대비 23.4퍼센트나 성장했다. 영업이익은 32.6퍼센트 늘어난 1,290억 원을 기록했다. 2012년에는 '재벌 빵집 논란'이 불거지자 외식 사업을 곧바로 접는 과단성도 보여줬다.

2013년, 서울 장충동 호텔신라는 1월부터 7개월간 영업을 중단하고 리모델링에 들어갔다. 이는 오너만이 내릴 수 있는 결정이다. 이부진은 면세점 사업에서의 수익을 호텔 부문에 투자하고 있다. 투자비가 많이 들지 않는 임대 위주의 비즈니스급 호텔인 '신라 스테이' 프랜차이즈를 빠르게 전개시키고 있다.

삼성가 장녀의 몫

이부진은 2010년부터 삼성물산에서 상사 부문 고문을 담당하고 있다. 이 때문에 한때 삼성물산이 이부진 사장에게 경영권이 넘어갈 것이라는 예측이 지배적이었다. 이 사장은 삼성물산 고문직을 수행하면서 삼성물산에서 각종 회의를 주재하고 보고를 받는 위치에 있었다. 건설 부문은 이재용에게, 상사 부문은 이부진에게 사실상 귀속되었다는 소문도 있었다.

그러나 최근 이재용 부회장이 1대 주주인 삼성SDI로 삼성물산에 영향력을 행사할 수 있게 되면서 삼성물산이 이 사장이 아닌 이재용 부회장에게 갈 것이라는 시나리오가 유력해졌다. 삼성물산은 삼성전자 2대 주주라 그룹 지배구조에서 핵심적인 위치에 있다.

삼성물산은 2013년부터 삼성엔지니어링 지분을 매집했다. 어느새 7.81퍼센트를 넘었다. 제일모직에 이어 2대 주주다. 그런데 제일모직 소재 부문은 삼성SDI와 합병을 발표했고, 합병 이후 삼성엔지니어링의 최대 주주는 삼성SDI가 된다. 합병 이후 삼성그룹 건설 계열사(삼성물산, 삼성엔지니어링)들은 삼성전자 계열의 삼성SDI를 최대 주주로 받아들여야 한다.

제일모직이 영위하고 있는 사업 가운데 단체 급식 및 식자재 유통(삼성웰스토리)과 레저 부문은 호텔신라와의 시너지 가능성이 높다. 호텔신라를 컨트롤타워로 종합 레저·유통사업군을 형성한다면 기업 가치가 현재보다 획기적으로 높아질 수 있다.

이 사장은 현재 제일모직 지분 8.37퍼센트를 보유하고 있다. 제일모직은 삼성생명을 통해 삼성전자를 지배하는 사실상 지주회사다. 남매가 공동 경영을 하지 않는 한 이재용 부회장이 금융과 전자 부문을 맡는다면, 이 사장 입장에서는 레저 및 유통 부문을 따로 떼어내 독립해야 한다.

이 사장은 호텔신라 지분이 없다. 하지만 호텔신라 최대 주주인 삼성생명은 제일모직이 지배한다. 이 사장이 보유한 제일모직 지분을 활용하면 삼성생명이 가진 호텔신라 지분을 가져올 수도 있다. 이 사장이 보유한 삼성SDS 지분 3.9퍼센트도 호텔신라 지분 확보에 동원될 수 있다. 이 지분의 가치는 7,000억~8,000억 원이다. 삼성 계열사가 가진 호텔신라 지분 16.8퍼센트의 시가와 비슷하게 맞아떨어진다.

이부진 사장의 입지는 그룹 전체적으로 줄고 있다. 경영권 승계와 상속을 앞두고 이부진의 그룹 분가의 방향은 호텔신라의 사업 부문 중에서도 면세점 사업 중심의 단기성과에 치중할 수밖에 없고, 오빠인 이재용 부회장과 미래전략실의 도움을 받아야 그룹 분할을 할 수 있다. 그러기 위해서는 대외적으로 이미지 메이킹에 한창인 이재용과 달리 조용한 행보를 계속해야 하는 짐도 지고 있다.

이부진 사장의 경영권 승계 및 그룹 분가는 호텔신라를 포함해 제일모직, 삼성물산의 일정 사업 부문을 넘겨받아야 삼성가 장녀의 몫으로 유효한 의미를 가질 수 있다. 그러나 그녀의 이혼을 바라보는 사회적 시선, 어머니 홍라희 관장을 포함한 그룹 내 주요 세력의 이재용을 향한 힘의 쏠림, 주변 참모진의 부재 등으로 쉽지 않은 상황이다.

삼성의 미래를 만드는 사람들

삼성 비서실 출신의 중앙대학 이남석 교수는 현재의 미래전략실 역할에 대해 미래전략실 내 권력 구조, 즉 기획 라인과 재무 라인의 균형을 강조한다.

"삼성이 기아자동차 인수를 스스로 포기하게 된 배경에는 과거 1970~80년대 고성장 시대에 주도적인 역할을 했던 비서실 기획팀의 논리와 권한이 재무팀으로 넘어간 것과 깊은 연관이 있다. 기아 인수를 주장한 기획팀은 기아 인수 반대와 삼성의 자동차 사업 퇴출을 주장한 재무팀의 논리 앞에 무릎을 꿇게 되고, 결국 삼성은 1970년대 후반부터 모색해온 자동차 사업에서 손을 떼게 된다."

기획팀은 신규 사업, 새로운 먹거리를 찾는 데 자유로워야 된다. 재무팀은 삼성의 강점인 관리의 정점에 있다. 삼성의 자동차 사업 포기 이후 비서실 기획팀의 권한은 재무팀으로 넘어갔다. 이후 재무팀은 기획 업무 외에도 해외 부문도 관장하게 되었다. 특히 이학수 부회장 시절에 그랬다. 지금은 야전 출신인 최지성 부회장이 미래전략실 수장을 맡고 있다. 미래전략실의 역사는 창업자 이병철 회장 시절로 거슬러 올라간다. 비서실, 구조조정본부, 전략기획실, 미래전략실로 명칭만 바꾸어 조직을 유지해왔다.

미래전략실의 2인자로 기획팀장 역할을 겸하고 있는 장충기 사장이 삼성전자를 포함한 미래 먹거리 찾기에 나서야 되는데, 경영권 승계 과정에서의 제반 문제들에 너무 치중하고 있다. 그러다 보니 신수종 사업이 삼성전자 사업 범위를 넘지 않는다. 미래전략실은 멀리, 넓게 보는 시야의 확보가 무엇보다 중요하다.

한편 미래전략실의 위상이 예전만 못하다는 평가도 나온다. 삼성테크윈, 삼성종합화학 등 4개사의 한화그룹으로의 매각도 예전 같으면 미래전략실에서 진두지휘하고 실무적인 부분까지 챙겼겠지만, 주요 의사결정만 이재용 부회장이 하고 최지성 실장은 이를 보좌하는 수준에 그쳤다. 여기에 해당 계열사에서 부사장급으로 실무 TF팀을 구성한 것으로 알려진다.

최지성 미래전략실장(부회장)

이학수는 2010년 11월 삼성물산 고문으로 완전히 물러났다. 이 고문의 퇴진과 함께 전략기획실은 미래전략실로 바뀌고 김순택 실장이 이어받았다. 김 실장은 이학수 체제를 정리하는 과도기 업무를 맡았고 최지성 부회장에게 미래전략실을 넘겨줬다. 이재용 부회장만큼이나 최 부회장의 역할은 중요해졌다. 단기적으로는 이 부회장보다도 더 중요한 역할을 해야 한다. 이건희 회장의 경영 일선에서의 퇴장으로 경영권 승계의 안정적인 이양이라는 짐이 주어졌기 때문이다.

영업통인 최 부회장은 2007년 1월, 삼성전자 정보통신총괄 사장 자리에 올랐다. 미래전략실장 임명은 디지털미디어(DM) 사업부를 이끌면서 TV와 휴대폰 사업을 세계 1위로 견인하는 등 삼성전자를 성장시킨 공로 때문이라는 게 대체적인 평가다.

삼성이 TV 부문 세계 1위에 오른 것은 사업에 진출한 지 34년 만이었다. 최 부회장은 이때 삼성전자 DM총괄에 이어 정보통신총괄로 이동하면서 삼성전자의 핵심 사업 부문을 두루 거친 경영자로 부각되었다. 당시 이기태 부회장, 황창규 반도체총괄 사장과 함께 최 부회장도 '포스트 윤종용'을 노릴 만한 자리에 올랐다는 얘기가 있었다.

이기태 전 부회장은 선이 굵은 보스형 리더로서 굵직한 핵심 사업 위주로 현안을 챙기는 사람이었다. 반면 최 부회장은 매우 꼼꼼하고 철두철미한 스타일이라는 평가다. 해외 출장 시 TV 제품만 둘러보는 게 아니라 뜬금없이 도자기를 사들고 와서 개발자를 당혹스럽게 한 적도 있다. "도자기 같은 질감과 느낌이 오는 제품을 개발해보라"는 지시가 내려졌기 때문이다.

삼성물산에서 일을 시작한 그는 1980년대 중반 반도체 해외 영업을 하면서 주목받기 시작했다. 그룹 비서실에서 신규 사업을 검토하는 업무를 보던 중 삼성반도체통신(현 삼성전자의 반도체 사업 부문)으로 발령이 났다. 그는 엔지니어가 아닌 비전문가라는 핸디캡을 극복하기 위해 반도체 기술자들이 읽는 1,000쪽짜리 교재를 끼고 다녔다.

1985년에는 독일 프랑크푸르트 '1인 지사장'으로 나갔다. 외국에서 '삼성'이나 '메이드 인 코리아' 제품을 거들떠보지도 않던 막막한 시절이었다. 그는 64KD램을 팔기 위해 전화번호부에서 '전자'와 'PC'라는 상호만 나오면 무조건 찾아갔다.

최 부회장은 유럽 진출 첫해에 혼자서 100만 달러어치의 반도체를 팔았다. 1986년 500만 달러, 1987년 2,500만 달러, 1988년 1억 2,500만 달러어치를 팔아 해마다 500퍼센트씩 판매를 늘렸다. 1991년에 귀국한 그는 삼성전자 관리팀장 자리에 올랐다. 영업맨 출신으로는 최초였다.

그는 2006년 업계 최초로 100억 달러 이상의 TV를 팔겠다고 장담했고 그해 자신이 세운 목표를 달성했다. 또한 디지털 기술이 가전산업을 부활시키고 있다며 '디지털 르네상스'라는 말을 강조하며 다녔다. 그는 삼성물산 시절부터 정확한 일 솜씨와 절도 있는 생활을 해서 '독일 병정'이라는 별명을 얻기도 했다.

2007년 애니콜 성공 신화를 만든 정보통신총괄 부문은 여건이 썩 좋지 않았다. 노키아와 모토롤라의 저가폰 공세와 소니에릭슨의 고가폰 시장 잠식 탓이었다. 최지성이 2007년 정보통신총괄 사장으로 자리를 옮기자 사업장과 협력 업체들이 밀집해 있는 구미 지역은 초긴장 상태에 빠졌다. 아침에 시작한 회의는 하루를 넘겨 다음 날 새벽에 끝났다. 참석한 임원들은 서슬 퍼런 질타와 추궁에 얼이 빠질 지경이었다. 최지성은 그뿐 아니라 서울 태평로 본사에 근무하던 정보통신총괄 임직원들을 모두 수원 사업장으로 내려보냈다.

최 사장은 조직을 단 일주일 만에 장악했다. 전임자의 경영 관행과 방식을 완전히 걷어낸 그는 '시장점유율 무한 확장'을 목표로 내걸었다. 삼성이 전통적으로 지향해온 프리미엄 시장뿐 아니라 당시 세계 1위 노키아가 석권하고 있는 저가폰 시장에도 도전장을 던진다는 야심이었다. 2014년 2~3분기 연속 중국 저가폰 업체들 때문에 고민하는 가운데 나온 투트랙 전략을 이때부터 구사한 것이다.

정보통신총괄 부문 내 기존 임원들은 최 사장의 새로운 방침을 반신반의했지만 따를 수밖에 없었다. 2009년 말에는 창사 이래 처음으로 글로벌 시장점유율 20퍼센트를 돌파해 노키아와의 격차를 현저하게 줄이는 데 성공했다.

이와 같이 최 부회장은 실전형 CEO 경험이 남다르다. 그리고 이 경험은 계속 이어진다. 최 부회장은 2012년 5월 출시를 앞두고 있던 스마트폰 갤럭시S3의 뒤커버 디자인이 완벽하게 구현되지 않았다며 재출시를 지시했다. 50만 개 넘게 생산된 뒤커버 물량의 전량 폐기를 불사한 지시였다. 최 부회장은 완벽하지 않은 제품은 브랜드 이미지를 망칠 수 있다고 주장했다. 이렇게 나온 갤럭시S3은 누적 판매량 6,000만 대를 기록하며 삼성 스마트폰 가운데 최대 히트상품이 되었다.

이건희 회장이 이학수 부회장에게 의존한 것보다 더 의존도가 높을 수도 있는 미래전략실장 자리에 재무통이 아닌 영업통이자 실전형 CEO인 최지성 부회장이 자리 잡은 것은 삼성이 현재 안고 있는 과제 때문이다. 삼성은 이재용 시대로의 순조로운 이행, 새로운 성장 동력 발굴, 삼성전자에 편향된 그룹 매출 구조의 개선 등의 과제를 안고 있다. 이 과정에서 오너의 지분 확보 등 재무적 문제 해결 역시 중요하다. 무엇보다 중요한 것은 실적을 기반으로 경영권 승계의 명분을 구축하는 일이다.

하지만 최 부회장의 최근 드러나는 일련의 업무 성과들은 기대에 많이 못 미치고 있다. 삼성전자 사업 부문장이 있고, 현지 법인인 중국삼성이 있지만, 이 회장의 유고에 따른 경영권 승계 과정에서 스마트폰 사업 부문 실적 부진의 책임을 삼성전자 전략마케팅, 개발실 담당 사장 선에서 물은 것은 책임 회피의 성격이 짙다. 자신이 총대를 메고 사퇴를 공표한 뒤 그룹 경영진과 오너가의 재신임을 물어 조직에 긴장감을 불어넣고 충성심을 유도해야 했다. 이러한 역할을 하지 못한 것에 대한 많은 아쉬움이 남는다. 또한 삼성전자 무선사업부 내 제조 부문과 갈등을 초래했던 구매담당 사장이 2014년 12월 인사에서 물러남으로써 최 부회장의 입지에 타격을 입힌 듯 보인다. 해당 사장은 최 부회장의 직계 라인으로 지목되었기 때문이다.

장충기 미래전략실 차장(사장)

경영권 승계 과정의 다크호스는 최지성 부회장을 보좌하는 미래전략실 차장(사장)인 장충기다. 장충기는 미래전략실에서 잔뼈가 굵은 사람이다. 1993년 이건희 회장의 신경영 주창 관련 연설문 작성 업무 등을 하다가 이학수 부회장 시절 부쩍 성장한 인물이다. 장 사장은 1994년 이후 미래전략실을 떠난 적이 없다.

1999년 삼성자동차가 퇴출될 때 장 사장은 위기를 맞았다. 지승림 구조조정본부 기획팀장이 사직서를 내야 했고 기획팀은 분해되었다. 기획팀의 실권은 재무팀으로 이양되었고 당시 기획팀 이사였던 장 사장도 코너에 몰렸다. 하지만 장충기는 오히려 상무로 승진했고 이는 이학수 라인임이 확실히 증명된 계기가 되었다. 이후 장 사장은 전략기획실 기획팀장을 맡았다. 기획팀의 역할은 현재까지도 청와대와 국회 로비가 주요 업무인 것으로 알려져 있다.

2008년 전략기획실이 해체되었을 때 잠시 삼성물산으로 자리를 옮겼지만, 2010년 11월 미래전략실 신설과 함께 삼성 브랜드 관리위원장으로 화려하게 부활했다. 그리고 2011년 9월 미래전략실 차장(사장)에 임명되었다. 이때 임명된 김순택 미래전략실 실장(부회장)은 경북고 출신으로 미래 권력의 핵들과 접맥하는 역할을 담당했다. 김 부회장은 이학수 체제 시절에도 삼성SDI 사장을 지내며, 2008년 구조조정본부가 해체된 뒤에도 독자적인 목소리를 내왔다.

한편 장충기 사장의 미래전략실 차장 배치는 미래전략실이 그 영향력으로부터 자유로울 수 없었던 전임 실장인 이학수를 차단하고,

이학수에게 데었던 이건희 회장이 신임 실장인 김순택 부회장에게로 힘이 쏠리는 것을 견제하기 위한 조치라는 견해도 있었다.

반대로 최지성 부회장은 1995년 이후 2012년까지 삼성전자를 떠난 적이 없다. 그러니 장 사장이 사실상 미래전략실의 실무를 맡고 있는 셈이다. 장충기는 마산 출신으로 마산중, 부산고, 서울대학 무역학과 72학번이다. 장 사장은 1976년에 대학을 졸업했고 최 부회장은 장충기보다 2년 먼저 고교를 졸업했지만 1977년에 서울대학 무역학과를 졸업한다. 이학수 부회장 시절, 구조조정본부와 그 전신인 비서실은 부산, 마산, 진주까지 동향으로 쳤다. 이쪽 출신들이 주로 삼성에서 출세했다.

장 사장은 최지성 부회장과의 일정 부분 역할을 분담하여 이학수 전 실장이 맡았던 그룹 퇴진 경영진들을 보살피는 일을 제대로 하지 못한다는 평가가 있다. 특히 대외 협력 분야에서 뛰어난 업적을 쌓은 전직 삼성맨들을 장 사장이 제대로 활용하지 못한다는 얘기도 들린다. 장 사장이 핵심 역량을 쏟아붓는 업무는 이재용 부회장으로의 원활한 재산 상속과 경영권 승계다. 하지만 자신이 가진 그룹 내 구도와 가진 힘에 비해 역할이 미미하고 존재감이 드러나지 않는다는 목소리도 있다.

김종중 미래전략실 전략1팀장(사장)

현재 미래전략실 전략1팀장인 김종중은 2008년 삼성 특검 여파로 구조조정본부가 해체된 뒤에도 각 계열사 간 업무를 조율하기 위해 만든 삼성전자 업무지원실장으로 남아 그룹 살림을 챙겨왔다. 2010년 말 삼성정밀화학 사장으로 승진했고 삼성전자 부품(DS) 부문 경영지원실장을 맡으면서 삼성의 전자 사업군 개편에 큰 역할을 했다. 삼성LED를 삼성전자 내로 흡수하고, 삼성전자 내 LCD 부문을 분리해 삼성디스플레이로 독립시키는 작업을 성공적으로 해냈다는 평가를 받는다. 사실상 미래전략실 서열 3위에 해당한다. 이학수 전 실장 시절로 보면 김인주 당시 재무팀장의 위치에 해당한다.

1956년생인 김 사장은 중앙고와 고려대학 경영학과를 졸업했다. 1984년 삼성전자 반도체 사업부 경리과로 입사해 삼성전자 경영지원 부문에서 두루 경력을 쌓았다. 1995년 그룹으로 이동해 삼성 비서실 재무팀 업무를 수행했고, 2003년 삼성 구조조정본부 재무팀 상무, 2005년 그룹 재무팀 전무를 역임하는 등 삼성의 대표적 재무 및 관리통으로도 꼽히고 있다. 이력으로만 보면 이학수 전 실장 사람으로 볼 수 있다.

미래전략실 전략1팀장은 전자 사업군 전체에 대한 운영을 책임지고 있다. 전통적으로 계열사 운영을 맡아온 미래전략실 팀장은 그 권한이 막강하다. 그러나 글로벌 기업으로 성장한 삼성전자에 대해 재무적인 수단으로만 통제하는 것은 과거처럼 여의치 않을 수도 있다.

김인주 삼성경제연구소 경영전략담당 사장

김인주 사장이 삼성선물 사장에서 삼성경제연구소 경영전략담당 사장으로 옮긴 것을 두고 김 사장이 사실상 2선으로 물러났다고 평가한다. 그러나 과연 그럴까. 다들 김인주 사장에 대해서는 의아해한다. 2008년 삼성 특검 때 물러났고, 이건희 회장을 배신한 이학수 전 비서실장의 직계 인물이라는 것은 누구나 다 아는데 어떻게 그룹으로 복귀할 수 있었고, 더구나 그룹 내 위상이 미비한 삼성선물 사장으로 사장단 회의까지 참석하게 되었는지 그 이유를 모르는 것이다.

1996년 에버랜드 전환사채 발행 시 비서실 과장이었던 김인주는 당시 이학수 사장의 지시를 받고 삼성증권 담당자들과 협의에 들어간다. 삼성증권은 전환사채 또는 신주인수권부사채(BW) 발행 양쪽이 다 가능하다는 제안을 했다. 김인주는 이학수 사장이 쉽게 이해할 수 있는 전환사채로 증자하기로 결재를 올렸고, 경영진은 김인주의 의견대로 전환사채를 발행했다. 그러나 문제는 실권주를 이재용이 바로 인수하면서 저가 발행 특혜 논란이 일어났다. 이후 에버랜드는 BW 발행 방식으로 변경해 이재용의 지분을 확대시켜주었다. 이 방식은 BW를 해외 투자자에게 발행 시 채권 권리는 투자자에게 그대로 유지하면서 주식을 살 수 있는 옵션만을 사들여, 최초 발행가를 알 수 없도록 해 전환사채와 같은 저가 발행 시비에 휘말릴 염려가 없었다.

한편 2009년 대법원은 삼성에버랜드 사건에 대해 무죄를 확정했다. 반면 삼성SDS의 저가 BW 발행 사건은 그렇지 않았다. 대법원은 삼성SDS의 저가 BW 발행을 유죄 취지로 파기 환송했고, 결국 서울

고등법원은 2009년 8월 이건희 회장에게 징역 3년에 집행유예 5년, 벌금 1,100억 원을 선고했다. 함께 기소된 이학수 전 부회장에게는 징역 2년 6월에 집행유예 5년, 김인주 사장에게는 징역 3년에 집행유예 5년을 선고했다. 김홍기 전 SDS 사장과 박주원 전 SDS 경영지원실장에게도 유죄 판결을 내렸다. 재판부는 "BW 발행 당시 삼성SDS 1주당 가치는 1만 4,230원으로 보는 것이 공정한 행사 가격"이라며 "그런데도 실제 행사 가격인 7,150원에 발행한 것은 불공정 가격에 해당하며 이는 배임에 해당된다"고 판결했다. 엄연한 유죄 판결이었다.*

2014년 11월 3일, 삼성SDS 상장을 앞두고 경제개혁연대는 보도자료를 각 언론사에 배포했다. 이 보도자료를 통해 경제개혁연대는 "이재용 부회장, 이학수 전 부회장과 김인주 사장이 보유한 삼성SDS 지분은 불법 행위에 기초한 것이다. 즉 1999년 2월 삼성SDS는 230억 원의 신주인수권부사채(BW)를 저가에 발행해 이재용 부회장 남매들과 이학수 및 김인주 등에게 제3자 배정했다. 이러한 삼성SDS BW 헐값 발행 의혹은 10년간의 논란 끝에 2009년 삼성 특검 재판을 통해 불법 행위로 확정되었으며 (…) 과거 범죄 행위로 취득한 삼성SDS 지분이, 15년 만에 범죄 행위 당사자에게 각각 1조 원과 5,000억 원대의 상장차익을 안겨주는 것이 과연 정당한 것인가 하는 근본적인 회의가 든다"고 주장했다.

----

* KBS 인터넷 뉴스, 2014년 11월 5일.

하지만 대부분의 언론사들은 이 내용을 보도하지 않았다. 보도하더라도 이재용을 제외한 이학수, 김인주의 부당 차익만을 문제 삼았다.

이학수 전 전략기획실장(부회장)

현직은 아니지만 이학수 전 전략기획실장을 제외하고 현재의 미래전략실을 얘기할 수 없다. 이학수 개인은 경영에서 물러나 있지만 삼성 경영 권력 구조에는 여전히 이학수 라인이 존재하기 때문이다.

이 전 부회장은 1997년 비서실장 취임 전 김순택 후임 전략기획실장, 안복현 전 삼성BP화학 사장 등과 한때 경쟁관계를 유지했다. 그러나 제일제당의 그룹 분리 작업 시 삼성 측이 일을 도와준다는 명분하에 제일제당에 파견을 나갔다 온 후 삼성화재를 거쳐 1996년 삼성 비서실 차장으로 복귀하면서 이들과의 경쟁에서 앞서기 시작했다. 1997년 외환위기가 닥쳤을 때는 이건희 회장 일가의 국내외 재산을 증식시켜 이 회장으로부터 확실한 신임을 얻게 되었다. 이 과정에서 이 부회장의 직계였던 김인주 사장의 그룹 내 위치 역시 동반 상승했다.

이학수 라인은 구 비서실 재무팀을 기반으로 한다. 이들은 재무팀 또는 범부산, 경남 인맥으로 이루어져 있다. 특히 부산상고 출신인 이학수를 제외하고 주요 보직을 부산고 출신들이 담당했는데, 이우희 전 전략기획실 인사팀장, 이창렬 전 비서팀장, 장충기 현 미래전략실 차장, 이재환 전 삼성벤처캐피탈 대표 등이 대표적인 인물이다. 이학수의 대표적인 직계 인물인 김인주 삼성경제연구소 경영전략담당 사장,

장충기 사장은 마산중학교라는 좀 더 좁은 지역으로 얽힌다. 2000년부터 삼성전자 안살림을 맡아온 최도석 전 삼성카드 부회장도 마산 출신이다.

2010년 이건희 회장의 경영 복귀 선언과 이학수 전 실장의 퇴진이 맞물리면서 이학수 라인의 퇴진도 같이 이루어졌다. 이학수 라인의 대표적인 인물은 같은 제일모직 경리과 출신인 최도석 전 삼성카드 부회장이다. 최 전 부회장은 삼성전자 사장(CFO)을 오랫동안 지냈다. 최 전 부회장 역시 자기 세력을 키운 것으로 알려져 있는데, 경남 출신의 연세대학 후배를 이때쯤 미국 유학을 보내줬으며 추후 삼성전자 미주 본사로 파견한다. 50대 초반인 이 인물은 A 전무다. 이와 같이 이학수 라인의 직계, 방계는 여전히 삼성그룹의 주요 보직에 흩어져 있다.

현재 삼성전자의 곳간을 책임진 최고재무책임자(CFO)는 이상훈 사장이다. 이 사장은 1982년 삼성전자 경리과에 입사해 주로 재무 부문에서 근무한 '재무통'이다. 1999년 2월부터 2002년 1월까지 삼성전자 북미총괄 경영지원팀장을 맡아 당시 하버드대학에 유학 중이던 이재용 부회장과 인연을 맺었다. 전무 직함을 단 지 2년 만인 2007년에 부사장, 2010년에는 사장으로 고속 승진해 이재용 체제에서 주목받는 인물이다.

이학수는 2000년대 초 건강 악화로 본인이 비서실장 자리에서 물러날 뜻을 비친 것으로 알려졌으나 2002년 대선에서 부산상고 1년 선배인 노무현이 대통령에 당선되면서 비서실장 자리를 계속 맡게 되었다는 얘기도 있다. 즉 당초에는 큰 욕심이 없었다는 의미다. 어쨌든 이건희 회장이 실장 교체 시기를 놓쳤다고 자책했다는 후문도 있다.

이학수는 2014년 11월 10일 이동찬 코오롱그룹 명예회장 빈소에 모습을 드러냈다. 전날 재계에서 이재용 부회장 등 오너 경영인들이 조문을 온 것과 대비된다. 이학수는 스스로 직장인이라는 생각보다는 기업의 오너, 이건희 회장의 파트너라는 생각을 강하게 갖고 있는 인물이다. 30대 나이인 이학수의 자녀들은 국내 사모펀드 업계에서 눈에 띄는 활약을 펼치고 있다.

삼성전자를 움직이는 사람들

권오현 삼성전자 부회장

권오현 부회장은 2013년 미국 시사주간지 〈타임〉이 선정한 '세계에서 가장 영향력 있는 인물 100명' 가운데 한 명으로 선정되었다. 권 부회장은 이날 지혜를 갖춘 거인이란 뜻의 '타이탄 20인'으로 이름을 올렸다. 한국인으로는 권 부회장과 지도자 부문의 박근혜 대통령, 김정은 북한 국방위원회 제1위원장 등 세 명이 뽑혔다. 권 부회장에 대한 소개는 존 스컬리(John Sculley) 전 애플 CEO가 맡았다. 그는 소개사에서 권 부회장에 대해 "동시대 모든 이를 능가하는 보기 드문 업적을 남겼다"면서 "워크맨을 만든 모리타 아키오 전 소니 회장과 스티브 잡스 애플 CEO와 같이 비즈니스 거인"이라고 호평했다.

권 부회장은 삼성전자 반도체 사업부의 산 역사로 꼽히는 인물이다. 삼성전자가 1992년 처음으로 미국과 일본을 꺾은 세계 최초 64메가 D램을 개발한 주역이기도 하다. 하지만 64메가 D램은 반도체 교체 주기가 빨라져 256메가 D램에 금세 시장을 내줬다. 16메가 D램을 개발한 진대제 전 사장이나 256메가 D램의 황창규 전 사장과 함께 삼성 반도체 역사를 일궜는데도 잘 알려지지 않은 이유다.

진대제, 황창규 전 사장이 메모리에 집중하다 퇴사한 반면 권 부회장은 새 가능성에 도전해 성공했다. 바로 시스템 반도체다. 2002년 시스템LSI 개발실장을 맡은 그는 'S라인'으로 불리는 시스템 반도체 전용 라인을 건립했다. 이때부터 개발한 게 2011년 세계 1위에 등극한 모바일 애플리케이션프로세서(AP)다. 범용 제품인 메모리 반도체는 수익성이 낮아졌으나 시스템 반도체는 스마트 시대 개막과 함께 급성장 중이다. 차세대 먹거리로 꼽히는 자동차 전장 부품도 두뇌인 시스템 반도체가 없으면 불가능하다. 최지성 부회장이 TV와 휴대전화 등을 글로벌 1위로 만들었다면 권 부회장은 신사업 발굴이 특기다.

신종균 IT모바일 부문 사장

신종균은 갑자기 화제의 인물로 떠올랐다. 이재용 부회장이 아직 안착되지 않은 경영권 승계권자로서 자신의 운명을 신 사장에게 걸었기 때문이다. 향후 그에게 남겨진 과제는 중국, 인도를 중심으로 한 빅마켓에서 저가폰을 얼마나 팔아낼 수 있느냐다. 문제는 과거의 성공 스토리에 안주하고 기존의 패러다임으로 접근하면 또 실패할 수 있다.

중국에서 중저가 화장품 카라카라 체인을 100여 개 이상 운영하고 있는 이춘우 사장은 2014년 12월 초 서울에서 가진 모 강연회에서 "중국 스마트폰 시장에서 삼성전자가 샤오미에 밀리는 이유는 기술력이 아닌 유통 혁신의 문제"라며 "삼성전자는 여전히 대리상을 통해 고가의 제품을 팔고 있는 데 비해 샤오미는 온라인 시장에서 저가품을 싸게 공급하고 있다"고 분석했다.

이춘우 사장은 한때 삼성전자 글로벌마케팅실에도 근무한 적이 있다. 평범한 듯한 그의 발언을 굳이 소개하는 이유는, 이 사장을 지인을 통해 오래전부터 알고 있기 때문이다. 그는 제품 영수증을 메모지로 쓰고 주차비를 아끼기 위해 먼 곳에 차를 댈 정도로 검소한 성품이다. 이 사장은 소비자를 알아야 시장이 보인다고 말한다. 그는 라이프스타일을 스스로 낮춰 소비자를 자주 들여다본다.

신종균 사장이 반드시 그래야 할 이유는 없지만 의사결정 라인의 핵심 실무자들이 소비자 집단으로 들어가봐야 한다. 1980년대 후반 이후 국내 자동차 시장은 성숙시장으로 바뀌었다. 그러다 보니 브랜드, 디자인, 성능 모두 중요하지만 가격도 중요해졌다. 비슷한 성능의 차량 가격이 50만 원 이상 차이가 나면 가격이 저렴한 차 쪽으로 소비자들이 움직인다. 스마트폰의 경우도 3~5만 원의 차이가 나면 소비자들은 값싼 제품으로 이동한다.

삼성에 근무하다 보면 저절로 생기는 습관이 있다. 스케일 있게, 폼

나게, 그럴듯하게 등등. 신 사장 본인도 연간 수백억 원의 연봉을 받는다. 2014년 12월 1일 인사를 통해 조직은 축소되었지만 신 사장의 권한은 더 세졌다. 결코 쉽지는 않겠지만 삼성 문화에 젖지 않은 시각으로 세상을 바라볼 것을 권한다.

신종균 사장은 광운대학 전자공학과 졸업장과 자신의 역량만으로 세계 최대 정보기술 업체의 최고경영자 자리까지 올라갔다. 1984년 12월, 삼성전자에 들어간 그는 1994년부터 삼성전자 무선전송그룹 그룹장을 맡았다. 2000년 무선사업부 개발팀 연구위원이 되면서 이사보로 임원 대열에 합류했다. 부사장 직함은 2006년에 받았다. 이사보에서 부사장까지 보통 12년 걸리는 코스를 그는 6년 만에 돌파했다.

최지성 미래전략실장의 뒤를 이을 주자로 꼽힌 적도 있는 신 사장은 1,000만 대 이상 팔린 벤츠폰, 블루블랙폰, 울트라에디션 시리즈 개발 책임자였다. 독학으로 영어를 공부해 외국 구매자에게 제품 사양을 직접 설명하기도 했다. 2010년 1월에는 무선사업부장(사장)에 취임한 뒤 6개월 만에 스마트폰 갤럭시S를 발표했다. 갤럭시S는 출시 70일 만에 100만 대 판매라는 신기록을 세웠다. 이 제품은 한국과 아시아 시장에서 총 1,600만 대가 팔렸다.

신 사장이 취임한 뒤 IT모바일 부문은 급성장했다. 2011년에는 영업이익 8조 1,300억 원, 2012년에는 19조 4,200억 원을 기록했다. 이후 2013년에는 정점을 지났다는 평가다. 스마트폰 실적의 하락으로 신 사장이 최지성 부회장의 뒤를 잇는다는 얘기는 점점 사그라지고 있다. 하지만 신 사장이 갤럭시 시리즈 개발을 주도하고 삼성전자를 세계 스마트폰 시장점유율 1위에 오르게 한 일등 공신이라는 것은 자타가 공인하는 바다.

모바일월드콩그레스(MWC) 개막을 하루 앞둔 2014년 2월 23일, 스페인 바르셀로나에서 열린 기자간담회에서 그는 "경쟁이 치열해져 과거처럼 졸면 죽는 게 아니라 굼뜨면 죽는다"고 강조했다. 중국 기업들의 부상을 시사하는 발언이었다. 중국 스마트폰 업체를 얕잡아봐서는 안 된다는 신 사장의 중국 경계론은 2분기 이후 실적 저조로 나타났다. 중국에서 갤럭시의 실패를 예견하고 있었다는 얘기다. 그럼에도 제대로 대응하지 못한 것은 외부 변수보다는 조직 내부의 문제점으로밖에 볼 수 없다.

신 사장이나 소비자가전 사업을 담당하는 윤부근 사장을 이기태 전 삼성전자 부회장을 평가하는 맥락과 같이 보는 견해도 있다. 삼성은 시스템과 프로세스에 의해 작동하기 때문에, 사업 환경의 상승세를 타고 있는 해당 사업 전문경영인을 영웅으로 띄우는 일은 순식간에 이루어진다는 논리다. 물론 퇴출 과정도 마찬가지다.

스마트폰의 실적 하락에 대한 책임이 신종균 사장에게 있는지 미래전략실 최지성 부회장에게 있는지는 책임 소재가 불분명하다. 두 사람 간 의사결정 과정이 명확하게 밝혀지지 않은 상태에서 신 사장이 모든 것을 책임지고 2선으로 후퇴할 것으로 예상되었으나 2014년 12월 그룹 인사에서 그대로 자리를 유지하면서 뚝심 있는 인물로 자리를 잡았다.

신 사장은 삼성 권력 구조 내에서 독특한 위치에 있다. 자신의 계보도 뚜렷하지 않다. 스마트폰의 급격한 실적 하락에도 불구하고 2014년 12월 인사에서 살아남은 것은 두고두고 회자될 일이다. 사장단 인사 발표 전, 신 사장에 대한 압박은 누가 봐도 두려울 정도였다. 물론 산하 전략마케팅, 개발, 구매 부문 사장이 모두 퇴진했기 때문에 향후 자신이 져야 할 책임이 더 무겁다.

향후 신 사장에게는 단 한 번의 기회가 남아 있다. 2015년 4월 전후 출시가 유력시되는 갤럭시S6와 베트남 공장의 제조경쟁력을 활용한 저가폰의 글로벌 론칭이 그의 운명은 물론 삼성전자의 미래를 좌우할 수 있다.

윤부근 소비자가전담당 사장

윤부근 소비자가전담당 사장은 2006년 '보르도 LCD TV'를 세계 1위 디지털 TV로 올라서게 한 숨은 주역이다. 35년간 1위였던 일본 소니를 처음으로 꺾으며 기념비적 성과를 이뤄낸 윤 사장은 최근 뜬금없는 LG전자와의 세탁기 분쟁에 휘말려 있다. 2014년 9월 중순, 삼성전자 가전 사업부는 독일 베를린에서 개최된 2014 가전제품박람회(IFA)에서 LG전자 조성진 사장과 임원들이 전시 중인 삼성 세탁기를 파손한 뒤 삼성전자의 명예를 훼손하는 보도자료를 배포했다며 검찰에 고소했다. 업계에서는 IT모바일 부문과 반도체 부문에 비해 존재감이 없는 가전 사업부의 자존심 대결로 해석했다. 이 사건은 LG

전자의 맞고소와 LG전자 사장의 검찰 소환 불응이라는 문제로 확대되어 진행 중에 있다.

윤부근은 경상북도 울릉도 태생이다. 울릉도에서 고등학교 2학년까지 다닌 후 대구로 올라와 다시 고등학교 1학년으로 들어갔다. 고등학교만 5년을 다녔다. 그는 젊은 시절부터 특유의 승부사 기질과 카리스마로 임직원들의 기강을 잡는 사람으로 유명하다.

1979년 한양대학 통신공학과를 졸업한 후 삼성전자에 입사해 1991년 독일 프랑크프루트에서 주재원을 지냈으며 1999년 삼성전자 영상사업부 개발팀 이사로 승진했다. 2003년에는 삼성전자 영상디스플레이사업부 개발팀 팀장, 2007년에는 영상디스플레이사업부 부사장, 2009년에는 사장 자리에 올랐다. 2012년부터 삼성전자 소비자가전 담당 사장을 역임하고 있는 그는 2009년 세계경제가 위기에 빠졌을 때 100만 원 비싼 LED TV를 내놓는 역발상 마케팅을 했다. 두께를 29.9밀리미터로 줄였다는 강점을 부각시켜 TV 사업 사상 가장 많은 돈을 쓸어 담았다. '히트상품 제조기'라는 별칭을 얻은 그는 완벽함과 디테일을 중시하는 열정적 경영 스타일로 혁신 제품을 만들고 글로벌 넘버원 DNA로 무장해 강하게 직원들을 이끈다.

윤 사장은 IT모바일 부문과 소비자가전 부문을 통합한 경영권을 가질 것으로 예상되었으나 자신이 담당하고 있는 소비자가전 부문이 2013년 삼성전자 전체 영업이익의 4.5퍼센트 수준에 머물고 2014년 상반기 영업이익률도 2013년 같은 기간보다 2.3퍼센트 포인트 하락하는 등 저조한 실적이 그의 발목을 잡았다.

4장

플랫폼 장악과
생태계 구축

경영 환경의 재인식이 급선무

삼성은 스마트폰 산업을 중심으로 변화된 경영 환경을 정확히 인식하는 것이 무엇보다 중요하다. 삼성은 최근 5년여 스마트폰 시장의 폭발적인 성장세에도 불구하고 '산업 규범'을 획득하는 데 실패했다. 산업 규범은 해당 산업에서 시장 환경에 대응해 오랜 시간 경험과 학습을 통해 발전시킨 가장 효율적인 경쟁 방식(best practices)을 의미한다.

제조 및 판매 부문에 있어 애플과 삼성은 상이하다. 애플은 연구개발의 핵심 역량을 보유하면서 제조는 세계적인 생산 라인을 구축하고 있는 OEM 전문업체인 폭스콘과 제휴관계를 유지하고 있다. 독자적인 운영체제와 직영 앱스토어 시스템도 가지고 있다. 이에 반해 삼성은 수직 계열화된 부품 공급 라인과 내재화된 조립 시스템을 갖고 있으며, 오프라인 중심의 판매망을 유지하고 있다. 운영체제는 구글의 안드로이드를 받아들이고 있다.

새롭게 떠오르는 중국의 샤오미는 애플, 삼성과는 전혀 다른 사업 모델을 제시하고 있다. 온라인 중심의 판매 유통망이 가장 특징적이며, 고객의 참여를 적극적으로 이끌어내 고객의 니즈를 개발 부문에 적용하고 있다.

이 책을 쓰면서 가장 고민스러웠던 부분 중 하나가 2010년, 불과 6개월 만에 삼성이 세계시장 점유율 1위에 올라선 과정과 2014년 상반기 중국 시장에서 삼성이 불과 3개월 만에 상위 5개 제품 중 4개 제품이 밀려난 과정을 이해하는 것이었다. 아울러 샤오미가 단시간에 중국 시장을 석권하는 과정도 분석해야 했다.

자동차 산업의 플레이어 간 승패는 5∼10년 단위로 결정된다. 그러나 IT 산업은 6개월 단위로 부침이 이루어진다. 투자 역시 선발자 이익(first mover advantage)이 뚜렷하기 때문에 단위당 규모가 수십억 달러에 이르고 실패했을 경우의 리스크는 기업의 존폐를 결정한다.

선발자 전략을 제1차 세계대전 이후 러시아 군사 전략으로 설명해 보겠다. 당시 러시아는 수많은 전쟁을 치르면서 보병 전력이 약화되었다. 러시아가 평원에서 적들과 광범위하게 대치한 전선에서 승리하는 길은 상대적으로 우세한 기갑 및 포병으로 전선의 일정 섹터에 집중적으로 화력을 집중해 공격 루트를 확보한 뒤 빠르게 적의 핵심을 타격하는 것이다. 이 전략이 성공하기 위해서는 전제조건이 필요하다. 기동력이 뛰어난 기갑과 보병 간 적절한 간격 유지다. 기갑의 돌파력을 보병이 뒷받침하지 못하면 오히려 적들에게 포위되어 궤멸될 위험이 있다. 여기서 기갑과 포병은 중국 시장에서의 제조 부문과 마케팅 인프라 투자이며, 보병은 이를 뒷받침해줄 마케팅 소프트웨어를 의미한다.

한국의 현실에서 삼성전자만큼 전문경영인에게 많은 권한을 주는 기업은 없다. 그러나 여기에는 전제조건이 있다. 자유방임형 경영을 하는 것 같지만 이들 사업을 확실하게 중앙집권적으로 통제하는 강력한 카리스마를 가진 이건희가 있었다. 경영권 승계 과정 중에는 이러한 컨트롤타워의 기능이 더욱 절실하게 요구된다.

그러나 이건희 회장 유고 이후 미래전략실장이든 이재용 부회장이든 그 역할을 제대로 못했다. 후계자 이재용은 대외 이미지 메이킹에만 치중했고, 중국을 중심으로 무너져가는 스마트폰 시장을 방어한 장수는 어디에도 보이지 않는다. 지위에는 그에 걸맞은 역할과 미션이 주어진다.

기업의 흥망성쇠 주기가 갈수록 짧아지면서 IT 업계의 판도는 롤러코스터처럼 순식간에 변하고 있다. 소비자 트렌드를 한 번 놓치면 뒤집기가 쉽지 않다. 이젠 IT 기업이 기술 혁신과 제품 선도에 힘을 쏟고 소비자의 니즈를 연구해야 살아남을 수 있다. 소비자 집단 심리와 이들 소비자를 상대로 한 커뮤니케이션 전략 수립이 무엇보다 중요한 이유다.

시장 경쟁 환경은 공급자에서 소비자 중심으로 급속히 바뀌고 있다. 대량생산, 대량 판매 체제에서 호황을 누렸던 전통 제조업은 공급 과잉으로 인해 성장성, 수익성이 모두 둔화하는 반면, 구글과 같은 인터넷 기업이나 애플처럼 소프트웨어가 강한 제조기업, 알리바바와 페이스북 같은 혁신 기업들이 전통 제조업을 앞지르기 시작했다.

샤오미가 직접적인 접촉을 통해 소비자들을 이해하려 한 반면, 삼성은 빅데이터라는 정체가 애매모호한 대상에 의존해 시장을 이해하려 들었다. 삼성은 기업이다. 기업의 존립 기반은 시장이고 고객이다. 기업 경영자들이 한국 정치인들에게 딱 한 가지 배울 점이 있다. 정치적인 위기가 닥치면 천막을 펼치는 것이다. 그리고 시장통으로 들어가 노점상 아주머니들의 손을 잡는 것이다. 왜냐하면 표는 그 아주머니들의 손에서 나오기 때문이다.

중국 화웨이는 애플과 삼성을 충실히 따르는 전략을 구사하고 있다. 애플, 삼성, 중국 업체 등 어느 사업 주체도 아직까지는 확고한 산업 규범을 주도하지 못하고 있다. 이 책의 서두에 언급된 GM의 몰락은 삼성에게 시사하는 바가 크다. GM은 시장 패러다임의 변화에 둔감했다. 미국 자동차 시장은 이미 1970년대 후반부터 성숙기에 진입, 수요 증가세가 현저히 둔화되었고 도요타 등 일본 업체가 본격적으로 진입하면서 경쟁이 심화되어 GM, 포드, 크라이슬러 빅3의 과점 체제가 붕괴되기 시작했다.

한편 대량생산체제를 유지하면서 다브랜드 전략, 자동차할부금융을 통한 판매 확대 등을 추구하던 GM 주도의 산업 규범이, 우연성과 효율성이 결합된 규모의 경제 달성을 추구하는 중소형차 중심의 도요타 또는 폴크스바겐이 주도하는 산업 규범으로 전환되었다.

스마트폰을 중심으로 한 IT 산업은 증가세가 둔화되고 있으며 온라인 판매 사업 모델을 제시한 샤오미의 성공, 애플의 지불 결제 수단인 애플페이의 론칭, 애플과 알리바바의 제휴 가능성 등 시장 패러다임이 변화할 조짐을 보이고 있다.

또한 세계 최대 스마트폰 OEM 업체인 폭스콘이 디스플레이 사업에 신규로 참여한다고 발표했다. 이 경우 삼성의 경쟁 업체들에 대한 핵심 부품 공급자로서의 위상이 흔들릴 수 있다. 중국 장쑤성 쑤저우의 삼성LCD 공장 투자가 쫓기는 모양새다.

SK는 결집력이 모호하긴 하지만 반삼성 동맹을 기치로 내건 폭스콘의 모기업과 전략적 제휴를 맺었다. SK그룹은 지주회사격인 SK C&C의 지분을 폭스콘에 내주었다. 폭스콘은 팍스차이나머니의 플랫폼 역할을 한다. 폭스콘은 삼성이 넘어야 할 애플의 제조 부문을 담당하고 있으며, TV 부문에서 삼성을 쫓아오고 있는 비지오(Vizio)의 투자자이며 TV 제조 부문의 일부를 담당하고 있다. SK는 국내시장에서 삼성의 휴대전화 판매 파트너이기도 하다. 삼성의 석유화학 부문의 한화그룹 매각은 석유화학을 핵심 사업으로 하는 SK를 압박하는 모양새가 되어버렸다. 삼성과 SK 간 장군 멍군한 셈이다. 삼성과 SK는 반도체 사업에서도 경쟁관계에 있다.

LG그룹은 스마트폰과 가전 부문에서 삼성과 오래된 경쟁관계에 있다. SK나 LG는 경영 지배구조에서 안정적이다. 삼성의 이재용 체제가 조금이라도 삐끗하면 SK나 LG가 삼성 제국의 영토 안으로 들어오지 않을 이유가 없다.

애플이나 삼성은 샤오미, 화웨이 등 중국 업체들이 중국을 벗어나지 못하도록 특허로 가둬버리는 전략을 쓸 가능성이 높다. 삼성과 애플은 시장 창출 시 상호간 특허 분쟁을 시장 확대를 위한 마케팅 전략으로 활용한 측면도 있다. 삼성은 주요 핵심 부품 업체로서의 지위를 계속 유지하겠다는 전략을 중국 시장에서 확고하게 쓰고 있다. 오히려 이러한 전략의 변화가 완제품 업체로서의 브랜드 지위에 부정적으로 영향을 끼칠 가능성도 배제할 수 없다. 삼성 내부적으로는 2013년 3분기 정점을 찍기 전부터 사업 부문의 쏠림 현상, 소프트웨어를 보완해줄 혁신적인 제품 부재, 포스트 스마트폰 부재, 지배구조 개편과 경영권 승계 미완성이라는 현안이 3년째 이어지고 있다.

1990년대 삼성은 글로벌 시장에서 중간재인 반도체 제조업체로만 각인되었다. GM은 일본 업체들의 공세를, 전체 승용차 시장의 점유율은 정체된 상태에서 마진이 높은 경트럭과 SUV의 시장점유율을 높이는 소극적 방법을 구사해 몰락의 길을 자초했다. 삼성의 최근 전략 모색과 변화가 자승자박의 결과를 초래할 가능성이 있음을 지적하지 않을 수 없다. 양산 조립 및 마케팅 업체로서의 강력한 브랜드 공세가 더욱 절실할 때다.

플랫폼이 패러다임을 바꾼다

플랫폼은 다른 경제 주체의 다양한 활동을 가능하도록 해주는 기반 기술이나 프레임워크를 의미한다. 플랫폼에서는 일정한 양식을 매개로 참여자들을 연결시켜 새로운 가치가 지속적으로 창출된다. 스마트폰 운용체제에서부터 SNS(카카오톡), 온라인 오픈마켓(아마존, 이베이), 전 세계 공급자와 소비자를 연결하는 글로벌 기업에 이르기까지 플랫폼은 다양한 영역에서 적용되고 있다.

2014년 10월 16일, 제프 자비스(Jeff Jarvis) 뉴욕시립대학 교수가 〈매일경제〉가 주최한 세계지식포럼의 '구글이 만드는 세상' 세션에서 구글 이후 세계와 앞으로 구글이 바꿀 미래 비전을 그렸다. 자비스 교수는 신구글노믹스를 설명하며 "개인화가 특성인 인터넷은 세계를 새로운 경제로 진입하게 했다"고 포문을 열었다. 인터넷 이후 경제 시스템이 바뀌었다는 것이다.

그는 "기존 자본주의는 희소성이 기반이었다. 자원과 자본을 독점한 사람이 이겼다. 하지만 구글은 자원과 자본이 없어도 서비스를 풍성하게 만드는 데 집중했다. 더 많은 사람이 모이고 보다 가치가 높아졌다"고 말했다. 또한 구글이 21세기 '연결 경제'를 만들었다고 주장했다. 독점보다 개방이 더 높은 가치가 있고 연결될수록 더 큰 부를 창출할 수 있다는 것이다. 그는 "개인과 기업은 자신이 가장 잘하는 부분에 집중하고 나머지는 연결시켜주면 된다"고 말했다.

전 세계 누군가는 분명 나보다 더 싸면서도 보다 강력한 능력을 갖고 있다. 나와 상대 모두 원윈하려면 네트워크에 참여해 전체의 일부가 돼야 한다. 자비스 교수는 신구글노믹스의 또 다른 특징으로 '플랫폼 경제'를 꼽으면서 "구글은 다른 사람들이 구글에서 사업을 하게 만들고 있다. 이것이 플랫폼 경제"라고 강조했다.

신발 제조업체인 나이키는 최근 개인 운동관리 프로그램인 '나이키 플러스' 서비스를 선보였으며, 레고는 소프트웨어와 하드웨어로 프로그램이 가능한 로봇 제작 도구인 '마인드 스톰'을 개발했다. 제조업이 플랫폼을 만나 새로운 형태로 진화하고 있는 것이다. 애플이 아이폰을 국내에 선보였을 때, 애플 앱스토어는 기존 이동통신사 중심의 시장 구조를 재편해 콘텐츠 중심의 모바일 시장으로 판도를 바꿨다. 앱스토어 정책은 콘텐츠 사업자와의 수익 배분 구조까지 좌우하는 양상으로까지 나타났다.

구글도 안드로이드 진영을 갖춰 플랫폼 전쟁에 뛰어들었다. 지금
은 스마트폰 앱 구조가 애플 iOS와 구글 안드로이드로 양분된 상황
이다. 사용자뿐 아니라 앱 개발자도 애플과 구글의 플랫폼 정책에 맞
춰 활동하는 것처럼 플랫폼은 일단 안착되고 나면 지배적 위상을 갖
추게 된다. 사용자가 많아질수록 선점 효과가 커져 후발주자의 참여
를 막게 된다.

한편 애플과 구글은 스마트폰, 태블릿PC 등 모바일 기기가 일반
PC보다 저장 공간이 적은 점을 고려해 새로운 방식의 문서 작성용
소프트웨어(오피스 프로그램)을 내놨는데, 개개인의 단말기가 아닌 자
사 서버에서 모든 작업이 이뤄지는 클라우드 방식을 택했다.

마이크로소프트 역시 이런 변화에 동참할 수밖에 없었다. 2014년
11월 6일, 마이크로소프트는 모바일용 자사 오피스 프로그램을 무료
로 제공하겠다고 발표했다. 구글과 애플은 클라우드 오피스 출시에
이어 한발 더 나아갔다. 2013년 구글은 '구글 드라이브'의 문서 편집
기능을, 애플은 '아이웍스'를 무료화했다. 오피스 프로그램에 수익 대
신 사용자를 플랫폼 안에 묶어두는 역할을 맡긴 것이다.

자동차, IT 업체 간 플랫폼 경쟁과 융합

애플과 구글은 자신들의 스마트폰 운영체제를 자동차에 접목시키
려 애쓰고 있다. 구글은 2014년 6월, 미국 샌프란시스코에서 열린 I/O

(Input Output) 콘퍼런스에서 안드로이드 오토(Android auto)를 발표했다. 안드로이드 오토는 스마트 기기의 다양한 기능을 차량에 연결해 사용할 수 있는데, 구글의 강력한 음성 인식 기술을 이용해 음성만으로 자동차의 모든 기능을 제어할 수 있도록 했다. 애플 '시리(Siri)'의 대항마로 알려졌던 구글의 음성 비서 '구글 나우(Google Now)'가 여기에 쓰인다. 내비게이션 검색, 전화 등 기본적인 음성 인식 기능은 물론 음악 감상이나 이메일 쓰기 등도 운전 중에 음성만으로 가능하다.

안드로이드 오토와 애플의 카플레이는 모두 케이블을 통해 차량에 연결해야 이용 가능하다. 블루투스나 와이파이를 이용한 연결은 아직까지 기능적인 이유로 불가능한 상황이다. 안드로이드 오토는 카플레이와 마찬가지로 동영상이나 게임 등 안전 운행에 지장을 주는 애플리케이션은 사용할 수 없도록 제어하는 기능도 기본적으로 제공된다.

현대기아차는 안드로이드 오토가 소개된 구글 I/O 콘퍼런스에서 쏘나타에 탑재된 안드로이드 오토를 시연했다. 현대기아차는 2014년 부산 모터쇼에서는 애플 카플레이를 탑재한 쏘나타를 시연하기도 했다. 안드로이드 오토를 도입한 자동차 제조업체는 현대기아차와 아우디 폴크스바겐, 포드, 볼보 등 28개 업체이며 2014년 4월 콘퍼런스에서 수개월 전 IT 업체와 자동차 업체들이 결성한 '오픈 오토모티브 얼라이언스(OAA)'를 후원사 연합으로 다시 소개했다. 현대기아차는 자동차 제조업체로서는 유일하게 애플과 마이크로소프트, 구글의 차량용 인포테인먼트(Infortainment) 시스템을 모두 적용할 계획을 가지고 있다.

2007년 포드가 마이크로소프트와 합작해 개발한 '싱크(SYNC)'는 운전자가 음성으로 다양한 기기들을 제어할 수 있는 시스템이다. 싱크는 라디오에서부터 전화, 내비게이션, 실내 온도 조절 등 약 1만 개의 음성 명령을 인식하는 시스템이다. 차량 내에서 와이파이 연결을 통해 다양한 애플리케이션도 이용할 수 있으며, 유럽 버전에는 긴급 상황 발생시 911로 자동 연결해주는 '911 어시스트'와 같은 기능도 있다. 이 시스템은 세단과 트럭, 크로스오버 차량 등 현재까지 전체 포드 모델의 70퍼센트에 장착돼 있다.

메르세데스벤츠의 '커맨드 시스템(Comand System)'은 라디오, 전화, DVD, CD, MP3 CD, 내비게이션 시스템 등이 모두 통합돼 있는 멀티미디어 기능을 자랑한다. 닛산자동차의 '다기능 디스플레이 시스템'은 엔진 부스트 압력과 오일 온도, 연비와 최적의 기어비를 포함하는 에코 드라이빙 영역 표시 등 각종 정보를 스크린을 통해 실시간으로 보여주며, 실내의 온도뿐 아니라 통풍과 냄새, 습도를 감지해 아로마 향기 등 적절한 통풍 패턴도 자동 조절해준다.

〈파이낸셜타임스〉는 2014년 8월, BMW가 자사 미니 차종에 주차 공간을 찾아주는 '저스트파크(JustPark)' 애플리케이션을 탑재했다고 보도했다. BMW는 저스트파크 앱의 가장 큰 투자사다. BMW는 2014년 말까지 모든 차종에 저스트파크 앱을 넣을 계획이다. 이제 저스트파크는 BMW 대시보드에 있는 모니터에 들어간다. 운전자는 앱을 통해 주차 공간을 손쉽게 예약할 수 있다. 저스트파크는 주차 공간이 부족한 도심에서 사용하지 않는 주차 공간을 찾아주며, 주차 공간을 빌려준 이에게 일정 금액을 받는 구조로 운영된다. 현재 50만 명이 사용 중인데, 일종의 공유 경제 비즈니스 모델이다.

〈파이낸셜타임스〉는 이 같은 BMW의 행보를 자사 플랫폼을 갖기 위한 시도라고 분석했다. 그러면서 "저스트파크는 기존 차에서 이용할 수 있었던 내비게이션, 방송 서비스와 달리 새로운 비즈니스 모델이 될 것"이라고 내다봤다.

자동차 제조업체들은 향후 자동차 판매만으로는 이윤을 얻기 힘들 것이라고 보도했다. 성장에 가속도가 붙은 차량용 반도체 부문을 놓고 자동차 제조업체와 반도체 제조업체 간 헤게모니 싸움도 치열해질 전망이다.

플랫폼은 기존 산업을 대체하는 새로운 산업 구조를 만들어내기도 한다. 아마존은 월마트를 위협하는 오픈 마켓으로 부상하며 오프라인 유통시장을 대체하고 있다. 국내에서 대표적인 사례는 카카오톡이다. 카카오톡이 처음 등장했을 때는 메신저 역할을 하는 SNS에 불과했다. 그러나 지금은 카카오게임, 광고, 전자상거래, 금융 결제 등이 활성화된 새로운 장으로 거듭났다.

카카오톡은 수많은 가입자를 기반으로 플랫폼을 제공하고 게임 개발자, 유통업체들은 플랫폼으로 뛰어들었다. 플랫폼의 생존 전략은 공급자와 소비자의 유기적 연결이다. 참여자들이 신뢰할 수 있는 안정적인 플랫폼을 구축해야 한다는 의미다. 특히 개방형 플랫폼 서비스가 속속 등장하면서 저렴한 비용으로 이용할 수 있는 것이 경쟁력이 되었다. 전문가들은 플랫폼 참여자를 고려한 서비스 정책이 관건이라고 조언한다. 플랫폼은 공급자와 수요자 등 참여자를 연결하는 공간인 만큼 콘텐츠와 기술 공유를 통한 차별화 전략을 내세워야 한다는 의미다.

애플, 구글, 페이스북, 알리바바 등 플랫폼 기업은 이미 세상을 지배하고 있다. 전문가들은 한국도 서둘러 플랫폼 경제로 진화해야 할 때라고 말하며 그러기 위해선 새로운 사고방식이 필요하다고 지적한다. 개방적인 사고를 갖고 사용자와 개발자 모두를 받아들이는 수평적인 관계의 협력이 필요하다는 것이다. 또 글로벌 진출을 막고 있는 금융에 대한 규제 완화, 대기업 중심의 인수합병 활성화, 제대로 만들어진 스타트업 육성 환경이 이뤄져야 한다는 목소리도 있다.

이업종이 전자 산업을 지배한다

유통업의 개념을 바꾸는 알리바바

세계 제1의 조선업체 현대중공업의 소유주이자 국제 스포츠계의 거물이면서 정치인인 전 새누리당 대표 정몽준은 2014년 9월 16일자 〈매일경제〉에 의미 있는 기고문을 실었다. 그는 세계 최대 전자상거래 업체 알리바바 본사를 방문한 소감을 다음과 같이 소개했다.

알리바바와 바이두는 각각 15년, 14년 된 회사다. 16년 된 구글과 비슷한 젊은 기업들이다. 바이두의 직원 평균 연령은 26.8세이고 알리바바의 평균 연령도 30세다. 지난 20여 년간 중국을 방문할 때마다 빠른 발전 속도에 감탄해왔지만 이번에는 걱정스러운 마음까지 들었다. 이러다가 세계경제에서 우리의 공간이 사라져버리는 것은 아닌지 염려가 되었다.

알리바바는 지난주 뉴욕증권거래소에서 사상 최대 기업공개(IPO)에 성공했다. 상장 이틀 전 중국 항저우에 있는 알리바바 본사를 방문했는데 뉴욕에 가 있던 마윈 회장이 본사에 전화를 걸어 환영 메시지를 전했다. 세심한 경영 스타일을 엿볼 수 있었다. 대학에서 영어를 가르쳤던 마윈 회장은 15년 전 제자들과 함께 회사를 차렸다. 글로벌 기업이 되겠다는 목표를 세운 마윈 회장은 알리바바를 2020년까지 월마트를 능가하는 유통기업으로 키우겠다고 공언하고 있다.

우리나라에서 '빼빼로데이'라고 부르는 11월 11일은 중국에서는 '솔로의 날'이다. 2009년부터 알리바바가 마케팅에 활용해왔는데 지난해 알리바바의 이날 하루 판매 금액이 6조 원을 넘었다.

이번 방문 기간 만난 어느 기업 간부로부터 의외의 얘기를 들었다. 마오쩌둥의 큰아들이 한국전쟁 때 전사하는 바람에 중국이 북한처럼 세습으로 가지 않고 개혁개방을 하게 되었다는 소리였다. 사회주의 국가인 중국에서 이런 주장을 인터넷 댓글로 다는 사람도 적지 않다고 한다. 정치적으로도 중국의 자신감이 엿보이는 대목이다. 중국은 무서운 속도로 변화하고 있다. 우리는 그것을 제대로 알고나 있는지, 치열한 국제 경쟁 속에서 우리의 생존을 위한 핵심 역량은 과연 무엇인지 스스로 물어야 할 때다.*

나는 이 기고문에서 글로벌 기업의 경영인으로서, 국내 현실 정치에 영향력을 가진 정치인으로서 정몽준 전 대표의 중국과 중국 기업에 대한 경외감과 공포감을 읽어낼 수 있었다. 알리바바는 우리가 알던 기존의 전자상거래 업체의 개념을 바꾸고 있다. 인터넷만큼이나 시대의 혁명적인 사고방식의 결과물인 대형 할인점 체인인 세계 최고 기업, 한때 미국 시가총액 1위를 달렸던 월마트를 경쟁 목표로 삼고 있다. 우리는 중국과 중국 기업을 잘 모른다.

알리바바는 모바일게임 플랫폼 사업도 시작했다. 알리바바는 중국 최대 전자상거래 업체로 약 9억 명이 사용하고 있는 중국 최대 온라인 지불 결제 서비스인 알리페이를 보유하고 있다. 또한 자회사인 오픈마켓 타오바오는 현재 약 7억 명이 사용하고 있으며 모바일 타오바오의 하루 평균 사용자는 약 2억 7,000만 명에 달한다.

〈두두차이나*DuDu China*〉의 김희동 기자는 "알리바바가 PC 기반의 사업을 진행하고 있으며 모바일로의 사업 진출에 리스크가 있어 알리바바에 대한 평가가 거품이라는 의견도 나오고 있다. 하지만 공격적인 인수합병과 투자로 기존에 없던 방식으로 사업을 확장하고 있는 공룡 알리바바가 오히려 중국 기업이라는 이유로 저평가되고 있는 것"이라고 주장한다.

알리바바는 2014년 4월 한국 법인을 세운 뒤 여러 모바일게임 제작사와 접촉하고 있다. 알리바바의 CEO인 마윈(馬云)의 인생 스토

---

* 〈매일경제〉, 2014년 9월 16일.

리도 눈길을 끈다. 162센티미터의 작은 키에 45킬로그램의 몸무게로 왜소해 보이는 마윈은 3수 끝에 대학에 들어갔다. 항저우사범대학 학생회장을 하면서 친화력과 추진력을 길렀다. 1999년에는 20여 명의 지인들을 모아 자본금 50만 위안(약 8,500만 원)으로 B2B 인터넷 중개 사이트 '알리바바닷컴'을 창업했다.

마윈의 성공 비결 중 단연 으뜸은 '다른 생각'이다. 세상을 다른 시각에서 보고, 기존 생각들을 바꿔보라는 의미에서 직원들에게 물구나무를 시키기도 한다. 마윈의 열등감과 결핍은 불굴의 의지와 추진력을 갖게 했다.

삼성은 중국에 오랫동안 많은 투자를 했다. 그러나 화웨이나 샤오미, 알리바바에 대해 잘 알고 있었는지 궁금해진다.

게임 체인저를 지향하는 테슬라

아우디의 루퍼트 슈타들러(Rupert Stadler) 회장은 2014년 1월 미국 국제가전박람회에서 이렇게 말했다. "이제 자동차는 이동 수단이 아니다. 요즘 자동차의 혁신은 대부분 IT 기술에 기반하고 있다." IT 기술에 기반을 둔 테슬라는 전기차 업체의 범위를 벗어나 세계 산업과 금융시장에서 혁신의 아이콘으로 등장하고 있다.

테슬라의 어원은 크로아티아 출신 천재 물리학자이며 전기공학자인 니콜라 테슬라(Nikola Tesla)에 있다. 미국으로 건너가 교류 발전기를 만든 그는 직류를 고집하는 에디슨과 사사건건 부딪히며 결국 자신의 주장이 옳았음을 입증했다.

인문학자 이어령은 최근 〈중앙선데이〉 정형모 기자와의 대담에서 "테슬라의 위대한 점은 전깃줄이 막 깔리고 있을 무렵에 이미 무선 시대를 생각했다는 거지. 무선 통신은 마르코니가 발명했다고들 알고 있는데 사실 테슬라가 2년 먼저 한 거야. 오늘날 리모컨 블루투스의 기초가 다 그 사람에게서 나왔어. 하여튼 실리콘밸리 애들이 전기차를 만들면서 이 에디슨의 라이벌 이름을 썼다는 것은 시대를 앞서가겠다는 의지의 표현이라고 봐야지"라고 말했다.

테슬라는 전기차로 기존 내연기관 자동차 시대를 끝내고 있으며 첨단 제조 기법을 도입해 제조업을 바꿔놓고 있다는 평가를 받고 있다. 테슬라의 등장은 세계 전자 업계의 판도도 바꿔놓을 전망이다. 또한 일본 파나소닉과 합작으로 세계 최대 리튬이온 배터리 생산기지인 '기가팩토리(Gigafactory)'를 건설한다. 리튬이온 배터리는 부피를 줄이는 장점이 있다. 기가팩토리 건설에는 총 50억 달러가 투자될 것으로 보이는데 이 가운데 10억 달러를 파나소닉이 투자할 예정이다. 파나소닉은 현재 테슬라에 주주로 참여하고 있으며 전기차용 배터리를 공급하고 있다.

파나소닉의 전신은 마쓰시타전기산업이었는데 2008년 10월 1일 사명을 변경했다. 파나소닉은 1955년부터 미국, 캐나다, 멕시코에 오디오 장비를 수출하면서 사용한 마쓰시타의 제품 브랜드다. 1927년부터 사용한 내쇼날(National) 제품 브랜드를 1990년에 대부분 파나소닉으로 바꿨다.

파나소닉이 왜 신생 전기차회사에 전략적 제휴 파트너로 참여했을까? 전자회사인 파나소닉은 세계 자동차 산업의 흐름을 잘 읽고 있기 때문이다. 미국의 자동차나 경트럭의 라디오, 오디오 제품의 OEM 생산을 하고 있는 파나소닉은 2014년 10월 "파나소닉 유럽이 '자동차 및 산업 시스템 부문 회사' 통합 작업을 완료했다"고 발표했다.

파나소닉유럽의 로랑 아바디(Laurent Abadie) 회장 겸 CEO는 "유럽의 자동차 및 산업 부문은 파나소닉의 핵심 성장시장이다. 회사의 역량을 기존 또는 신규 B2B 시장에 집중하는 것은 파나소닉유럽에게는 매우 중요한 조치다. PAISCE(Panasonic Automotive & Industrial Systems Company Europe) 체제를 구축함으로써 우리가 이 시장에서 혁신적인 솔루션을 더 많이 개발하고 제공할 수 있게 될 것이다"고 말했다.

그는 자동차 사업 부문과 관련해서는 "작지만 핵심적인 파나소닉의 부품과 디바이스가 전 세계 주요 제조업체들이 생산하는 모듈과 시스템에 채택된다"면서 "특히 파나소닉의 자동차 부문 사업은 자동차 내 오락기기, 에너지 및 운전 보조 솔루션 분야에서 강점을 갖고 있다"고 말했다.

이 발표로 인해 파나소닉이 왜 테슬라에 투자하는지가 명확해지고 있다. 파나소닉의 신수종 사업은 자동차 부품 및 인포테인먼트 사업이라는 결론을 내릴 수 있다. 테슬라는 향후 배터리 제조비용을 30퍼센트가량 낮춰 2017년까지 기존 '모델 S'의 반값인 약 3만 달러 수준의 보급형 전기차 '모델 3'를 내놓겠다는 계획이다. 파나소닉과 테슬라의 장기적인 동맹 체결은 세계 배터리 시장점유율 3위 수준인 삼성

SDI(18.4퍼센트)를 파나소닉(13.9퍼센트)이 직접 위협하는 모양새다.

파나소닉은 PDP TV를 시작으로 LCD TV에서도 삼성에 많이 뒤처져 있다. 배터리 전기차는 완전 무공해 차가 아니다. 전기를 생산하는 과정에서 유해 배기가스를 배출한다. 그래서 전기 배터리는 아직 기술적인 한계에 봉착해 있다는 평가를 받고 있다.

1990년대 초, 미국 빅3 자동차회사는 캘리포니아 주의 완전 무공해법에 대응하기 위해 배터리 전기차 개발을 위한 합작회사를 설립했다. 그러나 기술적인 한계로 인해 3년이 채 안 되어 문을 닫았다. 배터리 전기차가 다시 등장한 것은 2009년 1월에 열린 디트로이트 모터쇼에서였다. 파산 직전인 미국 디트로이트 자동차회사들에 의한 재등장이었다.

금방이라도 전기차가 도로를 장악할 듯 호들갑을 떨었던 것과는 달리 시장은 그리 빨리 달라지지 않고 있다. 야심적인 판매 목표를 설정했던 글로벌 메이커들도 점차 달성 시기를 연기하는 등 주춤거리고 있다. 반면 배터리 전기차만을 생산, 판매하고 있는 테슬라는 적어도 외형적으로는 세를 키워가고 있는 것처럼 보인다. 게다가 모델 S의 판매가 호조를 보이고 있으며 2015년 봄에는 SUV 모델 X를 출시한다.

글로벌 메이저 제조업체들은 배터리 전기차의 기술적인 한계로 인해 발을 빼는 듯하다. 테슬라는 시장과 완성차 제조업체들의 관심을 끌어 게임 체인저가 되겠다는 자세를 버리지 않고 있다. 테슬라는 이미 다윗의 면모를 갖추고 있다. 2013년 6월에는 테슬라의 보유 특허를 모두 무료로 공개하겠다는 파격적인 정책을 내세웠다. 글로벌 자동차 제조업체들이 친환경차 개발에 나서며 기술 특허로 진입장벽을 치고 있는 것과는 대비되는 행보다.

테슬라의 CEO 엘론 머스크는 "기술적으로 앞서나가는 것은 특허 보유와 상관없으며 가장 뛰어난 기술자를 끌어오고 그들에게 동기를 부여하는 데 달렸다"면서 특허 공개를 선언했다. 휘발유나 디젤로 움직이는 내연기관 자동차보다 작은 규모의 전기차 산업을 빠르게 성장시키는 게 낫다는 판단에서 나온 결정이다.

테슬라가 지적재산권을 개방한 목적은 배터리 전기차 시장의 확산이다. 테슬라가 보유하고 있는 전기차 관련 지적재산권을 타사가 이용함으로써 전기차의 보급에 탄력을 받을 수 있다는 계산이다. 머스크는 자신들의 경쟁 상대가 소규모 전기차 제조업체가 아니라 글로벌 양산 가솔린차라고 언급한 바 있다.

테슬라의 소스 오픈 정책도 특별한 것은 아니다. 1981년 IBM은 'IBM PC'를 출시해 개인용 컴퓨터 시장에 본격적으로 참여하면서 완전한 공개형 아키텍처(architecture, 시스템 전반의 구조 및 설계 방식)를 내세웠다. 때문에 IBM 외의 제조사에서도 이와 완전히 호환되는 PC 본체와 주변기기, 소프트웨어를 자유롭게 설계, 생산할 수 있었다.

머스크는 2000년 자신이 설립한 'X.com'과 신생 기업용 보안업체 컨피니티를 합병하면서 이름을 '페이팔'로 변경한다. 머스크는 은행을 거치지 않고 이메일로 간편하게 송금하는 방식의 사업을 추진하고 있던 중이었다. 미국 사회는 페이팔의 새로운 금융거래 방식을 크게 주목했다. 페이팔은 벤처 거품 붕괴로 주식시장이 무너졌는데도

2002년 기업공개에 성공했다. 이베이는 이 결제 시스템의 중요성을 인지하고 2002년 페이팔을 15억 달러(1조 5,000억 원)에 인수했고 머스크는 거금을 손에 쥐게 되었다.

테슬라는 기존 자동차 제조업체들과는 다른 판매 방식을 쓰고 있다. 직접 판매점을 운영하고 전문적인 컨설턴트를 통해 제품을 설명하고 시승해볼 수 있게 하고 있다. 테슬라의 인기가 치솟자 미국딜러협회는 정치권에 테슬라 판매 규제 법안을 요구하게 된다. 화석 연료를 사용하는 자동차와 달리 전기차는 판매와 사후관리에 많은 인력을 필요로 하지 않는다. 여기에 고가의 전기차인 만큼 유통 마진을 줄여 가격을 최대한 줄이기 위한 정책을 추구하고 있다. 완성도가 높은 전기차와 이러한 판매 방식이 소비자의 인기를 얻는다면 기존의 자동차 딜러들의 판매 방식은 합리적이지 않다는 인식이 확산될 수도 있다.

실제로 전기차의 성장은 기존 자동차회사는 물론 자동차 딜러들과 정유회사 등 에너지 업계 전반에 큰 영향을 끼친다. 테슬라가 더 성장하고 전기차가 시장의 주류로 자리 잡는다면 기존 자동차회사와 정유회사, 딜러는 타격을 입을 수도 있는 것이다.

2014년 6월, 미국 네바다 주의 레노 근처에 기가팩토리가 입지할 공장을 착공했다. 전기차의 핵심 부품인 배터리 생산을 테슬라가 주도하겠다는 의지다. 물론 테슬라 모델 S에 들어가는 리튬이온 배터리는 전기차 전용의 중·대형 전지가 아닌 원통형의 소형 2차전지다. 현재까지는 테슬라의 전기차에만 사용되고 있지만 테슬라의 파트너가다임러그룹과 도요타라는 점을 감안한다면 향후 다른 메이커로의 보급도 간과할 수는 없다.

테슬라는 부지를 비롯해 건물, 수도, 전기, 가스 공급 시설을 준비하고 제공 및 관리를 담당한다. 파나소닉은 원통형 리튬-이온 셀을 제조 공급하고, 상호 승인을 기반으로 관련 장비와 기계, 기타 제조 툴에 대해 투자한다.

기가팩토리는 2020년까지 셀 35기가와트시(GWh), 팩 50기가와트시를 생산할 계획이다. 이로써 배터리 생산 비용을 감축하고 테슬라의 세 번째 전기차인 모델 3에 대한 생산을 뒷받침하게 된다. 배터리 전기차에 대한 전망이 가장 밝은 중국에도 투자해 빠르면 2017년에 중국에서 전기차를 생산하겠다고 밝혔다. 가장 큰 이유는 수입차에 붙는 25퍼센트의 관세를 피하기 위해서다. 중국 현지 생산을 할 경우 가격을 낮출 수 있어 전체 볼륨을 늘리는 데도 유리하다.

테슬라는 현지 생산과 함께 중국의 충전 네트워크 확대도 계획하고 있다. 베이징과 상하이 등의 대도시를 위주로 수퍼차저(super-charger, 과급기) 스테이션을 설립한다는 계획이다. 현재 중국에서는 85kWh 배터리 기준의 모델 S가 73만 4,000위안(약 11만 8,000달러)에 팔리고 있다. 미국의 7만 1,000달러보다 한층 높은 가격이다.

테슬라는 중국 판매가 본격화되면 실적이 크게 좋아질 것으로 기대하고 있다. 장기적으로 중국이 테슬라의 가장 큰 시장이 될 것이라는 생각에서다. 중국은 지금 이산화탄소 등 지구 환경보다는 미세먼지 등 지역 환경의 해결이 급선무다. 중국 정부는 이에 대한 해결을 위한 가장 빠른 방법이 신에너지차(배터리 전기차와 플러그인 하이브리드카) 보급이라고 생각하고 있다.

그러나 이 모든 것이 배터리 전기차에 대한 기술적인 한계가 극복되어야 한다. 전기를 생산하는 과정에서의 배출가스 문제에도 근본적인 접근이 필요하다. 그럼에도 불구하고 테슬라가 투자를 늘리고 있는 것은 중국 시장에 대한 가능성 때문으로 분석된다. 메이저 제조업체인 도요타가 하이브리드 기술을 공개하지 않는 것과 자동차 업계에서 벤처기업 수준을 막 벗어났다고 평가받는 테슬라가 전기차에 관한 지적재산권을 개방한다는 것은 그 의미가 분명 다르다.

배터리 전기차 기술에서는 테슬라가 도요타의 하이브리드 기술만큼 독보적이지 않다. 테슬라의 보유 특허 전면 무상 공개는 큰 규모의 자동차 산업 전반에 대한 저항이다. 사실 전기차에 대한 특허의 대부분은 내연기관 자동차를 만드는 기존의 자동차 제조업체들이 가지고 있다. 앞으로 기존 자동차 제조업체들이 전기차와 관련된 특허로 테슬라를 견제할 상황에 대비해 먼저 칼을 빼어든 것이다.

테슬라는 파나소닉과 기가팩토리의 합작 발표 전에 삼성전자와 접촉했던 것으로 알려져 있다. 부족한 자금을 조달하기 위해 투트랙 협상 전략을 쓴 것이다. 삼성이 테슬라를 거부한 선택이 옳았는지는 향후 1~2년 안에 밝혀질 것이다. 그러나 삼성과 테슬라의 협상이 설사 이루어졌다 해도 기업문화의 차이로 성공하기 힘들었을 것이다.

20여 년 전 삼성은 신경영을 주창하면서 자동차 사업 추진과 더불어 유통 및 영상 사업에 진출했다. 당시 영화 제작자들이 긴 머리를 뒤로 묶고 캐주얼, 운동화 차림으로 삼성 관계자들을 찾아왔다. 삼성은 본격적으로 사업을 논하기 전에 상대의 복장과 태도, 말투 등에 호감을 가질 수 없었다. 영상 및 영화 산업은 돈을 만지는 삼성의 관리통들이 의사결정을 할 수 없는 산업이다. 테슬라의 전략은 마치 구글이 안드로이드를 스마트폰 운영체제로 삼아 애플에 대항한 것 같은 트렌드가 읽혀진다.

한편 2014년 초, 실리콘밸리에서는 애플과 테슬라 CEO 간 회동이 있었다. 애플 전문 IT 매체인 〈애플인사이더*Apple Insider*〉는 애플이 테슬라와 전지 분야에 대한 파트너십 체결 가능성이 높다고 전했다. 앞서 일부 보도는 이미 애플과 테슬라 CEO 간 회동에서 팀 쿡이 테슬라가 설립을 앞둔 첨단 전지공장 인수를 타진했을 것이라 전한 바 있다. 애플은 LG와 배터리를 계단식으로 쌓아 효율성을 높이고 사용공간을 줄여주는 '스텝드 배터리(stepped battery)' 채택 가능성도 논의한 것으로 알려졌다.

폭스콘, 삼성의 목줄을 노린다

테슬라는 이번 특허 공개로 자금력은 있지만 기술력은 부족한 자동차 제조업체들(특히 중국 업체들)의 전기차 사업 진출을 노리고 있다. 여기에 답이 있다. 애플의 대표적 하청업체이자 세계 최대 규모를 자랑하는 대만의 폭스콘 궈타이밍 회장은 테슬라와 협력해 전기차 시장 진출을 발표했다.

폭스콘은 중국 산시성에 50억 위안(약 8,291억 원)을 들여 전기차 생산공장을 건설하기로 했다. 사실 폭스콘은 이전부터 전기차 사업 진출을 준비해왔다. 이미 자동차 모듈, 와이어링 하네스(자동차 내 전기 배선 묶음), 배터리 등에서 성과를 보였으며 현재 미국 전기차 테슬라에 전기차용 터치스크린을 공급하고 있다.

2014년 6월, 궈타이밍 회장은 정기 주주총회에서 1만 5,000달러(약 1,520만 원) 이하의 저가 전기차를 생산할 계획을 내비친 바 있다. 당시 대만 언론들은 폭스콘이 미국 전기차 업체 테슬라와 협력해 대만 타이중에 전기차 생산기지를 건설할 계획이라 전했다. 이제 더 이상 테슬라만의 싸움이 아닌 판을 바꾸는 게임이 시작된 것이다.

폭스콘은 또한 LCD 공장 설립을 추진하고 있다. 이에 따라 애플에 LCD 패널을 공급했던 한국, 일본 디스플레이 업체에 대한 타격이 예상된다. 〈월스트리트저널〉은 2014년 10월 23일, 폭스콘의 모기업 홍하이그룹이 중국 허난성 정저우 시 당국과 함께 디스플레이 공장 설립 투자를 논의하고 있다고 보도했다. 궈타이밍 홍하이그룹 회장은 2014년 8월 정저우 시 관계자를 만나 이런 제안을 한 것으로 전해졌다. 궈타이밍 회장은 폭스콘을 디스플레이 제조 핵심 기업으로 육성할 것이라는 의지도 보였다고 〈월스트리트저널〉은 전했다.

LCD 공장 투자금은 약 350억 위안(약 6조 350억 원)으로 폭스콘의 중국 투자액으로는 최대 규모다. 업계에서는 폭스콘이 애플에 LCD 패널을 공급하면 한국과 일본의 기존 협력사들이 물량 축소와 가격 경쟁 심화 등의 영향을 받을 것으로 보고 있다.

대만계 미국 TV 제조업체인 비지오는 북미 시장에서 17퍼센트 점유율을 유지하며 선두인 삼성전자를 위협하고 있다. 저가 제품뿐만 아니라 고가인 초고화질(UHD) 제품을 내놓으며 공세를 강화할 태세인 비지오는 사실상 대만 디스플레이 패널로 대만 전자 제품 생산업체(EMS)가 만드는 '대만 연합체'다. 폭스콘은 비지오에 직접 투자했으며 OEM 방식으로 일부 제품을 공급하고 있다.

폭스콘의 모기업인 홍하이그룹은 2014년 6월, SK그룹의 지배구조의 정점에 있는 SK C&C의 최태원 회장 지분 4.9퍼센트를 약 3,500억 원에 인수했다. IT 분야 세계 최대 OEM 업체인 폭스콘은 최근 몇 년 새 OEM 중심 성장이 한계에 봉착하면서 대만 제3이동통신 사업자 입찰에 참여하는 등 ICT 분야에서 새로운 성장 동력을 모색 중이었다.

SK 측은 "홍하이그룹 측에서 먼저 지분 인수를 제의했으며 SK C&C가 보유한 ICT 인프라스트럭처 기술을 높이 평가한 것으로 보인다"고 말했다. SK로서도 홍하이는 매력적인 사업 파트너가 될 수 있다. 국내 증권가에서는 "SK하이닉스에 이어 최근 아이리버를 인수하는 등 SK그룹이 통신 주변기기 사업을 확대하는 움직임이 두드러진다"면서 "국내 1위 통신 사업자인 SK가 홍하이를 파트너로 둠으로써 향후 삼성전자, LG전자 등 휴대전화 제조사를 상대로 바기닝 파워(협상력)를 확대할 가능성이 있다"는 평가를 내놓았다. 특이한 것은 홍하이의 궈타이밍 회장은 지분 인수에 앞서 교도소에 수감 중인 최태원 회장을 만난 것으로 알려져 있다. "반삼성 동맹을 만들겠다"고

공언한 폭스콘의 귀타이밍 회장이 삼성의 안방까지 자유자재로 드나들고 있는 것이다.

2010년 12월 말, 귀타이밍 회장은 공개석상에서 삼성에 대한 독설을 쏟아냈다. 불과 1개월 전 홍하이그룹을 포함한 대만의 여러 기업들은 유럽연합(EU)으로부터 LCD 가격담합 혐의로 막대한 벌금을 부과받은 바 있다. 삼성은 자진신고를 함으로써 이른바 '리니언시(leniency)' 제도를 통해 벌금을 면제받았다. 귀타이밍 회장은 이 사례를 설명하면서, 삼성은 상도의를 저버린 신뢰할 수 없는 기업이라고 맹비난했다. 그의 반삼성 동맹은 여기서 출발했다.

〈조선일보〉 홍콩 특파원과 초대 베이징 특파원을 지낸 박승준은 자신의 저서에서 중국인들의 특질에 관해 언급했다. "중국인은 10년 안에만 자신에게 해를 가한 자에게 복수할 수 있으면 사나이라고 할 만하다는 얘기가 있다." 귀타이밍 회장의 삼성에 대한 태도는 거의 복수 수준처럼 보인다.

삼성의 길

비전 재정립

삼성전자는 경쟁사인 애플이나 구글처럼 콘텐츠 업계의 강자가 되기 위해 그동안 많은 노력을 기울여왔다. 2008년 최지성 당시 삼성전자 사장은 콘텐츠 사업을 전담하는 조직인 미디어솔루션센터(MSC)를 만들었다. 그는 전자책과 음악, 동영상, 이러닝 등 다양한 콘텐츠와 삼성전자의 독자 모바일 운영체제인 '바다' 개발을 주도했다.

삼성전자는 2012년 11월, 삼성 서비스 플랫폼(SSP, Samsung Service Platform) 구축을 대외적으로 천명했다. SSP 구축의 목표는 모바일 기기(스마트폰, 태블릿PC), TV 등 기기별로 나뉘어져 있는 콘텐츠와 서비스를 통합해 사용자들이 언제 어디서든 콘텐츠를 즐길 수 있도록 하겠다는 것이다. 삼성의 스마트 기기를 하나로 묶는다면 세계 최대 규모의 인터넷 콘텐츠 쇼핑몰도 가능하다. 삼성전자는 모바일 기기와 TV 시장 세계 1위다.

삼성은 사용자의 취향을 분석해 개개인에게 맞춤형 서비스를 제공하는 것을 목표로 했으나 방법론에 있어서는 다른 길을 택했다. 소비자에게 무엇이 필요한가를 직접 물어보는 것은 한계가 있다고 보고 빅데이터 분석에 주력했다. 그리고 삼성전자 스마트폰이나 스마트 TV 사용자들이 남긴 엄청난 양의 정보를 분석해 지역별·연령별·시간대별 등 고객이 원하는 서비스를 미리 파악해 내놓겠다는 전략적 발상을 했다.

미디어솔루션센터는 총 200여 개국에 뻗어 있는 삼성전자의 마케팅 망을 활용해 국가별로도 다양한 맞춤형 서비스를 내놓는다는 전략을 수립했다. 전 세계 모든 고객이 공통으로 사용할 서비스나 콘텐츠·애플리케이션의 개발과 공급은 미디어솔루션센터가 주도하고, 특정 국가나 지역 특화 서비스는 해당 국가나 지역의 지사가 맡도록 한다는 방침도 세웠다.

유통업계는 빅데이터와 고객행동분석을 통해 개별 고객 시대를 열고 있다. 고객을 특정 그룹(segment)으로 인식하던 시대에서 개별 고객에게 맞춤형 콘텐츠를 제공함으로써 고객 경험, 참여도, 만족도를 극대화하는 시대로의 고객 혁신이 시작된 것이다. 문제는 삼성이 선택한 방식이 샤오미에게 이미 졌다는 것이다. 샤오미는 불과 설립

5년밖에 되지 않은 신생 기업이다. 샤오미가 빅데이터를 분석한다는 얘기는 들어본 적이 없다. 미디어솔루션센터 출범 뒤에도 삼성전자는 콘텐츠 사업에서 경쟁력을 갖추지 못했다. 전문가들은 삼성전자가 콘텐츠 사업에서 힘을 쓰지 못하는 가장 큰 원인으로 강력한 플랫폼의 부재를 꼽는다.

한편 일부에서 삼성전자의 유연하지 못한 조직문화가 콘텐츠 등 소프트웨어 사업에 어울리지 않는다는 지적도 나온다. 삼성전자는 여전히 군대식 수직적 문화를 가진 하드웨어 기업이라는 이미지가 강해 소프트웨어 사업에 필요한 창의적 인재들을 확보하는 데 최대 약점이 될 수 있다는 평가들이 있다. 전문가들은 사물인터넷 등 소프트웨어 역량이 중요한 신규 사업을 추진하려면 창의력을 갖춘 인재가 필요하다고 지적한다.

삼성전자는 기본적으로 '업(業)의 본질은 제조'란 생각에서 벗어나지 못하고 있다. 나는 1993년 삼성중공업 내 TF팀에 경력직으로 입사했다. 당시 같은 팀에서 근무하던 실무 과장이 '자동차업 정의'에 대한 보고서를 쓰는 것을 보았다. 이 과장은 삼성전자 출신으로 나보다 2개월 먼저 TF팀에 합류했다.

보고서는 간단명료했다. "네 바퀴를 축으로 하고 구동장치를 얹은 탈것(수레)을 제조하고 판매하는 업." 틀린 건 아니다. 그러나 자동차업을 접한 지 2개월밖에 되지 않는 실무 과장의 보고서는 임원과 최고경영진의 머리를 지배하고 있었다. 6년여 타 자동차 업체 기획실에서 근무했던 내게는 물어보지도 않았다. 인간의 가치관은 모두 다르다. 그러나 사물과 대상에 대한 정의는 객관적이어야 한다. 물론 '자동차'와 '자동차업'은 정의가 다르다. 자동차는 '탈것(수레)'이 맞다. 그러나 자동차업, 즉 'automotive industry'는 "자동화된 대형 일관 생산 체제를 갖추고 연구개발 시스템과 판매 네트워크를 기본으로 하며, 자동차 할부금융 등과 유관한 산업 또는 비즈니스다"고 정의 내려야 한다. 전자업에 대한 그 과장의 생각은 "전자제품은 물같이 소비되어야 한다"였다. 이는 효용에 방점을 둔 언급이다. 당시의 과장은 현재 삼성전자 모 사업부 부사장으로 재직 중이다.

삼성전자 구성원들 중 일부는 제조업체인 삼성전자가 왜 디지털 콘텐츠 사업까지 해야 하느냐고 물을 수도 있다. 만약 이런 생각을 가진 실무자가 타 부서가 아닌 미디어솔루션센터에 근무했다면, 이런 사고를 가진 삼성맨이 주요 부서에 여러 명 있다면 어떻게 될까? 그들의 생각은 의견이 되고 의견은 여론이 되며 여론은 정책을 결정한다. 이 시점에서 삼성전자는 현재 어떤 회사이며 비전이 무엇인지 재정립해봐야 한다.

삼성전자는 애플의 아이튠즈 비디오와 아마존, 구글 플레이 등에 대응하고 콘텐츠 플랫폼 주도권을 가져오기 위해 2013년 갤럭시S4 출시와 함께 '삼성허브' 서비스를 본격 시작했다. 하지만 서비스를 시작한 지 2년이 채 되지 않아 2014년 7월에는 뮤직 허브, 8월에는 비디오·미디어 허브, 11월에는 '삼성북스'를 차례로 중단했다. 콘텐츠 확보가 순탄치 않았고, 구글·애플·아마존 등 모바일 콘텐츠 강자들과의 경쟁에서 밀렸기 때문이다.

삼성전자는 대신 외부의 경쟁력 있는 업체와 제휴하는 방식으로 콘텐츠 서비스 전략을 바꾸고 있다. 미디어솔루션센터는 인터넷 콘텐츠 쇼핑몰 시스템 구축을 시도했다고 한다. 그러나 이마저도 사실상 실패했다. 업의 본질을 제조에 두고 있는 삼성전자 기업문화에서 내부적으로 혼란이 있었던 것 같다. 1993년 신경영 1기 출범 때 삼성은 유통 및 영화 사업에 참여한 적이 있으나 곧바로 접었다. 이때의 사업을 확장시켰으면 유통업의 개념을 바꾸고 있는 전자상거래업으로 확장되었을 것이다. 삼성이 이렇게 우왕좌왕하고 있는 사이 아마존, 알리바바와 같은 글로벌 전자상거래 업체들은 오프라인의 유통업 체계를 흔들고 있다.

국가 간 경제 영토 확장의 결과인 자유무역협정(FTA) 체결로 직접구매족과 역직접구매족(인터넷을 통해 한국 제품을 구입하는 외국인 소비자들)이 늘어나고 있다. 아울러 한·중 FTA 체결, 한류 붐의 지속으로 중국 시장의 내수화가 가속화되고 있다. 제조업 정신에 투철한 삼성전자를 벗어나 서비스 업종으로 사업을 재구축해 일단 한·중 전자상거래 시장을 개척해볼 것을 권한다.

삼성전자 기업문화에서 수용하기 힘들다면 전자상거래업을 그룹 내 서비스, 유통 부문에 이양하는 것도 고려해볼 만하다. 미디어솔루션센터의 기존 업무 중심이 미국으로 이동하면서 한국 본사의 역할은 축소되고 있다. 전자상거래업을 처음부터 육성하는 것은 삼성 스케일에 맞지 않을 수 있다. 국내외를 막론하고 경쟁력 있는 업체를 인수하는 것도 한 방법이다.

베트남에서 해법 모색

2009년 생산을 개시한 삼성전자 베트남 휴대전화 사업부는 2010년 23억 달러, 2011년 68억 달러, 2012년 124억 달러, 2013년 215억 달러를 수출하며 베트남에서 단일 품목 중 최대 수출 품목으로 자리 잡았다. 이 수출 금액은 베트남 전체 수출의 18퍼센트를 차지했다. 노키아가 한때 핀란드 수출의 20퍼센트를 차지한 적이 있다. 삼성전자의 베트남에서의 위상이 어떠할지 짐작이 간다.

2013년 3월부터 가동이 시작된 휴대전화 제2공장이 2015년 중 완전 가동에 들어가면 베트남 사업부의 전체 생산능력은 연간 3억 대로 삼성전자가 전 세계에 보유하고 있는 7곳의 휴대전화 생산 지역 전체 생산능력인 4억 대의 4분의 3을 차지하게 된다. 향후 경영 환경 변화에 대비해 삼성전자는 가격경쟁력 확보와 함께 관련 모듈의 내재화를 추진하고 있다. 삼성전자 베트남 법인의 휴대전화 생산은 약 30~35퍼센트의 베트남 내 생산 부품을 사용하고 있다. 최근 들어 삼성전기가 휴대전화용 반도체 칩 생산 부문에 12억 달러, 삼성디스플레이가 휴대전화용 고급 액정화면 모듈 공장 투자에 10억 달러를 각각 투자하기로 해 지속적으로 내재화율을 높여가고 있다.

베트남 사업장에서 근무하는 직원의 월평균 급여는 50만~80만 원 수준이다. 또 베트남은 전 세계에서 공휴일 수가 가장 적은 국가 중 하나다. 베트남 정부는 신설 공장들에 대해 장기간의 법인세 감면과 차등적 적용을 해준다. 이로써 삼성은 베트남 휴대전화 사업에서만 연간 최소 9,000억 원 이상의 비용과 세금의 절감 효과를 본다. 분기별 영업이익이 4조 원대로 내려온 삼성전자 입장에서 세후 수익으로 9,000억 원을 새롭게 창출해주는 사업장이 바로 베트남 휴대전화 사업장인 것이다. 이쯤 되면 삼성 입장에서는 베트남은 생존을 위한 마지막 안식처인 셈이다.

반면 현지 업체들의 자본과 기술력이 미비해 삼성전자, 삼성전기 등 계열 핵심 부품사들의 투자 부담이 가중되고 있다. 중국과 달리 베트남 지역은 글로벌 IT 기업들의 투자가 많지 않아 삼성전자 협력 업체들의 삼성전자에 대한 의존성이 높은 것이 단점으로 지적되고 있다.

1993년 대우그룹은 '세계 경영'을 주창하며 자동차와 전자를 사업의 핵심으로 삼고 개발도상국에 진출하기 시작했다. 국내에서는 삼성이 자동차 신규 사업을 추진하는 등 경쟁이 격화되었고 미국, 유럽을 중심으로 한 선진국 시장은 기술 개발력 미비, 마케팅 능력 부족 등의 이유로 새로운 길을 찾던 시기였다. 김우중 회장이 선택한 것은 일종의 틈새시장이었다.

1995년 하순 무렵, 이건희 회장의 지시로 내가 조사한 대우그룹의 해외 프로젝트는 총 600여 개였다. 당시 이 회장은 신경영을 주창해 두 회사 간 경영 전략이 비교되곤 했다. 대우의 자동차와 전자 사업체의 보유 특허수도 상당했던 것으로 기억된다.

대우그룹은 1999년 7월, 소위 '대우 사태'를 분기점으로 그룹 해체 수순에 들어갔다. 그리고 어느새 15년이 지났고, 최근에는 대우 해체가 정당했느냐가 종종 화제로 떠오르곤 한다. 중요한 것은 대우가 당시 지향했던 전략의 핵심을 삼성이 그대로 받아들이고 있다는 사실이다. 삼성의 전자 3인방은 중국, 동남아, 동유럽, 남미 등을 생산 및 주요 시장 거점으로 삼고 있다.

대우는 당시 폴란드의 국영 자동차 기업인 FSO, 상용차 업체인 FSL을 인수 경영했다. 현지를 방문한 지인들에 의하면, FSO 공장으로 들어가는 수 킬로미터의 가로수길 양쪽으로 대우 깃발이 사시사철 펄럭였다고 한다. 당시 대우의 세계 경영은 그 속도가 너무 빨랐고, 세계 경영의 이론화가 그 뒤를 쫓아가는 지경이었다.

1999년 12월 7일, 청와대 정·재계 회의에서 삼성그룹과 대우그룹 간 빅딜이 논의되었다. 김우중 회장은 창업 1세대로 경영 2세인 이건희 회장보다 네 살이 많다. 결국 빅딜 협상은 결렬되었고, 그 이유는 비교적 우월한 지위에 있었던 이건희 회장의 자존심이 문제되었던 것 같다. 이 회장 입장에서는 자동차 사업은 웃돈을 얹어주면서 대우에 줘야 하고, 가져와야 할 대우전자는 시장에서 전혀 경쟁력이 없고, 생산 라인의 임직원들까지 떠맡아야 하는 협상이었던 것이다.

이 회장이 김 회장을 바라보는 시선에도 문제가 있었다. 이 회장은 부친 이병철 회장으로부터 김우중은 사업가가 아니라는 말을 자주 들었다고 한다. 이 회장은 대우에 삼성자동차를 주는 것이 자존심 상했을 것이다. 결국 삼성자동차는 삼성그룹 역사에서 처음으로 법정관리를 신청하게 된다.

베트남은 대우가 해체되고 나서도 김우중 회장이 재기를 도모하면서 오랫동안 와신상담을 하던 곳이다. 그 베트남에 삼성이 '신의 한 수'를 둔 것은 아이러니하다.

혁신 기반 강화

이남석 중앙대학 교수는 삼성의 미래에 대해 이렇게 말한다.

"자동차를 포함해 고부가가치 창출이 가능한 전통 제조업은 탈피해야 될 대상이기보다는 오히려 여타 산업의 발전을 위한 기반 역할을 한다는 점에서 기업은 물론 국가 차원에서도 관심을 갖고 지속적으로 발전, 육성시킬 필요성이 크다. 이미 제품의 가격과 품질만으로 시장에서 경쟁하는 시대는 가고, 기업의 전체적인 경쟁력과 역량으로 승부하는 시대가 도래하고 있다. 이는 어느 특정 사업 분야에서의 경쟁우위보다는 기업 전체에서의 '종합 능력'의 중요성이 더욱 커지는 시대로 옮겨가고 있음을 의미한다."

1938년에 창업한 삼성은 77년의 역사를 통해 끊임없이 변화와 혁신을 해왔다. 창업자는 경공업 위주의 그룹 사업을 탈피하기 위해 중공업과 반도체에 뛰어들었으며, 이건희 회장은 자동차 사업을 과감히 포기하고 그룹의 역량을 전자에 집중해 단기간에 세계 최고의 스마트폰 제조업체로 우뚝 섰다. 사업의 포기는 신규 진출보다 더 힘들다. 이러한 결단은 혁신적인 마인드가 없이는 불가능하다.

삼성의 혁신지수는 세계 정상급이다. 2014년 10월 말, 보스턴컨설팅그룹(BCG)이 발표한 〈2014년 가장 혁신적인 기업〉 보고서에 따르면, 삼성(삼성전자 등 계열사 모두 포함)은 애플과 구글에 이어 3위를 차지했다. 선정 기업 50곳의 기준은 경영자의 리더십, 특허 보유, 제품 개발, 고객 지향, 공정 개선 등이다. 삼성은 2008년(26위) 이후 5년 만인 2013년에 2위를 기록했으나 2014년에서는 구글과 순위를 바꿨다. 테슬라는 2013년 41위에서 무려 34단계의 순위가 상승한 7위에 올랐다. 중국 기업 중 최고 순위는 레노버로 23위를 기록했으며, 샤오미는 신규 진입과 동시에 35위를 기록했다. 화웨이는 50위로 재진입했다.

언론을 포함한 한국 사회가 삼성에 요구하는 혁신은 시스템과 프로세스가 아닌 관점과 패러다임의 혁신이다. 이를 위해서 가장 먼저 해야 될 일은 기업문화의 대대적인 변화를 위한 행동이다. 어떤 사업이든 어디로 어떻게 가야 하는가에 대한 정답은 없다. 한 번 접었던 사업에 다시 뛰어드는 것도 보통의 사고방식을 벗어난다.

삼성은 자동차 사업에 다시 진입하는 것도 생각해볼 수 있다. 과거처럼 요란하게 할 필요는 없다. 현대자동차그룹은 그때나 지금이나 삼성의 자동차 사업 재진입에 대해 크게 신경 쓰지 않을 것이다. 한국GM이나 쌍용자동차, 르노삼성자동차는 외국계다. 그나마 한국GM은 내수보다는 수출 위주의 기업이다. 삼성이 자동차 사업을 포기한 지 15년여가 지났다. 15년여 동안 삼성은 반도체, 디스플레이, 스마트폰 영역에서 세계적인 성과를 이루었다.

지금의 자동차 사업은 당시의 자동차 사업과는 다르다. 구글이 무인자동차 개발에 들어갔고 기술적인 한계가 있는 배터리 전기차가 마치 세상을 바꿀 수 있는 것처럼 보인다. 삼성의 강점인 부품 사업이 생존하고 진화할 수 있는 영역도 자동차밖에 없다. 자동차 산업은 삼성이 영위하고 있는 전자 산업과 뚜렷하게 구분되는 이업종이 아니다.

삼성은 전자 계열사를 중심으로 자동차 부품 사업을 이미 추진하고 있다. 삼성전자의 차량용 반도체, 삼성전기의 차량용 모터, 삼성디스플레이의 중앙정보디스플레이 등이 그것이다. 완성차와 부품업을 구분하는 시각은 이제 별 의미가 없다. 구글이나 애플 같은 IT 기업의 자동차 사업 참여 방식은 제조 부문의 위탁 생산 방식이다. 사업 참여는 명분이 중요하다. 삼성은 자동차 사업에 대한 트라우마가 있다. 굳이 자동차와 부품업, 수동부품과 전장부품으로 구분할 필요가 없다. 자동차 산업은 제조를 기반으로 한 '모빌리티 솔루션 제공자(mobility solution provider)'로서 변신하고 있다. 삼성은 핵심 부품 공급자로서의 지위와 더불어 모빌리티 솔루션 분야를 선점해야 한다.

중국 정부는 대기오염이 심각해지면서 고속도로가 폐쇄되고 관광객들의 활동이 제한돼 중국 경제에 영향을 미치고 있다고 판단하고, 전기차를 활용한 대기오염 문제 해결에 관심을 두고 있다. 대기오염을 줄이기 위해 중앙정부가 나서서 '신에너지 자동차' 정책을 펼치고 있고 전기차에 줄 더 많은 혜택을 마련하고 있다. 신에너지 자동차 정책은 중국 제조사들로 하여금 효율적인 전기차 배터리를 앞다투어 선보이게 할 것이다.

단체급식 사업 확대

중국과 관련해 삼성에게 단체급식 사업에 대한 본격적인 투자 검토를 권하고 싶다. 중국은 대기오염 문제와 마찬가지로 고질적인 식

품안전 문제에 관한 한 법을 어기는 사람을 국기문란죄로 처벌하고 있다. 국내에서는 단체급식 사업이 중소기업 고유 업종으로 지정되어 대기업 계열사의 시장 참여가 제한받고 있다. 그러다 보니 단체급식 사업을 하는 대기업 계열 기업군들은 중국, 베트남 등 노동집약적인 공장 노동자들이 집단으로 거주하는 한국 기업 사업장을 중심으로 진출하고 있다. 나도 삼성 재직 시 용인연수원에 수차례 다녀왔다. 삼성 직원들은 직원 식당의 식사를 만족해하고 있다. 삼성은 오랫동안 사업장 내 식당을 자체적으로 운영하면서 자연스럽게 단체급식 사업에 대한 노하우를 쌓아왔다.

삼성의 직원 식당을 보면 깔끔하고 정결한 기업문화가 그대로 드러난다. 중국, 동남아 등 한류 분위기에는 한국 가공식품들도 한몫한다. 이러한 한류 문화의 긍정적인 분위기를 타고 삼성 브랜드를 적극적으로 활용해 식재재 유통, 조리 과정의 선진화, 훈련된 높은 수준의 조리사 및 영양사 교육 시스템, 서비스 마인드 등으로 중국 시장을 공략하면 충분히 승산이 있다고 본다.

내가 수개월째 머무르고 있는 경기 북부의 작은 도시의 전철역 인근에 맥도날드 매장이 새로 생겼다. 맥도날드 매장이 들어서는 전 과정을 지켜봤는데 기존의 낡은 상가를 헐어내는 데는 불과 2주 정도밖에 안 걸렸다. 약 400여 평 부지에 2층 규모의 단독 매장이 들어서는 데는 2개월밖에 안 걸렸다. 오픈한 지 며칠이 지나 매장에 갔다가 20여 명의 직원들이 바쁘게 움직이는 것을 보고 솔직히 놀라웠다. 음식 사업은 고용 창출과 더불어 활용하기에 따라 사회 인프라 역할을 충분히 담당할 수 있다.

인구와 영토가 넓은 중국에서 맥도날드 체인만큼이나 많은 수의 단체급식 사업장을 확보한다면 볼륨이나 수익에서 스마트폰 이상의 사업 성과를 낼 수 있을 것이다. 삼성의 단체급식 기업인 삼성웰스토리는 중국 시장에 이미 진출을 시작했다. 삼성웰스토리는 단체급식의 노하우를 가진 삼성에버랜드(제일모직)에서 분사되어 나왔다.

IT 사업의 확대와 자동차 사업

삼성은 전자 사업의 경쟁력 유지를 위해서도 자동차 사업에 재참여하는 것이 바람직해 보인다. 삼성이 자동차 사업에 재진입하는 방식은 여러 가지가 있다. 전통적인 차체에 무거운 엔진을 탑재하는 방식이어야 하는지는 숙고해볼 필요가 있다. IT 사업의 확대 개념으로 이해해도 상관없겠다.

삼성SDI의 배터리 부문을 중심으로 한 전기차 양산 제조업체를 지향하는 것도 한 방법이다. 국내에서 여의치 않다면, 세계 최대 전기차 시장으로 성장하고 있는 중국을 겨냥해, 2015년부터 생산 예정인 삼성SDI 중국 시안, 전기차용 중대형 배터리 공장과의 시너지 효과를 노려보는 것도 좋을 듯하다. 애플의 최대 하청 회사인 폭스콘도 전기차 사업 참여를 발표했다.

삼성카드가 19.9퍼센트 지분을 갖고 있는 르노삼성자동차의 르노 측 지분을 인수하는 것도 방법이다. 토지와 설비, 인력이 핵심 요소가 될 것이다. 르노삼성자동차 기술은 크게 기대할 것이 없다. 인수 후에는 대대적인 개조 작업에 나서야 할 것이다. 기타 60조 원 이상의 사내 유보 자금력을 활용해 브랜드, 소프트, 기술력이 특징인 외국 자동차 제조업체들을 인수하는 방안도 생각해볼 수 있다.

핀란드의 우수한 연구개발 인력을 활용하는 측면에서 현지 OEM 자동차 회사인 발멧오토모티브(Valmet Automotive) 인수도 검토해볼 수 있다. 1990년대 초반, 삼성은 자동차 사업 진입을 위한 한 방편으로 발멧의 인수합병을 검토한 적도 있다. 1993~1994년 삼성의 승용차 사업 참여 인가가 불투명한 상황에서 TF팀 일각에서는 볼보 인수 검토안이 나왔다. 약 10억~12억 달러 정도로 볼보 승용차 부문을 인수 후 국내로 진입하는 방안이었다.

글로벌 제휴는 업종에 상관없이 피할 수 없는 기업의 전략이다. 이남석 교수는 성공적인 글로벌 제휴 요소를 다음과 같이 언급한다.

"삼성과 닛산의 기술 제휴 및 협력관계는 기업 간 제휴 사상 전례가 없을 정도로 광범위한 분야에서 포괄적으로 이루어진 대표적 기술 이전 및 협력 사례라 할 수 있다(참고로 닛산은 200명이 넘는 기술진을 삼성에 장기 파견하는 한편 1,100명이 넘는 삼성자동차 소속 생산 기능직 사원들을 일본 내 8개 닛산 공장에서 연수받도록 지원했다). 기술 집약도가 높은 다른 산업 분야와 마찬가지로 자동차 산업 역시 특성상 선진 업체들이 타 기업에 기술 이전을 극히 꺼리는 분야다. 기술료를 아무리 많이 지급한다 해도 원하는 만큼 시장에서 마음대로 기술을 사고 배울 수 없는 것이 자동차 산업이다. 혹자는 1990년대 내내 극심한 적자로 고전하고 있던 닛산자동차가 손실을 만회하기 위한 수단으로 삼성에게 기술을 이전했다고 주장할 수 있다. 하지만 삼성과의 기술 제휴로 닛산자동차가 벌어들인 기술료 수입의 규모(115억 엔)는 1990년대 당시 닛산자동차의 누계 손실액(1조 450엔)의 1퍼센트 남짓한 비중이었음을 감안하면 설득력이 떨어진다고 할 수 있다. 그렇다면 과연 삼성과 닛산의 전폭적인 기술 제휴는 무엇 때문에 가능했을까? 몇 가지 요인 중 가장 중요한 요인은 장기적인 협력관계 구축, 최고경영진 간의 확고한 협력 의지와 상호 신뢰, 그룹 차원의 전폭적인 지원과 전사적인 학습 의지를 들 수 있다."

반면 홍종만 전 삼성자동차 사장은 "삼성과 닛산과의 계약은 심한 불평등 계약이어서 삼성이 반도체만큼 빠른 시간 내에 독립적인 기술을 가지고 글로벌 시장의 주자가 될 수 없었다"고 말한다. 홍 사장은 닛산자동차와 계약 체결 및 정부로부터 사업 인가를 받고 난 뒤 신설된 삼성자동차 대표로 부임했다.

삼성은 전자 사업으로만 제한하지 많고 열린 사고로 애플과 구글에 대항하고 중국 업체들과의 경쟁에서 살아남을 수 있는 길을 찾아봐야 한다.

전기차 사업 신규 참여

"전기차의 근간인 자동차, 배터리, 전력 변환, 정보통신 기술에서 한국은 이미 세계적 실력을 갖추고 있다. 잘 다듬는다면 앞으로 한국 경제를 먹여 살릴 신성장 동력으로 손색이 없다"는 것이 자동차 업계와 관련 업계의 일반적인 평가다.

하지만 전기차에 대한 집중적인 연구개발 회피로 현재 우리나라 전기차 기술 수준은 선진국과 격차가 더욱 벌어졌고 중국에도 추월당했다. 그 근본적인 이유는 전기차가 팔릴 수 있는 시장과 산업 생태계를 만들지 못했기 때문이다.

신수종 사업이라고 하면, 매출과 이익을 많이 확보할 수 있는 사업 아이템만을 얘기한다. 그러나 전기차는 프리미엄 브랜드 선점이라는 효과를 최우선으로 고려해야 한다. 전기차 사업을 하는 기업은 환경을 생각하는 선진 기업이라는 인식이 강하다. 삼성이 스마트폰으로 자리 잡을수 있었던 것은 삼성이라는 브랜드에 대한 소비자의 인식이 더해졌기 때문이다. 삼성이 대기오염 문제로 고민하는 중국에서 전기차를 팔면 아이폰에 대항하는 프리미엄 브랜드로서 스마트폰의 지위가 더욱 확고해질 것이다.

양산 자동차 제조업체인 프리미엄 브랜드인 BMW는 전기차 i3를 4만 5,000달러 수준에 팔고 있다. 수익 창출과 더불어 프리미엄 브랜드의 지위를 더욱 확고히 하려는 목적이다. 또한 연간 2,000만 대 이상의 수요가 발생하는 중국 이륜차 시장의 교두보를 확보한다는 전략적 의미도 있다. i3 차량 개발 과정에서 BMW는 400킬로그램의 차체 중량을 감소시키는 기술적 노하우도 축적했다.

삼성이 전기(완성)차 사업에 참여한다면, BMW 방식보다는 폭스콘의 참여 방식을 들여다보는 게 더 현실적이다. 과거 삼성자동차처럼 신규 투자의 개념보다는 삼성전자, 삼성전기, 삼성SDI 등에서 사업을 확대하는 방식으로 접근해야 한다.

면세점 사업 확대

경영자는 사업 확대 및 투자를 통해 길러진다. 새로운 비즈니스 생태계 역시 탁월한 경영자에 의해 만들어진다. 이재용 삼성전자 부회장은 부친인 이건희 회장에 의해 철저하게 육성되어진 오너십을 가진 경영자다. 그에 대한 우려의 시각도 있지만 기대도 있다.

이건희 회장은 이부진을 독립적인 경영자로 본격 육성하던 중에 쓰러졌다. 이부진은 이재용과 달리 확실한 책임을 지고 호텔 및 면세점 사업을 비약적으로 발전시켰다. 관광객의 증가로 인한 자연스런 결과라고 보는 관점은 편협하다. 경영 능력은 숫자가 말해준다.

향후 삼성그룹의 역량 중 일부를 할애해 이부진을 앞세운 면세점 사업의 확대를 권유하고 싶다. 정부는 2014년 10월 8일, 내수 활성화를 명분으로 시내 면세점 사업자 신규 허용 방침을 밝혔다. 그러나 신규 사업자 허용과 내수 활성화는 아무 관련이 없다. 대부분 해외 명품 브랜드를 들여와 파는 사업 형태이기 때문이다. 롯데면세점은 세계 4위, 호텔신라는 8위~9위의 사업자다. 이부진은 해외 면세점 사업에서도 괄목할 만한 성과를 내고 있다. 따라서 화장품 등 경쟁력 있는 국내 아이템을 발굴, 신라 면세점 네트워크를 통해 글로벌 시장에 판매하는 방식도 제안해본다. 국내 화장품 시장은 가전 시장만큼이나 커졌다. 한국을 방문하는 중국인 관광객 때문이다.

호텔신라의 경쟁사인 롯데는 호텔 부문의 해외 진출을 가속화하고 있다. 그러나 세계 주요 거점 도시에는 글로벌 호텔 체인들이 진출해 있다. 이들과의 경쟁을 위해서는 도심으로 직접 진출해야 되지만 엄청난 부동산 비용으로 인해 사업성이 없다. 그렇다고 시 외곽으로 나가면 부동산 투자비는 건질 수 있으나 이번에는 고객 확보가 쉽지 않다. 롯데는 직접투자보다는 위탁운영 방식을 통해 브랜드 파워를 제고하는 방향으로 선회하고 있다. 따라서 상대적으로 면세 사업의 비중이 더 커지고 있다. 롯데는 2015년 하반기 개점을 목표로 도쿄 번화가 긴자에 4,400평방미터(약 1,300평) 규모로 시내 면세점 건립을 추진하고 있다.

면세점 사업은 유통업을 기반으로 하면서도 유명 브랜드 소싱 능력을 갖춰야 한다. 수익은 상품의 위탁 판매로 인한 수수료 수입이 아니라, 재고 부담을 안고 마케팅 능력으로 정면 승부하는 것이다. 그래서 자금력을 동반해야 가능한 사업이다. 롯데면세점은 약 7,000억 원어치의 재고를 가지고 있다.

수익성 측면에서는 임대료가 비싸 수익성이 저조한 공항 면세점보다는 시내 면세점에서 승부를 겨뤄야 한다. 관광산업과도 깊은 관련이 있다. 국내 관광산업은 중국과는 FTA 체결, 일본의 양적완화 통화 정책 지속 등으로 성숙기를 맞고 있다.

면세점 시장도 하이엔드와 중저가로 구분된다. 하이엔드 시장은 특급 호텔이나 카지노 등을 인프라로 구축해야 된다. 중저가 시장은 여행사들을 타깃으로 해야 된다. 호텔신라의 면세 사업 부문의 축적된 경험을 가진 인재풀과 이부진 사장의 경험과 카리스마가 결합되면 세계 정상급의 업체로 도약이 가능하다. 2015년 상반기에 예정된 정부의 시내 면세점 사업 신규 허가는 대기업들이 배제될 전망이다. 경영권 50퍼센트 이상을 고집하지 말고 중소기업들과의 컨소시엄도 추진해볼 만하다.

신수종 사업은 첨단 IT 부문에만 있는 게 아니다. 유통, 서비스 등 비제조 전통 비즈니스에서도 얼마나 특화된 전략으로 사업을 전개하느냐에 따라 세계적인 기업으로 성장할 수 있다. 호텔 및 면세점 사업은 향후 대형 아울렛, 리조트 등으로 확대 전개가 가능하다.

전자상거래업 진출

전자상거래 시장의 강자는 미국의 아마존과 이베이, 중국의 알리바바, 일본의 라쿠텐이 대표적이다. 아마존은 일본을 비롯해 12개 나라에, 이베이는 아르헨티나와 호주 등 28개 나라에, 라쿠텐은 일본 최대의 인터넷 쇼핑몰 업체로서 9,000만 명의 회원을 보유하고 있으며, 브라질 대만 등 9개 나라에 진출했다. 알리바바는 미국 증시 상장을 계기로 미국, 한국 등 해외 진출을 시작했다. 독일 라자다그룹은 아세안에 진출했다. 영국의 글로벌 유통업체 테스코는 2013년 라자다에 2,700억 원을 투자했다. 반면 테스코는 국내에서 운영 중인 대형 할인점 홈플러스의 경영권 매각에 나서고 있다.

한국 업체들의 거대 글로벌 자본과의 경쟁은 아직 무리가 있다. 전문 몰 해외 직판 체제 방식으로 동대문 옷을 중국이나 일본에 수백억 원 이상 파는 회사들이 있다. 판매 아이템은 인쇄물, 박스, 옷 등 특별한 상품이 아니다. 저렴한 국제 배송, 타국 내 배송, 타국 내 결제 서비스, 외국 고객 응대 등 모든 방식이 국내 택배 업체들을 중심으로 이미 개발되었다. 특징 있는 아이템별 해외 직판 시장은 중소기업들의 몫이다. 그러나 자본력을 요구하는 글로벌 전자상거래 시장은 삼성이 참여를 고려해볼 만하다. 샤오미 등 중국 업체를 이기는 방식은 판매채널의 변화만이 유일하다. 답을 알고 있으면서 실행하지 않는 것은 삼성이 아직 배고프지 않기 때문이다.

단기성과 압박에서 벗어나야 할 때

경영권과 관련해서는 아직도 여러 가지 변수가 남아 있다. 그러나 대체로 이재용 부회장으로의 3세 경영권 승계가 이루어질 것으로 보는 데는 이견이 없다. 2014년 5월, 이건희 회장이 쓰러지면서 역설적으로는 검증되지 않은 재벌 3세로의 경영권 승계에 대한 사회의 불편한 시각을 누그러뜨릴 수 있었다. 한 개인이나 가정, 기업의 불행에 대해서는 우리 사회가 대체로 관대하기 때문이다.

사업적인 측면에서는 갤럭시 스마트폰에 대체할 만한 사업 아이템은 사실상 전무하다고 보는 편이 옳다. 삼성은 전자 제품 외에도 아직 글로벌화하지 않은 상품들이 많이 있다. 그 중 하나가 삼성생명과 삼성화재의 금융상품들이다. 삼성의 금융상품은 국가제도인 국민연금과의 경쟁 경험도 가지고 있다. 사람들의 의식구조가 자본주의화하고 있는 중국을 겨냥해, 보험 중심의 상품과 이와 연관된 서비스를 결합한 그룹의 전략 상품을 개발할 필요도 있다. 삼성화재는 주식 인수를 통한 투자 방식으로 현지에 손해보험과 보험 합작회사를 설립하는 방안을 검토 중인 것으로 알려져 있다.

테슬라 전기차에서 보듯이 혁신은 하늘에서 뚝 떨어진 것이 아니다. 자동차용 배터리는 무공해도 아니고 기술적인 발전의 한계가 있어 글로벌 자동차 업체들이 외면했던 아이템이다. 테슬라는 이를 가지고 마케팅 방식도 전통적인 방법을 포기한 채 골리앗들이 즐비한 시장에 뛰어들었다. 전기차 사업의 진입장벽으로 충전소 네트워크 구축과 대규모 투자를 많이 얘기한다. 역시 관점의 전환이 필요하다. 전기차를 시티카로 활용한다면 여기에 대한 투자는 불필요하다. 전기충전소는 급속 충전 시에만 필요한 설비다. 장거리, 장시간 운행이 필요치 않으면 사용자의 비활동 시간에 거주지 주차장에서 충전하는 설비를 갖추면 된다. 이는 거주 환경 개선의 문제다.

중요한 것은 고루한 관점으로 전기차 사업을 론칭시켰느냐 아니냐다. 테슬라가 제시한 어젠다에 전 세계의 관련 업종 기업들이 블랙홀처럼 빨려들고 있다. 테슬라는 세계 최대 자동차 시장으로 등장한 중국을 겨냥하고 있다.

혁신은 어떤 관점을 가지고 접근하느냐에 따라 이미 절반의 성공을 보장받는다. 삼성이 지금 그러할 때다. 안에 있으면 보이지 않는다. 삼성의 이해관계(승진 등 내부 권력 싸움)를 벗어난 전문가를 영입해 삼성을 냉정하게 바라보는 일부터 시작해야 한다. 애플과 구글의 공통점은 자체적인 모바일 생태계를 구축했다는 사실이다.

이 생태계는 서비스, 플랫폼, 제품이 선순환을 이루는 구조다. 이같은 구조를 만들 수 있는 배경에는 기술과 산업의 진행 방향, 소비자에 대한 기호 분석 아래 적합한 서비스(하드웨어와 소프트웨어의 최적화)를 제공하는 방향으로 생태계를 설계한 기획 능력이 자리 잡고 있다.

삼성전자는 2013년 4분기부터 누군가 책임지고 자신 있게 전체적인 밑그림을 그리기보다는 부품이나 제품별, 사업부별로 단가 절감 등에 초점을 맞춰 우왕좌왕하고 있는 느낌이다. 이 과정에서 방향을 잡으려 했는데 이건희 회장이 쓰러진 것이다.

이재용 부회장을 중심으로 한 그룹 경영진이 시대를 읽거나 앞서 갈 수 없다면, 삼성전자는 국내외에 거대한 조립공장을 가진 단순 제조회사로 남을 수도 있다. 어쩌면 무한대로 성장하고 있는 샤오미에게 프리미엄급 스마트폰 OEM 업체로 포지셔닝하는 게 원원할 수도 있다.

핵심은 이재용과 핵심 참모진이 성공적인 3세 경영권 승계와 안착에 대한 부담에서 벗어나는 일이다. 2014년 11월 27일, 〈파이낸셜타임스〉의 데이비드 필링은 "애플은 이번 주 시가총액이 7,000억 달러를 넘어섰다. 삼성전자 시가총액의 네 배다. (…) 개성 넘치는 애플 제품이 프리미엄 시장을 호령하고, 앱이 풍부한 애플 생태계가 돈을 더

쉽게 벌게 해준다는 것이 입증되었다. (…) 막대한 마케팅 비용 지출에도 불구하고 삼성은 애플 브랜드와 같은 반열에 오르지 못했다. 안드로이드 OS 역시 애플의 iOS 시스템에는 역부족이다"고 하면서 삼성 및 삼성＋구글 동맹군이 애플에게 패배했다고 명쾌하게 결론을 냈다.

그러면서 "많은 한국인들은 삼성의 성취에 대해 큰 자부심을 느끼고 있지만, 정부의 정책적인 지원과 중소업체들을 쥐어짠 결과로 오늘날의 삼성이 있다고 생각한다. 정부 정책 역시 서서히 국민들의 원성을 반영하는 쪽으로 움직이고 있다. (…) 혹자는 삼성의 전성기가 끝났다고 결론 내릴지도 모른다. 이씨 가문의 3대째에 걸친 경영권 이양이 시험대에 오를 것이다"고 말했다. 이재용 체제가 험난할 것임을 예고하는 언급이다.

실적 악화가 경영권 승계에 부담을 주기 때문에 단기 실적 향상에만 주력한다면 문제의 본질을 놓칠 수 있다. 이 칼럼은 삼성은 연간 3억 2,000만 대의 스마트폰을 생산하며 샤오미에 비해 약 다섯 배에 달하는 시장점유율을 가지고 있으므로 (중국 업체와의 경쟁에서) 삼성이 가격전쟁을 주도할 수 있다고 말하면서, 반도체 사업이 황금기를 맞이하니 여기에 주력하면 기업가치는 떨어지지 않을 것이라고 예측했다.

필링은 2010년에 "한국은 이제 (국제무대에서) 약자라는 지위를 거의 지워버렸다. 삼성전자는 올해 일본 15개 전자 업체의 순익을 모두 합한 것보다 더 많은 이익을 거둘 것으로 예상된다"고 놀라움을 표시

하면서 삼성에 호의를 가졌던 아시아 전문기자다. 그러나 지난 2010
년 하반기 이후부터 2013년 3분기까지 이어졌던 호황의 시절에, 삼
성은 너무 빠른 성취에 안주했다. 지금부터는 괴롭겠지만 그 대가를
치를 수밖에 없다.

이제 삼성은 애플과 어떻게 다른 길을 갈 것인지 결정해야 된다. 실
적이나 여론, 시간에 쫓겨 잘못된 결론을 내리면 문제가 악화될 수 있
다. 이재용 체제는 조직 및 사업, 인사개편을 통해 단기성과를 낼 줄
아는 야전형 인재를 등용함과 동시에 흔들리지 않고 중장기 전략을
수행할 수 있는 방안도 강구해야 된다. 현실적으로는 미래전략실 내
기획팀에게 본래의 임무와 권한을 부여하고, 여기에 걸맞은 이재용과
언제든 접촉이 가능한 인재를 배치하는 게 최선이다.

새로운 길을 향해

일각에서는 이건희 회장이 그렇게 해왔듯, 즉 시스템과 프로세스
에 의해 삼성이 운영되어왔듯, 이 부회장이 CEO보다는 대주주로서
의 역할을 해야 된다고 말한다. 이건희 회장은 사실상 최고경영자이
면서도 법적으로는 삼성전자 이사회의 등기이사가 아니다. 삼성이라
는 지배구조상의 특징이 있는 것이다.

이재용 부회장이 삼성의 3대 회장으로 공식 취임하지는 않아도 삼
성전자 등기 임원을 맡을 수는 있을 것으로 보인다. 즉 공식적으로는
오너와 전문경영인의 집단 지배구조가 등장할 수도 있다는 의미다.

전문경영인들이 자신들의 능력을 발휘할 수 있도록 환경을 조성하는 것은 매우 중요하다. 이재용 체제가 신상필벌만을 관리하는 체제가 되어도 문제될 것은 없다는 얘기다. 하지만 대주주의 관점이 혁신적이냐 아니냐 하는 것은 향후 삼성의 미래, 한국 경제의 미래와 밀접하게 관련되어 있다.

국가나 글로벌 기업의 환경은 복합적이고 예측 불허의 측면이 많다. 시스템의 한 요소가 망가지면 전체 시스템이 파괴되는 환경이다. 삼성은 중국 시안에 70억 달러를 투자했으며, 베트남에 이미 집행했거나 계획 중인 전체 투자 규모는 110억 달러다. 또한 미국을 중심으로 수십억 달러를 들여 벤처기업에 대한 인수합병에 나서고 있다.

삼성은 자신들의 미래 지향 사업에 부합하는 역량을 갖춘 회사나 연구개발 인력이 국내에는 흔하지 않다고 주장한다. 그러나 미국의 벤처캐피털 회사들은 한국의 스타트업 기업들에 투자를 강화하고 있고, 중국의 IT 기업들은 서울과 수도권 일원에 연구개발센터를 설립하고 있다.

삼성은 국내 증시에서 삼성SDS와 제일모직 상장을 통해 마련한 자금으로 경영 승계를 위한 상속 및 지배구조 개선을 가속화하고 있다. 박근혜 정부가 내세운 창조경제의 핵심은 고용과 성장이다. 최근 삼성의 행태는 한편으로는 무엇을 위한, 누구를 위한 기업 활동인지 혼동하게 만든다. 국내외 사업 부문 간 균형적인 투자 정책이 절실히 요구되는 시점이다.

제국의 미래

같은 영토에서 두 마리의 호랑이는 공존하기 힘들다. 호랑이는 이 재용 삼성전자 부회장과 이부진 호텔신라 사장이다. 이건희 시대의 종말과 더불어 여전히 직계 가족 승계 중심의 경영 지배구조는 다음 세대의 분가를 수순으로 한다. 삼성그룹은 장자인 이재용 중심의 경영권 승계를 지향하고 있으나 확실한 경영 성과를 바탕으로 전면에 등장하고 있는 이부진을 중심으로 한 유통, 서비스, 리조트, 해외 사업(삼성물산 상사부문이 컨트롤타워) 중심의 그룹 분할을 고려할 수도 있다.

인간은 절대자로부터 잠시 시간을 빌려왔을 뿐이다. 모든 생명체는 소멸한다. 이건희 회장이 사망했다는 발표는 아직 없다. 이 회장의 가족이나 삼성 고위 경영진들은 어떻게 해서든 이 회장의 생명을 연장하려 할 것이다. 너무도 당연한 일이다. 그러나 이 책을 쓰기로 마음먹기 전에 만난 범삼성가의 일원은 내게 "돈이 나쁜 것이다. 이 회장이 처한 상황은 최악이다"라고 말했다. 인간의 품위는 생멸의 과정까지도 포함한다. 병들고 아픈 이에게는 최대한 고통을 덜어줘야 하고 치유에도 최선을 다해야 한다. 병석에 누워 있는 이 회장도 당연히 그렇게 해줘야 한다.

삼성은 단순한 민간 사기업이 아니다. 최고 의사결정권자의 행보는 우리 사회에 큰 영향을 끼친다. 300여 명의 생명을 앗아간 세월호 사건으로 우리 사회는 너무나도 큰 슬픔과 충격을 겪었다. 그러나 이제 그 상황을 정리하는 수순에 들어갈 수밖에 없다.

마찬가지로 이건희 회장의 장기 유고도 사망에 준하는 것으로 공식화하고 이에 따른 후속 조치에 들어가야 한다. 경영권 승계의 수순을 공식화하고, 필요하다면 실질적인 사회 합의의 과정으로 끌어내야 한다. 지금 이슈로 등장할 수 있는 것은 법률적으로는 문제가 없지만 삼성SDS 상장에 따른 개인 대주주들의 상장 차익이 정당한가에 대한 논의다.

이에 대해 경제개혁연대, 경제정의실천시민연합(경실련) 등 시민단체들이 문제 제기를 했고, 정치권에서는 국회의원 300여 명을 대표해 새정치민주연합의 박영선 의원이 입장을 발표했다. 박 의원은 이학수, 김인주는 이미 유죄 판결을 받았기 때문에 별도로 구분하고 수혜자인 이재용 3남매의 천문학적인 상장 차익에 대해 "본인들이 자진해 사회공헌 기금으로 쓰겠다든가 하는 것이 모두가 다 흔쾌하게 받아들일 수 있는 그런 방법"이라 말했다.

박 의원의 의견대로 상속세 재원으로 쓰여야 할 삼성SDS 상장 차익을 사회공헌 기금으로 쓰고, 제일모직 상장 차익을 상속세로 활용하는 방안도 생각해볼 수 있다. 이 경우에도 여전히 경영권 승계 문제는 별개다. 이러한 상속 과정을 통해서도 경영 승계가 불가능하다면 삼성은 기업 자체의 경쟁력 강화 측면보다는 계열사 간 합병을 통해 지배구조를 강화할 것이다. 이러다 보면 무리수가 따른다. 삼성테크윈을 포함한 4개 회사의 매각이 이러한 문제들을 미리 드러내고 있다.

삼성이 언론을 앞세워 여론 조성을 하고 언론 플레이를 한다는 것을 모르는 국민은 없다. 다만 의식하지 않을 뿐이다. 개운하지는 않지만 우리 사회 구성원 대다수는 삼성의 경영권 3세로의 승계를 용인하는 분위기다. 우리 사회가 좀 더 성숙했다면 이 문제에 대해 미리 대비를 했을 것이다. 하지만 우리 사회는 이런 문제를 대비할 정도로 성숙하지 않다. 재산 상속은 사회 여론이 개입할 사안이 아니다. 문제는 경영권 승계다. 한국 사회는 현대적 기업의 역사가 짧다. 초글로벌 기업의 3세로의 경영권 승계에 대한 사회적 합의에 대한 경험이 없다. 한국 사회는 삼성그룹과 현대자동차그룹을 다른 대기업 집단과 구분해야 된다. 지금 가장 중요한 것은 경영 지배구조다. 이재용은 현재 삼성그룹의 경영권을 승계한 것이 아니라 승계하려고 노력 중이다.

반면 세계경제와 글로벌 기업의 경영 상황은 녹록치 않다. 기업은 축구장에서 뛰는 선수다. 삼성 지배구조 문제에 우리 사회가 너무 많은 시간과 에너지를 소비한다면 한국 경제와 삼성이 처해 있는 어려운 상황을 해결하는 골든타임을 놓치게 된다.

삼성은 애플보다 한발 늦게 스마트폰 사업에 참여했으면서도 큰 성공을 거두었다. 그것은 모든 자원을 집적화하는 데 성공했기 때문이다. 중국 기업들은 샤오미를 선두로 광대한 내수시장을 바탕으로 바짝 추격하고 있고, 전자 대국 일본 기업들은 혹독한 구조조정을 거친 후 엔저를 등에 업고 부활의 조짐을 보이고 있다. 구미 경제는 자본력과 기술경쟁력을 바탕으로 시장을 선도하고 있다.

제국은 전쟁을 통해 만들어진다. 작은 전투에서는 질 수도 있다. 지금 삼성 앞에는 피할 수 없는 전장이 펼쳐져 있다. 반드시 이겨야만 하는 절박한 상황이다. 과연 삼성은 이 싸움을 어떻게 이길 것인가?

/ 삼성의 몰락 /

보이는 것이
전부가 아니다

두려움과 공포가 없어졌다. 눈에 보이지 않기 때문이리라. 돌보고 사랑해야 될 사람들이 눈앞에 없으니 그런 것 같다. 미련과 집착에서 벗어나니 잘못 살아온 삶의 과정이 보였고, 나에게 잘못한 이를 용서하게 되었다. 내 잘못에 대한 용서도 청하게 되었다.

나의 아버지에게 청했던 마음의 평화가 어느새 찾아왔다. 품위 있는 죽음과 편안한 노후를 생각하지 않았다. 그러나 이제 평화롭게 잘 사는 것도 중요하다는 것을 안다. 나는 삼성에서 인생에서 가장 빛나는 시절을 보냈다. 삼성을 나올 때는 너무 많은 에너지를 쏟았다는 회한도 왔다. 이 책을 발간하면서 나의 지난 과거와 화해하려 한다.

내가 삼성을 그만둔 결정적인 이유는 상대적 박탈감이다. 내가 고생했으니 누군가 알아서 보직을 챙겨줄 거라는 기대가 실망으로 바뀐 것이다. 삼성이 자동차 사업을 계속 추진했으면 나는 삼성을 그만두지 않았을 것이다.

자동차 사업 포기 후 에스원으로 전보되어 연수를 받았다. 기계경비업은 경박단소 서비스 산업이다. 자동차는 석유화학, 조선, 철강 등과 더불어 중공업이다. 전자는 특히 양산 제조 부문은 대규모 투자와 이에 따르는 리스크 때문에 여전히 중공업의 속성을 지니고 있다. 13년여 동안 중공업 문화에 젖어 있던 나는 우선 스케일 면에서 서비스업이 맞질 않았다. 너무 눈에 보이는 것으로만 판단했던 것 같다. 세상을 깊이 들여다보는 혜안과 지혜가 부족했다.

커피숍에서 신문을 다 보고 새로 생긴 2층 맥도날드 단독 점포를 마주보며 길을 건너는데, 1997년 초 독일 함부르크 인근 오스나브뤼크를 다녀온 기억이 떠올랐다. 오스나브뤼크에는 내가 집중적으로 조사했던 기아자동차가 SUV인 스포티지를 유럽형 차로 개선하고자 조립 생산을 맡겼던 가족 기업 카만(Karmann)이 있었다.

햄버거(Hamburger)는 독일 지명 함부르크(Hamburg)에서 유래된 이름이다. 눈 덮인 함부르크 항의 모습이 지금도 뚜렷하다. 항구에 인접한 성당 종탑에서 바라본 함부르크의 겨울 항구는 인간의 냄새라고는 거의 없었다. 경기도 북부의 전혀 생소한 곳에서, 그것도 한겨울에, 젊은 시절 경쟁사를 조사하기 위해 독일 외딴곳까지 찾아갔던 나만의 기억을 떠올리며, 한때 내가 몸담았던 삼성과 경영자들에 관한 책을 출간하게 되니 참으로 아이러니하다. 인생은 알 수 없다.

지난 추석 연휴 때 내가 가장 잘할 수 있는 게 무엇인지 생각해봤다. 글쓰기였다. 2014년 7월, 현재 하고 있는 화랑업과 깊은 인연이 있는 지인이 내게 삼성가와 관련된 정보를 주었다. 그것이 계기가 되어 삼성을 다시 들여다보기 시작했다. 그리고 쓰기 시작했다. 유능한 출판기획자와 만나야 책이 성공한다는 얘기를 들은 적이 있다. 막연히 만나게 되리라 생각했다.

각종 시사지에 칼럼을 썼던 경험이 많은 도움이 되었다. 기업, 경영, 산업에 대한 글은 객관적 시각이 중요하다. 일부러 그런 것은 아닌데 지금의 내가 그러한 스탠스를 갖추고 있다. 책의 분량을 고려하다 보니 당초 원칙으로 삼았던 'show, don't tell!'에서 조금 벗어났다.

이 책에서는 사실과 의견을 구분하려고 애썼다. 많은 인용문과 지인들과의 대화, 인명을 드러내는 과정에서 당사자들 모두에게 미리 양해를 구하지 못한 것에 대해 깊은 혜량을 구한다. 책의 출간 작업에 관여하고 도움을 주었던, 일일이 거명할 수 없는 모든 분들께 머리 숙여 감사드린다. 인생에서 가장 힘들 때 곁에서 지켜주고 돌봐주었으며 나의 아버지께 인도해준, 앞으로 쓰게 될 소설의 주인공 레지나에게 이 책을 바친다. 이 책이 잘 팔리면 수익의 상당 부분은 하느님께 자신의 모든 것을 봉헌했던 전직 수도자와 가난한 수도원으로 가게 될 것이다. 아무쪼록 그랬으면 좋겠다.

심정택

삼성의 몰락

이재용(JY) 시대를 생각한다

1판 1쇄 인쇄 2015년 1월 22일
1판 1쇄 발행 2015년 1월 29일

지은이 심정택

발행인 양원석
본부장 김순미
편집장 송상미
해외저작권 황지현, 지소연
제작 문태일, 김수진
영업마케팅 김경만, 정재만, 곽희은, 임충진, 이영인, 장현기, 김민수,
          임우열, 윤기봉, 송기현, 우지연, 정미진, 이선미, 최경민

펴낸곳 ㈜알에이치코리아
주소 서울시 금천구 가산디지털2로 53, 20층 (가산동, 한라시그마밸리)
편집문의 02-6443-8878 **구입문의** 02-6443-8838
홈페이지 http://rhk.co.kr
등록 2004년 1월 15일 제2-3726호

ISBN 978-89-255-5511-9 (03320)